Cicero

Vom höchsten Gut und vom größten Übel

Impressum
Titel: Vom höchsten Gut und vom größten Übel
Autor: Cicero
Verlag: Pretorian Books, Ul. Hristo Samsarov 9, 9000 Varna
ISBN: 9783903352292
Erscheinungsdatum: 28.11.2019

ERSTES BUCH

KAPITEL I.

§ 1. Ich wusste wohl, mein Brutus, dass, als ich das, was die geistreichsten und gelehrtesten Philosophen in griechischer Sprache behandelt hatten, in lateinischer wiedergab, meine Arbeit mancherlei Tadel finden würde. Denn manchen und nicht gerade ungelehrten Männern gefällt das Philosophiren überhaupt nicht; andere wollen eine mässige Thätigkeit hier wohl gestatten, aber meinen, dass man nicht so grossen Fleiss und so viele Mühe darauf verwenden dürfe. Auch giebt es Männer, die, mit den Schriften der Griechen vertraut, die lateinischen verachten und sagen, dass sie ihre Mühe lieber auf jene verwenden mögen. Endlich werden auch Einige mich vermuthlich an andere Wissenschaften verweisen, weil diese Art von Schriftstellerei, trotz des Scharfsinns, doch nach ihrer Meinung meiner Person und Würde nicht gezieme.

§ 2. Gegen alle Diese möchte ich hier Einiges sagen. Den Tadlern der Philosophie habe ich zwar schon hinlänglich in jener Schrift geantwortet, worin ich die von Hortensius angeklagte und getadelte Philosophie vertheidigt und gelobt habe, und da diese Schrift sowohl von Dir wie von Allen, denen ich ein Urtheil zutraue, gebilligt worden ist, so bin ich in diesen Arbeiten fortgefahren, damit es nicht scheine, als könnte ich das Interesse für diese Wissenschaft wohl erwecken, aber nicht dauernd erhalten. Wenn dagegen Manche, die dem wohl beistimmen, doch nur eine mässigere Thätigkeit hier gestatten wollen, so fordern sie eine Mässigung bei einem Gegenstande, wo sie schwer einzuhalten ist, und der, einmal aufgenommen, sich nicht in Schranken halten oder wieder bei Seite legen lässt. Vielmehr möchte ich dann eher Jenen beitreten, welche die Philosophie überhaupt nicht zulassen wollen, als Diesen, die eine Schranke für einen Gegenstand ziehen, der unerschöpflich ist und um so besser wird, je grösser er wird.

§ 3. Denn wenn man die Weisheit wirklich erreichen kann, so muss man sie nicht blos erwerben, sondern auch geniessen, und wenn ihre Erwerbung schwer fällt, so darf man doch der Erforschung der Wahrheit, bevor man sie erreicht hat, keine Schranke ziehen; auch bleibt die Ermüdung im Suchen da tadelnswerth, wo der gesuchte Gegenstand der schönste ist. Wenn ich aber an meiner Arbeit mich ergötze, so kann doch nur der Neid mich davon abziehen wollen, und wenn ich mich dabei anstrenge, so darf doch ein Dritter fremdem Fleisse keine Grenze ziehen wollen. Wie der gutmüthige Chremes bei Terenz nicht will, dass sein neuer Nachbar

»grabe oder pflüge oder sonst so etwas thue«

(womit er ihn nicht von der Arbeit, sondern nur von der gemeinen Körperarbeit abhalten will), so machen sich Manche übertriebene Sorge, wenn sie an einer Arbeit Anstoss nehmen, welche mir keineswegs unangenehm ist.

KAPITEL II.

§ 4. Schwerer sind Die zufrieden zu stellen, welche die lateinischen Bücher verächtlich von sich weisen; nur wundert es mich bei diesen vor Allem, dass sie in den wichtigsten Dingen an ihrer Muttersprache keine Freude finden und doch die kleinen aus dem Griechischen wörtlich in das Lateinische übersetzten Geschichtchen nicht ungern lesen. Wer könnte wohl Allem, was den römischen Namen trägt, so feind sein, dass er des Ennius Medea und des Pacuvius Antiopa gering schätzte und zurückwiese, während er sich an denselben Stücken von Euripides geständlich ergötzt und nur die lateinischen Schriften hasst? Soll ich denn, höre ich ihn sagen, des Cäcilius Jugendgenossen und des Terenz Andria lesen und nicht lieber des Menander gleichnamige Stücke?

§ 5. Allein ich kann dem durchaus nicht beistimmen. Wenn auch Sophokles seine Electra noch so schön verfasst hat, so meine ich doch auch die schlechte Uebersetzung des Attilius lesen zu sollen, den Licinius »einen Schriftsteller von Eisen, aber doch immer einen Schriftsteller« nennt, der also gelesen werden soll. Mit unsern Dichtern ganz unbekannt zu sein, ist das Zeichen grosser Trägheit oder verzärtelter Vornehmthuerei, und ich kann Niemand für einen ganzen Gelehrten anerkennen, der unsre Schriften gar nicht kennt. Oder soll man zwar das lateinische Stück:

»O! dass nicht im Haine....«

lesen, obgleich es auch griechisch vorhanden ist, aber soll es nicht gestattet sein, des Plato Ausführungen über das gute und glückliche Leben lateinisch wiederzugeben?

§ 6. Wenn ich nicht blos den Dolmetscher mache, sondern das von Andern Gesagte, so weit ich es billige, vertheidige, mein eigenes Urtheil und meine Darstellungsweise dazu gebe, weshalb sollen da solche Arbeiten von guter Schreibart, die keine blossen Uebersetzungen aus dem Griechischen sind, dennoch den griechischen Schriften nachstehn? Wendet man ein, dass die Griechen dies schon Alles behandelt hätten, so darf man dann auch nicht so viel griechische Bücher lesen, als doch geschehen muss. Denn was hätte wohl Chrysipp bei den Stoikern übergangen? und trotzdem liest man den Diogenes, Antipater, Mnesarchus, Panätius und viele Andere, insbesondere unsern Freund Posidonius. Und ergötzt etwa Theophrast weniger, weil er das behandelt, was schon Aristoteles vor ihm behandelt hat? Stehen etwa die Epikureer davon ab, in ihren Schriften Gegenstände, über die sowohl Epikur wie die Alten geschrieben haben, nach ihrem Gutdünken zu behandeln? Und wenn die Griechen von den Griechen gelesen werden, sobald sie dieselben Gegenstände in anderer Weise behandeln, weshalb sollten da meine Schriften nicht von den Unsrigen gelesen werden?

KAPITEL III.

§ 7. Wenn ich auch den Plato oder Aristoteles nur einfach so übersetzte, wie unsre Dichter die Fabeln übersetzt haben, so würde ich mich um meine Mitbürger nicht wenig verdient machen, indem ich sie mit jenen göttlichen Männern bekannt machte. Ich habe es bis jetzt nicht gethan, glaube aber wohl, dass auch dies mir gestattet sein wird. Einzelne Stellen werde ich allerdings, wenn es mir passend scheint, übersetzen; insbesondere bei jenen genannten Männern, wenn es sich trifft, dass es passend geschehen kann. Auch Ennius hat dies mit dem Homer, Afranius mit dem Menander so gemacht. Ich werde aber nicht, wie unser Lucilius, gewisse Leser zurückweisen. Lebte doch nur jener Persius noch und vor Allem Scipio und Rutilius, deren Urtheil Lucilius scheute und der deshalb nur von den Tarentinern, Consentiern und Sicilianern gelesen sein wollte. Dies war ein zierlicher Ausspruch, wie wir deren auch anderwärts bei ihm finden; allein so gelehrt waren diese Leute, um deren Urtheil er sich bemühte, damals noch nicht, und seine Schriften gehören zu den leichtern, die zwar durch grosse Feinheit, aber weniger durch Gelehrsamkeit sich auszeichnen.

§ 8. Welchen Leser sollte ich aber fürchten, da ich es wage, diese meine Schrift an Dich zu richten, der Du selbst den Griechen in der Philosophie nichts nachgiebst? Allerdings hast Du mir den Anlass durch Dein mir so werthes Buch über die Tugend gegeben, was ich von Dir erhalten habe. Vielleicht haben auch Manche einen Widerwillen gegen lateinische Schriften bekommen, weil sie auf gemeine und widerwärtige Sachen gerathen sind, die aus schlechtem Griechisch in noch schlechteres Latein übertragen worden sind; hier stimme ich ganz bei, sofern man nur auch griechische Schriften über dergleichen nicht lesen mag. Wer wollte dagegen nicht Schriften lesen, die über gute Gegenstände in gewählter Sprache ernst und schön abgefasst sind? Er müsste denn durchaus als Grieche gelten wollen, wie Albucius, der vom Prätor Scävola zu Athen so begrüsst wurde.

§ 9. Lucilius hat auch dies sehr schön und durchaus witzig dargestellt, indem er den Scävola vortrefflich sagen lässt:

»Lieber ein Grieche willst Du, Albucius, heissen und nicht ein Römer oder Sabiner, oder ein Fahnenträger und Landsmann der Centurionen Pontius und Tritanus, jener wackern und ausgezeichneten Männer? Also begrüsse ich, der Prätor, Dich in Athen bei Deinem Nahen mit griechischen Worten, wie Du es wünschst. chaire! mein Titus! sage ich, und ihr, die Lictoren, die Cohorten und die Menge rufet: chaire Titus! – Seitdem hasst mich Albucius und ist mir feindlich gesinnt.«

§ 10. Aber Scävola hat Recht; ich kann nicht begreifen, woher diese übermüthige Verachtung des Vaterländischen kommt? Allerdings ist hier nicht der Ort, dies weitläufig auszuführen, aber ich meine und habe es oft dargelegt, dass die lateinische Sprache keineswegs so arm ist, wie man immer sagt, sondern dass sie sogar reicher als die Griechische ist. Denn wann hat wohl je mir oder vielmehr den guten Rednern und Dichtern, wenigstens seit der Zeit, wo gute Muster zur Nachahmung vorhanden waren, irgend ein Schmuck der Rede zu deren Fülle und Zierlichkeit gefehlt?

KAPITEL IV.

Wenn ich nun in den gerichtlichen Verhandlungen, Mühen und Gefahren den Posten, auf den das römische Volk mich gestellt hatte, nicht glaube verlassen zu haben, so liegt mir fürwahr auch ob, nach Möglichkeit dahin zu wirken, dass meine Mitbürger durch meine Thätigkeit, Fleiss und Anstrengungen kenntnissreicher werden, und ich mag mich nicht mit Denen herumstreiten, welche griechische Bücher vorziehen – sofern sie sie nur wirklich lesen und es nicht blos vorgeben – vielmehr lieber Denen beistehen, welche die Schriften aus beiden Sprachen benutzen wollen, oder die, wenn sie die Schriften in ihrer eigenen Sprache besitzen, die in der andern nicht sehr vermissen.

§ 11. Wenn man aber meint, ich sollte lieber über Anderes schreiben, so möge man billig bedenken, dass dies bereits vielfach geschehen ist, und zwar in grösserem Maasse, als von irgend einem der Unsrigen, und dass, wenn ich am Leben bleibe, noch Mehreres nachfolgen wird. Auch wird jeder aufmerksame Leser meiner philosophischen Schriften finden, dass sie mehr als andere des Lesens werth sind. Denn was verdient wohl im Leben grössere Anstrengung als die Philosophie im Allgemeinen und insbesondere die in dieser Schrift enthaltenen Untersuchungen über die höchsten und letzten Ziele, auf die alle Entschlüsse überglückliches Leben und rechtes Handeln zu beziehen sind, so wie über das Höchste, was die Natur unter dem Begehrenswerthen verfolgt und unter dem Ueblen flieht? Ueber diese Fragen herrscht unter den einsichtigsten Männern grosse Uneinigkeit; weshalb sollte es deshalb meiner, von Allen anerkannten Würde zuwider sein, wenn ich untersuche, was bei allen Aufgaben des Lebens das Beste und Richtigste ist?

§ 12. Ob das Kind einer Sclavin zur Nutzniessung gehöre, mag unter jenen angesehenen Staatsmännern, wie P. Scävola und Manius Manilius verhandelt werden, und M. Brutus mag hierbei anderer Ansicht sein; dergleichen sind scharfsinnige Untersuchungen, und sie haben ihren Nutzen für den bürgerlichen Verkehr; auch lese ich solche und ähnliche Schriften gern und werde sie auch ferner lesen; aber sollen deshalb die Fragen vernachlässigt werden, welche das ganze Leben befassen? Jene Schriften mögen beliebter sein, aber fruchtbringender sind sicherlich diese, wenn ich auch dem Urtheil der Leser hierin nicht vorgreifen mag. Ich glaube wenigstens in dieser Schrift die Frage über das höchste Gut und Uebel vollständig behandelt zu haben, und ich habe nach Möglichkeit darin nicht blos meine eigenen Ansichten, sondern auch die Lehren der verschiedenen philosophischen Schulen dargelegt.

KAPITEL V.

§ 13. Um mit dem Leichtesten zu beginnen, trage ich zunächst die Lehre des Epikur vor, die am bekanntesten ist. Du wirst finden, dass ich sie so sorgfältig dargestellt habe, wie es nur die Anhänger dieser Lehre selbst vermögen; denn ich trachte nach der Wahrheit und nicht blos nach der Widerlegung meiner Gegner. Sehr sorgfältig wurden einmal früher des Epikur's Ansichten über die Lust von L. Torquatus, einem in allen Wissenschaften erfahrenen Manne, vertheidigt. Ich selbst trat ihm damals entgegen, und C. Triarius, ein ernster und kenntnissreicher junger Mann, war bei der Erörterung zugegen.

§ 14. Beide hatten mich nämlich auf meinem Gute bei Cumä besucht. Zunächst wurde Einiges über die Wissenschaften, die von Beiden mit dem höchsten Eifer betrieben wurden, verhandelt; dann sagte Torquatus zu mir: Da wir Dich einmal frei von Geschäften angetroffen haben, so möchte ich gern wissen, was Du an unserm Epikur, wenn auch nicht hassest, wie es von seinen Gegnern geschieht, aber doch missbilligst. Ich meine, dass nur er allein die Wahrheit erfasst, die Gemüther der Menschen von den grössten Irrthümern befreit und Alles gelehrt hat, was zu einem guten und glücklichen Leben gehört. Ich vermuthe, dass er Dir und unserm Triarius nur deshalb missfällt, weil er jenen Schmuck der Rede vernachlässigt hat, der sich bei Plato, Aristoteles und Theophrast findet; wenigstens kann ich kaum glauben, dass seine Lehre selbst Dir nicht für die wahre gelten sollte.

§ 15. Da sieh, wie Du Dich irrst, Torquatus, erwiderte ich; sein Styl verletzt mich nicht, denn er drückt vollständig aus, was er sagen will und in verständlicher Weise. Wenn ich nun einen Philosophen, der die Beredsamkeit benutzt, nicht verachte, so tadle ich es doch auch nicht, wenn ein Anderer dies nicht thut. Aber Epikur befriedigt mich in der Sache selbst, und zwar bei vielen Punkten nicht. Indess kann ich mich täuschen, denn: So viele Köpfe, so viele Sinne, sagt das Sprüchwort. – Weshalb genügt er Dir denn nicht? erwiderte Torquatus; denn ich halte Dich für einen billigen Richter, sofern Du nur seine Ansichten genau kennst.

§ 16. Wenn nicht Phädrus und Zeno, antwortete ich, die ich Beide gehört habe, mich belogen haben, so dürfte ich wohl mit der ganzen Lehre Epikur's vertraut sein. Ich habe Beide mit unserm Freund Atticus fleissig gehört. Ihren emsigen Fleiss abgerechnet, hatten sie nicht meinen Beifall, aber Atticus bewunderte Beide und liebte den Phädrus; deshalb besprachen wir täglich das, was wir bei ihnen gehört hatten, und wenn ein Streit entstand, war es nicht, weil ich ihre Lehre nicht verstanden hätte, sondern weil ich sie nicht billigte.

KAPITEL VI.

§17. Was könnte dies sein? fragte Torquator; ich möchte wohl wissen, was Du nicht billigst. – Zunächst, sagte ich, ist er in seiner Physik, auf die er sich am meisten, einbildet, durchaus ohne eigene Ansichten; er folgt hier dem Demokrit und ändert nur wenig und dabei so, dass er das, was er verbessern will, mir zu verschlechtern scheint. Demokrit lehrt, dass die sogenannten Atome, d.h. die wegen ihrer Dichtheit untheilbaren Körper in dem unendlichen Leeren, in dem es weder ein Oberstes noch ein Unterstes, weder eine Mitte noch einen Anfang oder Ende gebe, sich so bewegen, dass sie bei ihrem Zusammentreffen aneinander hängen blieben, und dass sich daraus alle vorhandenen und sichtbaren Dinge gebildet haben; auch soll diese Bewegung der Atome keinen Anfang gehabt haben, sondern müsse als eine ewige angesehen werden.

§ 18. Epikur schwankt nun zwar da nicht, wo er dem Demokrit folgt; indess muss ich, abgesehen von vielen Punkten, wo ich ihnen nicht beitreten kann, insbesondere tadeln, dass sie, indem es sich bei der Erforschung der Natur doch um Zweierlei handelt, einmal, was der Stoff sei, aus dem alle Dinge gebildet sind, und zweitens, welche Kraft dies bewirke, über den Stoff sich wohl ausgelassen, aber die Kraft und wirkende Ursache übergangen haben. Dieser Fehler trifft sie Beide; Epikur hat aber noch seine eigenen Gebrechen; er meint, dass jene untheilbaren und dichten Körper durch ihr eigenes Gewicht sich in gerader Linie nach unten bewegen, und dass dies die natürliche Bewegung aller Körper sei.

§ 19. Allein da, wenn Alles, wie er sagt, in gerader Richtung sich nach unten bewegt, man nicht einsieht, wie ein Atom jemals das andere berühren, könne, so stellt dieser scharfsinnige Mann als Verbesserung den Satz auf, dass die Atome ein wenig von der geraden Bewegung abweichen, und zwar so wenig wie möglich. Dadurch sollen die Vereinigungen, Verbindungen und Anhängungen der Atome untereinander entstanden sein, aus denen die Welt und alle Dinge in ihr hervorgegangen seien. Allein einmal ist dies Alles nur eine knabenhafte Erfindung, und dann leistet sie nicht einmal das, was sie soll. Denn jene Abweichung bleibt eine willkürliche Annahme, da sie ohne Ursache geschehen soll, obgleich einem Naturforscher doch nichts schlechter ansteht, als zu sagen, dass Etwas ohne Ursache geschehe; sodann nimmt er damit ohne Grund den Atomen jene von ihm selbst festgestellte natürliche Bewegung, vermöge deren alles Schwere nach unten fällt, ohne doch das, wozu ihm diese Erdichtung dienen soll, zu erreichen.

§ 20. Denn wenn alle Atome abweichen, so können sie niemals zusammentreffen; wenn aber nur ein Theil abweicht und die andern nach ihrer Schwere sich senkrecht bewegen, so weist er einmal den Atomen damit gleichsam Gebiete zu, wo sie sich entweder gerade oder schief bewegen sollen, und dann kann ein solches verworrenes Zusammentreffen der Atome die Schönheit dieser Welt nicht hervorbringen, ein Bedenken, was auch Demokrit mit trifft. Sodann darf kein Naturforscher lehren, dass es ein Kleinstes gebe; hätte Epikur lieber sich die Geometrie von seinem Freunde Polyänus lehren lassen, als sie ihn verlernen zu lassen, so würde er nie auf eine solche Meinung gekommen sein. Die Sonne hielt Demokrit für einen grossen Körper, denn er war ein gelehrter und in der Geometrie bewanderter Mann; dagegen soll sie nach Epikur nur ohngefähr einen Fuss gross sein, da er sie nur für so gross hielt, als sie erscheint, oder doch nur ein wenig grösser oder kleiner.

§ 21. So verdirbt Epikur das, was er verändert, und was er beibehält, gehört ganz dem Demokrit an. Die Atome, das Leere, die Bilder, welche sie eidola nennen, durch deren Eindringen man nicht blos sieht, sondern auch denkt, die Unendlichkeit selbst, die sie apeiria nennen, gehören ganz dem Demokrit an; ebenso die unzähligen Welten, welche täglich entstehen und vergehen. Obgleich ich dem keineswegs zustimmen mag, so kann ich es doch nicht billigen, wenn der von Allen gelobte Demokrit gerade von Epikur, der ihm lediglich gefolgt ist, getadelt wird.

KAPITEL VII.

§ 22. Was nun den zweiten Theil der Philosophie anlangt, den man die Logik nennt und welcher das Untersuchen und Erörtern behandelt, so scheint mir Euer Philosoph darin sehr schwach und dürftig. Er beseitigt die Definitionen, sagt nichts über Eintheilungen und Abschnitte und lehrt nicht, wie der Vernunftschluss gebildet wird und wirkt; er zeigt auch nicht, auf welchem Wege das Verfängliche gelöst und das Zweideutige beseitigt werden kann. Das Urtheil über die Dinge verlegt er in die Sinne, und ist durch diese einmal Falsches für Wahres geboten worden, so hält er jedes Kennzeichen der Wahrheit und Unwahrheit für aufgehoben.

§ 23. Vorzüglich aber begründet er den Satz, dass die Natur selbst, wie er sagt, auswähle und billige, nämlich die Lust und den Schmerz; hierauf bezieht er Alles, was man vermeiden und dem man nachstreben solle. Allerdings ist auch Aristipp dieser Ansicht, und die Cyrenaiker haben sie besser und ungezwungener vertheidigt; aber dennoch kann es nach meinem Urtheil keine des Menschen unwürdigere geben; vielmehr hat die Natur, wie mir scheint, zu Grösserem uns geschaffen und gebildet. Ich kann mich vielleicht irren; aber sicherlich hat doch jener Torquatus, der zuerst diesen Beinamen sich erwarb, die Halskette dem Feinde nicht deshalb entrissen, um damit sich irgendwie körperliche Lust zu verschaffen; noch hat er während seines dritten Consulats mit den Lateinern an der Veseris der Lust wegen gekämpft. Als er aber seinen Sohn mit dem Beile hinrichten liess, scheint er sogar sich vieler Freuden beraubt zu haben, indem er das Recht der Majestät und des Amtes höher als die Natur und die väterliche Liebe stellte.

§ 24. Und wie erklärt es sich denn, dass derjenige Torquatus, welcher mit Cn. Octavius Consul war, so streng gegen seinen Sohn verfuhr? Er hatte ihn aus der väterlichen Gewalt entlassen, damit D. Silanus ihn an Kindesstatt annehmen konnte, und forderte ihn zur Verantwortung vor sich, als die macedonischen Gesandten ihn anklagten, er habe sich als Prätor in der Provinz bestechen lassen. Nach Anhörung beider Theil fällte er seinen Spruch dahin, dass sein Sohn sich in seinem Amte nicht so wie seine Vorfahren benommen habe, und er verbot ihm, wieder vor seine Augen zu kommen. Meinst Du, dass er dabei nur an sein Vergnügen gedacht habe? Ich übergehe die Gefahren, Anstrengungen und Schmerzen, welche die besten Männer für das Vaterland und die Ihrigen übernehmen, obgleich ihnen keine Lust dabei sich bietet. Sie gehen vielmehr Allem der Art vorbei und wollen lieber alle Schmerzen ertragen, als irgend eine ihrer Pflichten versäumen; ich wende mich vielmehr zu geringern Dingen, welche dies nicht minder bestätigen.

§ 25. Welche Lust hast Du, mein Torquatus, und Du, unser Triarius, nicht von den Wissenschaften, von der Geschichte und der Kenntniss der Dinge und dem Auswendiglernen so vieler Verse? Sage mir nicht: »Dies Alles an sich macht mir Vergnügen, wie Jenes es den Torquatern gemacht hat.« Nirgends vertheidigt Epikur dies so, und auch Du nicht und Niemand, der Verstand hat oder seine Lehre kennt. Wenn man sich aber über die grosse Zahl der Epikureer wundert, so giebt es mancherlei Ursachen dafür; hauptsächlich wird die Menge davon angelockt, weil sie meint, das Gerechte und Sittliche gewähre nach dessen Ausspruche, als solches, durch sich Freude und damit Lust. Die guten Leute sehen nicht ein, dass sein ganzes Lehrgebäude umstürzen würde, wenn es sich so verhielte. Denn wenn Epikur zugestände, dass jene Dinge, auch wenn sie zur sinnlichen Lust nichts beitragen, doch um ihrer willen an sich selbst angenehm seien, so müsste auch die Tugend und das Wissen um ihrer selbst willen erstrebt werden, was er keinesweges will.

§ 26. Diese Lehren Epikur's billige ich also, wie gesagt, nicht; im Uebrigen hätte ich gewünscht, er wäre unterrichteter in den Wissenschaften gewesen; denn er ist, wie ja auch Du anerkennen musst, in jenen Wissenschaften und Künsten wenig bewandert, in deren Besitz man zu den Gelehrten gerechnet wird; wenigstens hätte er Andere nicht von der Beschäftigung mit den Wissenschaften abschrecken sollen, obwohl ich sehe, dass Du Dich keinesweges davon hast abschrecken lassen.

KAPITEL VIII.

Ich hatte dies mehr gesagt, um den Torquatus zu reizen, als um selbst das Wort zu führen. Da sprach Triarius lächelnd: Du hast ja den Epikur beinahe ganz aus dem Philosophen-Chor vertrieben; nichts hast Du ihm belassen, als dass Du, wie er auch sprechen mag, verstehst, was er sagt. In der Physik soll er nur die Lehre Anderer vorgetragen haben und selbst diese nicht so, dass Du es billigen kannst; wenn er etwas darin verbessern gewollt, so soll er es verschlechtert haben; die Kunst der Erörterung soll ihm gefehlt haben, und wenn er die Lust für das höchste Gut erklärt, so soll er erstens dies selbst nicht recht eingesehen haben und zweitens es ebenfalls Andern entlehnt haben. Denn schon vor ihm habe Aristipp dasselbe und besser gelehrt; zuletzt hast Du ihn sogar für keinen Gelehrten erklärt.

§ 27. Darauf erwiderte ich: Es ist unmöglich, Triarius, dass man seine Missbilligung nicht da aussprechen soll, wo man anderer Ansicht ist. Was könnte mich hindern, ein Epikureer zu werden, wenn ich seine Lehre billigte? zumal da man sie spielend erlernen kann. Wenn sich deshalb Männer verschiedener Ansicht tadeln, so verdient dies noch keine Rüge; nur Schimpfreden, Verläumdungen, Zorn, Zank, und hartnäckigen Eigensinn bei den Besprechungen halte ich eines Philosophen nicht würdig.

§ 28. Da sagte Torquatus: Ich bin ganz Deiner Meinung; man kann sich nicht streiten, ohne zu tadeln, und ebenso wenig kann man im Zorne oder Eigensinn gründlich erörtern. Aber in der Sache selbst könnte ich wohl antworten, wenn es Euch nicht belästigt. – Glaubst Du, erwiderte ich, dass ich so gesprochen haben würde, wenn ich Dich nicht gern hätte hören wollen ? – Soll ich also, sagte er, die ganze Lehre Epikur's durchgehen oder nur seine Lehre über die Lust untersuchen, auf die ja aller Streit hinausgeht? – Mache es ganz, sagte ich, wie es Dir angemessen scheint. – Nun gut, erwiderte er, so mag es so sein; ich werde nur einen Gegenstand, aber den wichtigsten erläutern. Ueber die Physik will ich ein andermal sprechen und hoffe Dir dann sowohl jene Abweichung der Atome wie die Grösse der Sonne zu beweisen, auch dass Epikur viele Irrthümer Demokrit's aufgedeckt und verbessert hat. Ich beschränke mich also jetzt auf die Frage über die Lust und werde dabei zwar nichts Neues beibringen, aber vertraue, dass auch Du das, was ich sage, billigen wirst. – Gewiss, antwortete ich, werde ich nicht eigensinnig sein, sondern Dir in Allem, was Du mir beweisen wirst, gern beistimmen.

§ 29. Dies wird geschehen, wenn Du so billig bist, wie Du sagst. Ich werde indess dabei im Zusammenhange und fortgehend sprechen, ohne zu fragen oder mich fragen zu lassen. – Wie es Dir beliebt, sagte ich.

KAPITEL IX.

Er begann hierauf folgendermaassen: Zunächst will ich so verfahren, wie es der Stifter dieser Lehre verlangt, und feststellen, was und welcher Art der Gegenstand unserer Untersuchung ist; nicht, weil ich meinte, es sei dies Euch unbekannt, sondern damit meine Darstellung begründet und geradeaus vorschreite. Wir suchen also das höchste und äusserste Gut, was nach aller Philosophen Ansicht so beschaffen sein muss, dass alles Andere auf es zu beziehen ist, während es selbst durch nichts bedingt ist. Epikur setzt dasselbe in die Lust; er erklärt sie für das höchste Gut und den Schmerz für das höchste Uebel.

§ 30. Er zeigt dies in der Weise, dass jedes lebende Wesen von seiner Geburt ab nach der Lust verlange und sin hrer als des höchsten Gutes erfreue, während es den Schmerz, als das höchste Uebel, abweise und möglichst von sich zurückstosse. Dies geschehe von demselben, noch ehe es verdorben worden, lediglich nach dem reinen und unverfälschten Antriebe seiner Natur. Es bedürfe deshalb keiner Gründe und Beweise dafür, weshalb die Lust zu erstreben und der Schmerz zu fliehen sei; dies lehre schon das Gefühl, so wie man wahrnehme, dass das Feuer wärme, der Schneeweiss, der Honig süss sei; für den Beweis dessen bedürfe es keiner besonders ausgewählten Gründe, es genüge, darauf aufmerksam zu machen. Denn die Beweisführung und Schlussfolgerung unterscheide sich von der einfachen Wahrnehmung und Beachtung; jene eröffne das Verborgene und gleichsam Eingewickelte, diese urtheile über das sofort Erfassbare und offen zu Tage Liegende. Nehme man dem Menschen seine Sinne, so verbleibe ihm Nichts; deshalb müsse die Natur selbst beurtheilen, was ihr angenehm oder zuwider sei, und diese bemerke und erkenne als Ursache des Begehrens und Verabscheuens nur die Lust und den Schmerz.

§ 31. Doch möchten Manche der Unsrigen dies noch scharfsinniger begründen; sie bestreiten deshalb, dass es genüge, blos nach dem Gefühle zu bestimmen, was ein Gut und was ein Uebel sei; vielmehr könne man auch geistig und durch die Vernunft einsehen, dass die Lust um ihrer selbst willen zu suchen und der Schmerz um seiner selbst willen zu fliehen sei. Nach ihnen ist in der Seele des Menschen die natürliche und angeborne Vorstellung enthalten, dass das Eine zu suchen und das Andere zu fliehen sei. Andere dagegen, denen ich beistimme, meinen, dass man hier seiner Sache nicht zu sehr vertrauen dürfe, da von verschiedenen Philosophen Vieles angeführt sei, weshalb die Lust nicht zu den Gütern und der Schmerz nicht zu den Uebeln zu rechnen sei; deshalb müsse diese Frage über die Lust und den Schmerz mit Gründen in genauern Erörterungen und reiflichern Erwägungen behandelt werden.

KAPITEL X.

§ 32. Damit Ihr indess erkennt, woher dieser ganze Irrthum gekommen ist, und weshalb man die Lust anklagt und den Schmerz lobet, so will ich Euch Alles eröffnen und auseinander setzen, was jener Begründer der Wahrheit und gleichsam Baumeister des glücklichen Lebens selbst darüber gesagt hat. Niemand, sagt er, verschmähe, oder hasse, oder fliehe die Lust als solche, sondern weil grosse Schmerzen ihr folgen, wenn man nicht mit Vernunft ihr nachzugehen verstehe. Ebenso werde der Schmerz als solcher von Niemand geliebt, gesucht und verlangt, sondern weil mitunter solche Zeiten eintreten, dass man mittelst Arbeiten und Schmerzen eine grosse Lust sich zu verschaften suchen müsse. Um hier gleich bei dem Einfachsten stehen zu bleiben, so würde Niemand von uns anstrengende körperliche Uebungen vornehmen, wenn er nicht einen Vortheil davon erwartete. Wer dürfte aber wohl Den tadeln, der nach einer Lust verlangt, welcher keine Unannehmlichkeit folgt, oder der einem Schmerze ausweicht, aus dem keine Lust hervorgeht?

§ 33. Dagegen tadelt und hasst man mit Recht Den, welcher sich durch die Lockungen einer gegenwärtigen Lust erweichen und verführen lässt, ohne in seiner blinden Begierde zu sehen, welche Schmerzen und Unannehmlichkeiten seiner deshalb warten. Gleiche Schuld treffe Die, welche aus geistiger Schwäche, d.h. um der Arbeit und dem Schmerze zu entgehen, ihre Pflichten verabsäumen. Man kann hier leicht und schnell den richtigen Unterschied treffen; zu einer ruhigen Zeit, wo die Wahl der Entscheidung völlig frei ist und nichts hindert, das zu thun, was den Meisten gefällt, hat man jede Lust zu erfassen und jeden Schmerz abzuhalten; aber zu Zeiten trifft es sich in Folge von schuldigen Pflichten oder von sachlicher Noth, dass man die Lust zurückweisen und Beschwerden nicht von sich weisen darf. Deshalb trifft der Weise dann eine Auswahl, damit er durch Zurückweisung einer Lust dafür eine grössere erlange oder durch Uebernahme gewisser Schmerzen sich grössere erspare.

§ 34. Wenn ich an diese Lehre mich halte, weshalb sollte ich da fürchten, sie mit dem Benehmen unserer Torquater nicht in Uebereinstimmung bringen zu können? Du hast ihrer eben in treuer Erinnerung und in freundschaftlicher und wohlwollender Gesinnung gedacht, aber ich werde mich durch dies Lob meiner Vorfahren nicht verführen, noch in meinen Antworten bedenklich machen lassen. Ich bitte, in welcher Weise willst Du ihre Thaten erklären? Sollten sie nach Deiner Meinung bei ihrem Anstürmen gegen die bewaffneten Feinde oder bei ihrer Härte gegen ihre Kinder und ihr Blut nicht au ihren Nutzen, nicht an ihren Vortheil gedacht haben? Aber nicht einmal die wilden Thiere handeln so; selbst diese stürzen und stürmen nicht so, dass man nicht einsehen könnte, wohin ihre Bewegungen und Sprünge abzielen.

§ 35. Sollten da solche ausgezeichnete Männer so grosse Thaten ohne Grund verrichtet haben? Welcher Grund hier gewirkt hat, werden wir bald sehen; vorläufig halte ich fest, dass, wenn sie wegen irgend eines Grundes dergleichen unzweifelhaft herrliche Thaten verrichtet haben, jedenfalls dann die Tugend an sich für sie nicht der Grund gewesen sein kann. Du sagst: Er hat dem Feinde die Halskette entrissen! – Aber er deckte sich auch, um nicht umzukommen. – Allein er hat sich doch einer grossen Gefahr ausgesetzt. – Ja, aber im Angesicht seines Heeres. – Aber was hätte er damit erreicht? – Lob und Liebe, die sichersten Schutzmittel, um das Leben ohne Furcht zuzubringen. – Er hat seinen Sohn mit dem Tode bestraft. – Hätte er es ohne Grund gethan, so möchte ich nicht der Nachkomme eines so schroffen und grausamen Mannes sein; that er es, um durch seinen Schmerz den Gehorsam und die Achtung vor seinem Feldherrnamt zu stärken und das Heer in einem der schwersten Kriege durch die Furcht vor Strafe in Zucht zu erhalten, so hat er für das Wohl der Bürger gesorgt, in dem, wie er wusste, auch das seinige enthalten war.

§ 36. Und diese Gründe reichen weit. Alles, was Eure Reden Rühmeswerthes beigebracht haben, und was insbesondere Du mit Eifer aus den alten Zeiten herbeigeholt hast, wo berühmte und tapfre Männer ihre Thaten nicht um eines Vortheils willen, sondern im Glanze der Rechtschaffenheit vollbracht haben sollen, dies Alles fällt zusammen, wenn, wie ich gesagt, jene Auswahl unter den Dingen statthat und entweder eine Lust aufgegeben wird, um eine desto grössere dadurch zu erlangen, oder wenn ein Schmerz übernommen wird, um grösseren Schmerzen dadurch zu entgehen.

KAPITEL XI.

§ 37. Damit dürfte über die glänzenden und ruhmvollen Thaten grosser Männer hier genug gesagt sein, und ich werde bald eine passendere Gelegenheit haben, um die Richtung aller Tugenden nach der Lust hin darzulegen. Jetzt will ich erklären, was und welcher Art die Lust selbst ist, um die irrigen Meinungen Unerfahrener zu beseitigen und zu zeigen, wie ernst, entschlossen und streng jene Lehre ist, die man für wollüstig, verzärtelt und verweichlicht zu halten pflegt. Denn wir suchen nicht blos jene Lust, die durch ihre Süssigkeit die Natur von selbst erregt und von den Sinnen angenehm empfunden wird, sondern vor Allem die Lust, welche man durch die Entfernung allen Schmerzes empfindet. Denn wenn man vom Schmerz erlöst wird, so erfreut man sich gerade an dieser Befreiung und Leere von aller Unannehmlichkeit; Alles aber, dessen man sich erfreut, ist eine Lust, so wie Alles, was uns verletzt, ein Schmerz ist. Deshalb kann die Befreiung von allem Schmerz mit Recht eine Lust genannt werden. So wie der durch Speise und Trank gestillte Hunger und Durst lediglich mittelst der Beseitigung des Unangenehmen die Lust zur Folge hat, so bewirkt überall die Beseitigung des Schmerzes als Folge die Lust.

§ 38. Deshalb nahm Epikur kein Mittleres zwischen Schmerz und Lust an, weil gerade jener Zustand, wo man von allen Schmerzen frei ist und welcher Manchem als das Mittlere erscheint, nicht blos eine Lust, sondern sogar die höchste Lust ist. Jedweder, der sich erregt fühlt, muss entweder in Lust oder in Schmerz sich befinden. Mit der Beseitigung aller Schmerzen ist aber nach Epikur die höchste Lust erreicht; man kann dann wohl die Art der Lust noch wechseln und unterscheiden, aber sie nicht mehr vergrössern und erweitern.

§ 39. In Athen befindet sich, wie ich von meinem Vater gehört habe, der damit die Stoiker witzig und fein verspottete, auf dem Topfmarkte eine Bildsäule des Chrysipp mit vorgestreckter Hand, welche zeigen soll, wie er sich an folgendem kurzen Schluss ergötzt habe: »Begehret Deine so ausgestreckte Hand, wie sie es jetzt ist, etwas? – Durchaus nichts. – Aber wenn die Lust ein Gut ist, so würde sie es begehren? – Ich glaube ja. – Also ist die Lust kein Gut.« Nicht einmal die Bildsäule, meinte mein Vater, würde, wenn sie reden könnte, so sprechen; denn dieser Schluss treffe wohl die Cyrenaiker richtig, aber nicht den Epikur. Wenn nur dasjenige Lust wäre, was die Sinne so zu sagen kitzelt und mit Süssigkeit ihnen zufliesst und in sie eindringt, so könnte weder die Hand, noch irgend ein anderer Theil mit der blossen Schmerzlosigkeit ohne ein angenehmes Gefühl der Lust zufrieden sein; wenn aber die höchste Lust nach Epikur in der Schmerzlosigkeit bestehe, so sei dem Chrysipp das Erste wohl richtig eingeräumt worden, dass die Hand in solcher Haltung nichts begehre; aber man könne ihm nicht auch das Zweite zugestehen, dass sie die Lustbegehren würde, wenn sie ein Gut sei; vielmehr geschehe dies von ihr nicht, weil Alles, was von Schmerzen frei sei, sich schon in der Lust befinde.

KAPITEL XII.

§ 40. Dass nun die Lust das höchste Gut ist, lässt sich leicht daraus abnehmen, dass, wenn man sich einen Menschen vorstellt, der alle Lust der Seele und des Körpers in hohem Maasse, in grosser Menge und ohne Unterlass geniesst, dabei weder durch Schmerzen gedrückt, noch davon bedroht wird, man sich keinen bessern und wünschenswerthern Zustand wie diesen denken kann. Ein Mensch in diesem Zustande muss eine Festigkeit der Seele besitzen, die weder den Tod noch die Schmerzen fürchtet; denn im Tode hat man keine Empfindung mehr, und der Schmerz wird durch seine Länge leichter, und ist er schwer, so pflegt er nur kurze Zeit zu währen, so dass über dessen Schwere sein rasches Vorübergehen und über seine Dauer seine Leichtigkeit tröstet.

§ 41. Dazu kommt, dass in solchem Zustande den Menschen kein göttliches Wesen ängstigt und die vergangene Lust ihm nicht entschwindet; vielmehr freut er sich ihrer in steter Erinnerung. Wie könnte da noch irgend etwas Besseres zu solchem Zustande hinzutreten? Nimm dagegen Jemand, der von so grossen körperlichen und geistigen Schmerzen gebeugt wird, wie sie einen Menschen nur treffen können, der dabei keine Aussicht hat, dass sie sich lindern werden, und der weder jetzt eine Lust fühlt noch eine solche erwartet, kann man da einen noch elendern Zustand nennen oder sich vorstellen? Wenn ein von Schmerzen erfülltes Leben am meisten zu fürchten ist, so ist offenbar ein Leben in Schmerzen das höchste Uebel, und dem entspricht, dass ein Leben in Lust das höchste ist. Denn unsre Seele hat sonst Nichts, was ihr als Endziel gelten könnte; alle Furcht und alle Krankheit wird auf den Schmerz zurückgeführt, und es giebt ausserdem Nichts, was seiner Natur nach Sorge oder Angst erwecken könnte.

§ 42. Ueberdem nimmt alles Begehren, alles Verabscheuen und alle Thätigkeit ihren Anfang von der Lust oder dem Schmerz, und wenn dies richtig ist, so erhellt, dass alles Rechte und Löbliche auf ein von Lust erfülltes Leben abzielt. Wenn nun Das als das höchste, oder letzte, oder äusserste Gut gelten muss (die Griechen nennen es telos), Was an sich selbst auf nichts Anderes bezogen wird, aber auf welches alles Andere bezogen wird, so muss man anerkennen, dass ein angenehmes Leben das höchste Gut ist.

KAPITEL XIII.

Jene, welche dies höchste Gut nur allein in die Tugend setzen und, durch den Glanz des Wortes geblendet, nicht erkennen, was die Natur verlangt, würden von diesem grossen Irrthume befreit werden, wenn sie den Epikur hören wollten. Denn wenn diese Eure vortrefflichen und schönen Tugenden zu keiner Lust führten, so würde sie Niemand für etwas Löbliches oder Begehrenswerthes halten. So schätzt man die Kunst der Aerzte nicht um ihrer selbst willen, sondern weil sie die Gesundheit bewirkt, und die Kunst des Steuermannes wird nicht als solche, sondern wegen ihres Nutzens für die gute Schifffahrt gelobt, und so würde auch die Weisheit, die nur als die Lebenskunst anzusehen ist nicht begehrt werden, wenn sie nichts bewirkte; man verlangt nach ihr nur, weil sie gleichsam der Werkmeister ist, der die Lust beschafft und bereitet.

§ 43. Ihr seht also, was ich unter der Lust verstehe; deshalb lasst Euch durch ihren verhassten Namen meine Rede nicht abschwächen. Nur weil man die Güter und Uebel nicht kennt, wird das Leben hauptsächlich beschwerlich; wegen dieses Irrthums büsst man oft die grössten Freuden ein und wird von den härtesten Seelenschmerzen gepeinigt. Deshalb bedarf man der Weisheit, welche alle Strecken und Begierden beseitigt, alle dreisten, falschen Meinungen zerstört und sich damit als den sichersten Führer zur Lust bewährt. Denn nur die Weisheit allein vermag die Seele von der Traurigkeit zu befreien; nur sie lässt uns durch die Furcht nicht in Schrecken gerathen; unter ihrer Führung kann man die Hitze aller Begierden kühlen und ein ruhiges Leben führen. Denn die Begierden sind unersättlich; nicht blos Einzelne, sondern ganze Familien bringen sie in das Verderben, ja oft erschüttern sie selbst den Staat.

§ 44. Von den Begierden kommt der Hass, die Uneinigkeit, der Streit, der Aufruhr, der Krieg. Auch werfen sie sich nicht blos nach Aussen und stürzen in blindem Ungestüm nicht blos auf Andere, sondern auch innerlich, in der Seele eingeschlossen, streiten und bekämpfen sie sich selbst und verbittern damit das Leben. Deshalb kann nur der Weise, der alle Eitelkeit und allen Irrthum von sich abgethan und beseitigt hat, zufrieden in den von der Natur gesetzten Schranken ohne Aerger und Furcht sein Leben verbringen.

§ 45. Denn welche Unterscheidung ist wohl nützlicher und für ein gutes Leben geeigneter, als die, welche Epikur gezogen hat? In die eine Klasse der Begierden stellte er die natürlichen und zugleich nothwendigen, in die zweite die natürlichen, aber nicht nothwendigen, und in die dritte die, welche weder natürlich noch nothwendig sind. Ihr Verhältniss ist der Art, dass die notwendigen ohne viele Mühe und Kosten sich befriedigen lassen.

§ 46. Ebenso verlangen auch die natürlichen nicht viel, weil die Natur selbst die Güter, mit denen sie zufrieden ist, bereitet und abgrenzt; nur von den eitlen Begierden kann weder ein Maass noch ein Ende gefunden werden.

KAPITEL XIV.

Wenn man sieht, wie der Irrthum und die Unwissenheit das ganze Leben in Verwirrung bringt, und wie nur die Weisheit uns vor dem Ungestüm der Lüste und den Schrecknissen der Furcht schützt; wie sie selbst das Unrecht des Schicksals uns mit Geduld ertragen lehrt und die Wege weist, welche zur Ruhe und zur Freiheit von Gemüthsbewegungen führen, wie konnte man da zweifeln und nicht offen anerkennen, dass die Weisheit wegen Gewinnung der Lust zu erstreben und die Unwissenheit wegen des Ungemachs zu fliehen sei!

§ 47. Aus demselben Grunde wird, nach unsrer Lehre, auch die Mässigkeit nicht um ihrer selbst willen gesucht, sondern weil sie der Seele den Frieden bringt und die Gemüther gleichsam durch eine gewisse Eintracht beruhigt und besänftigt. Denn die Mässigkeit ist es, welche uns ermahnt, in dem Begehren und dem Fliehen der einzelnen Dinge der Vernunft zu folgen, da es nicht genügt, dass man richtig beurtheile, was zu thun und zu unterlassen sei, sondern dass man auch an diesem Urtheile festhalte. Die meisten Menschen können nicht bei dem, was sie selbst beschlossen haben, beharren und verbleiben, sondern lassen sich durch den entgegentretenden Reiz der Lust besiegen und verführen. Damit begeben sie sich in die Fesseln ihrer Lüste, sehen das Kommende nicht voraus und gerathen deshalb um einer geringen Lust willen, die entweder vermeidlich war, oder die auf andere Weise erlangt werden konnte, oder die sie allenfalls auch ohne Schmerzen entbehren konnten, theils in schwere Krankheiten, theils in Schaden, theils in Schande, ja, oft verfallen sie auch den Strafen der Gerichte und Gesetze.

§ 48. Wer aber die Lust so zu geniessen vermag, dass kein Schmerz daraus für ihn hervorgeht, und wer in seinen

Urtheilen zurückhält, um nicht, durch die Lust besiegt, das zu thun, was nach der eigenen Ansicht nicht geschehen soll, der erreicht gerade durch Beiseiteschiebung solcher Lust die höchste Lust, und der erträgt auch oft einen Schmerz, um nicht sonst in einen grösseren zu gerathen. Hieraus erhellt, dass auch die Unmässigkeit nicht um ihrer selbst willen zu fliehen ist, und dass man die Mässigkeit nicht begehrt, weil sie die Lust flieht, sondern weil sie die grössere Lust bereitet.

KAPITEL XV.

§ 49. Dasselbe wird sich auch für die Tapferkeit ergeben. Denn weder die Verrichtung einer Arbeit noch das Erleiden eines Schmerzes lockt an sich an; auch thut dies nicht die Geduld, die Emsigkeit, das Nachtwachen, ja, selbst der vielgerühmte Fleiss und selbst die Tapferkeit nicht; vielmehr folgt man ihren Geboten nur, damit man ohne Sorgen und Furcht leben könne und man Seele und Leib nach Möglichkeit vor Ungemach bewahre. So wie die Todesfurcht den ganzen Zustand eines ruhigen Lebens verwirrt, und so wie es jämmerlich ist, wenn man den Schmerzen unterliegt oder sie nur mit gedrücktem oder schwächlichem Sinne erträgt, und wie ob dieser Geistesschwäche Viele ihre Eltern, Viele ihre Freunde, Manche ihr Vaterland, die Meisten aber sich selbst gänzlich ins Verderben gestürzt haben, so hält sich umgekehrt ein starker und erhabener Sinn frei von aller Angst und Sorge und verachtet selbst den Tod; denn wer davon getroffen wird, ist eben nur so daran, als wie vor seiner Geburt. Ein solcher ist bereit, Schmerzen zu ertragen, denn er weiss, dass die grössten mit dem Tode enden, dass die kleinen viele Pausen der Ruhe haben und dass man Herr der mässigen Schmerzen werden kann, so dass die erträglichen ausgehalten werden können, und bei den härteren man mit Seelenruhe das Leben, wenn es nicht gefällt, wie ein Theater verlassen kann. Daraus ergiebt sich, dass die Furchtsamkeit und Trägheit nicht ihretwegen getadelt und die Tapferkeit und Gelassenheit nicht ihretwegen gelobt werden; sondern man verwirft jene, weil sie Schmerzen, und wählt diese, weil sie Lust bereiten.

KAPITEL XVI.

§ 50. So bleibt nur noch die Gerechtigkeit, um alle Tugenden behandelt zu haben. Auch von ihr kann indess das Gleiche gesagt werden. So wie ich gezeigt habe, dass die Weisheit, Mässigkeit und Tapferkeit mit der Lust in der Art verbunden sind, dass sie in keiner Weise von ihr getrennt und abgesondert werden können, so gilt dies auch von der Gerechtigkeit, die nicht allein niemals Jemandem schadet, sondern immer durch ihre Kraft und Natur beiträgt, das Gemüth zu beruhigen und die Hoffnung zu erhalten, dass Nichts von dem fehlen werde, dessen ein unverdorbener Mensch bedarf. So wie die Verwegenheit, die Ausgelassenheit und Trägheit die Seele immer peinigen, immer aufregen und stören, so beunruhigt auch die Unredlichkeit, wenn sie in dem Gemüth sich festgesetzt hat, durch ihre blosse Gegenwart; wenn sie etwas unternimmt, kann sie trotz aller Heimlichkeit doch nicht sicher sein, dass es immer verborgen bleiben werde; denn in der Regel folgt den Handlungen des Unredlichen zunächst der Verdacht, dann erhebt sich das Gerede und Gerücht, dann der Ankläger und zuletzt der Richter, ja, Viele zeigen sich selbst an, wie während Deines Consulats geschah.

§ 51. Selbst wenn Einzelne sich genügend gegen alles Bekanntwerden geschützt und verwahrt zu haben dünken, bleibt ihnen doch die Furcht vor den Göttern, und sie halten jene Angst, die ihr Gemüth

»Tag und Nacht«

verzehrt, für eine von den unsterblichen Göttern verhängte Strafe. Wie kann wohl aus unrechten Handlungen eine so grosse Minderung der Unannehmlichkeiten des Lebens hervorgehen, dass sie die aus dem Bewusstsein der Unthaten, aus der Strafe der Gesetze und dem Hass der Bürger hervorgehende Steigerung derselben die Wage hielte? Und doch giebt es Menschen, die weder in dem Streben nach Geld, noch nach Ehren, nach Herrschaft, nach sinnlicher Lust, nach leckem Mahlzeiten und neuen Annehmlichkeiten Maass halten. Keine Beute, die sie aus ihren Unthaten gewonnen haben, mindert ihre Begierden; sie werden dadurch nur heftiger, und nur Zwang, aber nicht Ermahnung kann sie im Zaume halten.

§ 52. So empfiehlt die wahre Vernunft dem Verständigen die Gerechtigkeit, die Billigkeit, die Treue. Schon dem ungeschickten, dem schwachen Menschen nützt sein Unrechtthun nichts, da er seine Pläne nicht leicht auszuführen und, wenn es geschieht, das Erreichte nicht festzuhalten vermag. Aber auch die Macht an Geist und Vermögen passt besser zu einem edlen Sinne, denn durch einen solchen erlangt man das Wohlwollen der Menschen und, was für die Ruhe des Lebens noch wichtiger ist, ihre Liebe, weil aller Anlass zum Unrechtthun dann fehlt.

§ 53. Denn die natürlichen Begierden können leicht und ohne Verletzung Anderer befriedigt werden, und den eitlen Begierden darf man nicht nachgeben, da sie kein Wünschenswerthes begehren und in dem Unrecht selbst mehr Schaden enthalten ist, als Vortheil in den Dingen, die durch das Unrecht erlangt werden. Deshalb kann man auch von der Gerechtigkeit nicht sagen, dass sie um ihrer selbst willen begehrenswerth sei; sie ist es nur, weil sie zur Annehmlichkeit des Lebens am meisten beiträgt. Geliebt zu werden und Andern theuer zu sein, ist angenehm, weil das Leben dadurch sicherer und die Lust vollständiger wird. Wir meinen daher, dass die Unredlichkeit nicht blos deshalb zu fliehen sei, weil sie dem Unredlichen Nachtheil bringt, sondern weit mehr noch, weil sie das von ihr eingenommene Gemüth niemals zu Athem und Ruhe kommen lässt.

§ 54. Wenn sonach selbst das Lob der Tugenden, in dem sich die Ausführungen der übrigen Philosophen hauptsächlich so stolz ergehen, zu keinem Ergebnisse führen kann, so lange es nicht auf die Lust gerichtet wird, und wenn die Lust allein es ist, die uns durch ihre Natur anruft und anlockt, so kann es nicht zweifelhaft sein, dass sie das höchste und äusserste Gut ist, und dass das glückliche Leben nur in einem von Lust erfüllten Leben besteht.

KAPITEL XVII.

§ 55. Ich will nun kurz darlegen, was mit diesem festen und gesicherten Grundsatz verknüpft ist. In dem höchsten Gut und Uebel, d.h. in der Lust oder in dem Schmerze, kann man sich nicht irren, aber wohl kann man in den Gegenständen fehlgreifen, wenn man nicht weiss, aus welchen Ursachen jene hervorgehen. Wir gestehen, dass die Lust und der Schmerz der Seele aus der Lust und dem Schmerz des Körpers entsteht. Ich gebe deshalb zu, dass, wenn Einzelne von uns hier anderer Ansicht sind, dies, wie Du sagtest, die Sache verloren macht; es sind dies zwar Viele, aber doch nur Unerfahrene. Wenn auch die Lust der Seele uns Freude macht und ihr Schmerz uns unangenehm ist, so entspringen doch beiderlei Gefühle aus dem Körper und werden auf ihn bezogen. Doch kann trotzdem die Lust und der Schmerz der Seele viel grösser als die des Körpers sein; denn mit dem Körper kann man nur das Gegenwärtige und Anwesende empfinden, mit der Seele aber auch das Vergangene und Kommende. Wenn man auch bei körperlichen Schmerzen ebenso in der Seele leidet, so kann doch dieses Gefühl erheblich steigen, wenn man meint, von einem dauernden und endlosen Uebel bedroht zu sein; und dasselbe gilt von der Lust, sie steigt, wenn man nichts dergleichen befürchtet.

§ 56. So erhellt schon hieraus, dass die grösste Lust und der grösste Schmerz der Seele von höherer Bedeutung für das glückliche oder elende Leben ist, als beiderlei Empfindung, wenn sie gleich lange im Körper ist. Nach unserer Ansicht folgt aus der Entziehung der Lust nicht sofort die Traurigkeit; es müsste denn an Stelle der Lust zufällig ein Schmerz getreten sein; aber umgekehrt erfreut der Nachlass der Schmerzen, auch wenn keine die Sinne erregende Lust nachfolgt, und daraus kann man ersehn, welche grosse Lust in der Schmerzlosigkeit enthalten ist.

§ 57. Ebenso wie man durch die Güter, welche man erwartet, aufgerichtet wird, freut man sich ihrer in der Erinnerung. Nur die Thoren quälen sich mit dem Andenken der vergangenen Schmerzen, während der Weise sich an den vergangenen Gütern erfreut, die er in dankbarer Erinnerung sich erneut; denn es liegt in unserer Macht, das Unangenehme gleichsam in ewiges Vergessen zu hüllen und des Angenehmen sich gern und freudig zu erinnern. Betrachtet man aber das Vergangene scharf und aufmerksam, so ereignet es sich, dass, wenn es ein Uebel gewesen, man traurig, und wenn es ein Gut gewesen, man fröhlich wird.

KAPITEL XVIII.

Oh! wie herrlich und offen und leicht und gerade aus führt nicht dieser Weg zum glücklichen Leben! Wenn es nichts Besseres für den Menschen geben kann, als frei zu sein vor jedem Schmerz und Unbehagen und die höchste Lust der Seele und des Körpers zu gemessen, seht Ihr da nicht, dass dann nichts, was das Leben fördert, übersehen ist, um das erstrebte höchste Gut so leicht als möglich zu erreichen. Epikur hat es laut genug ausgesprochen, dass Der, welcher, wie Ihr sagt, den Lüsten zu sehr ergeben ist, nicht angenehm leben könne, wenn er nicht weise, anständig und gerecht lebe, und dass er nicht weise, anständig und gerecht lebe, wenn er nicht angenehm lebe.

§ 58. Denn selbst ein Staat kann im Aufruhr nicht glücklich sein, noch ein Haus, wenn die Herren uneinig sind; viel weniger kann daher die Seele, welche in Streit und Uneinigkeit mit sich selbst ist, irgend etwas von der reinen und feinern Lust geniessen. Wessen Absichten und Bestrebungen immer einander widersprechend und im Streit sind, der kann von Ruhe und Zufriedenheit nichts empfinden.

§ 59. Wenn schon durch schwere Krankheiten des Körpers die Annehmlichkeiten des Lebens gehemmt werden, um wie viel mehr muss das durch Krankheiten der Seele geschehen. Die Krankheiten der Seele bestehn eben in den ungemässigten und eitlen Begierden nach Reichthum, Ruhm, Herrschaft und sinnlicher Lust; dazu kommen Verstimmung, Traurigkeit, Kummer, welche den Geist verzehren und durch Sorgen erschöpfen, wenn der Mensch übersieht, dass die Seele nur das schmerzen kann, was jetzt oder später mit körperlichen Schmerzen verknüpft ist; jeder Thor leidet an einer von diesen Krankheiten, und jeder ist deshalb elend.

§ 60. Dazu kommt noch der Tod, der, wie der Fels über dem Tantalus, immer über ihnen hängt, und der Aberglaube, bei dem der davon Erfüllte niemals ruhig werden kann. Dabei denken Solche weder an das vergangene Gute, noch geniessen sie das gegenwärtige, und während sie das Kommende erwarten, werden sie, da hier Gewissheit nicht möglich ist, von Angst und Furcht niedergedrückt und schwer gepeinigt. Erst spät werden sie inne, dass sie vergebens sich um Geld oder Macht oder Reichthum oder Ruhm gemüht haben, wenn sie die Lust nicht erlangen, wegen der sie so viel und so schwer in der brennenden Erwartung, sie zu erreichen, sich geplagt haben.

§ 61. Nun schaut auch auf jene kleinlichen und ängstlichen Seelen, die entweder an Allem verzagen oder boshaft, neidisch, schwerfällig, lichtscheu, verläumderisch, scheusslich sind, oder schaut auf Andere, die sinnlichen Ausschweifungen ergeben, oder muthwillig, tollkühn und waghalsig und zugleich unmässig und träge niemals bei einer Meinung beharren. Deshalb hören in dem Leben solcher Leute die Unannehmlichkeiten niemals auf, und deshalb ist kein Thor glücklich und kein Weiser unglücklich. Unsere Gründe für diesen Satz sind weit besser als die der Stoiker; denn diese wollen nur, ich weiss nicht welches Schattenbild für ein Gut anerkennen, was sie mit einem weniger gehaltvollen als blendenden Namen das Rechte nennen; die auf dies Rechte gestützte Tugend soll keiner Lust bedürfen, sondern allein zum glücklichen Leben genügen.

KAPITEL XIX.

§ 62. Allerdings kann dies in einem gewissen Sinne behauptet werden, ohne dass wir dem entgegentreten; im Gegentheil, wir stimmen zu, da Epikur das Glück des Weisen immer so beschreibt, dass er seine Begierden in Schranken hält, den Tod nicht scheut, in Betreff der unsterblichen Götter ohne alle Furcht ist, die Wahrheit kennt und nicht ansteht, das Leben zu verlassen, wenn es so besser ist. So ausgerüstet, befindet der Weise sich stets in der Lust; zu jeder Zeit überragt bei ihm die Lust den Schmerz, da er des Vorgegangenen sich dankbar erinnert und das Gegenwärtige in seiner ganzen Fälle und Annehmlichkeit bewusst erfasst; er sorgt sich nicht um das Kommende, sondern geniesst in dessen Erwartung das Gegenwärtige. So ist er von jenen Fehlern, die ich vorhin erwähnte, völlig frei und wird von einer hohen Freude erfüllt, wenn er das Leben des Thoren mit dem seinigen vergleicht. Treffen den Weisen einmal Schmerzen, so sind sie doch nie von einer solchen Stärke, dass er nicht immer mehr haben sollte von dem, was ihn erfreut, als von dem, was ihn ängstigt.

§ 63. Vortrefflich ist der Ausspruch Epikur's, dass das Schicksal dem Weisen nur wenig in den Weg trete; dass die grössten und wichtigsten Angelegenheiten nach seinem Rath und seiner Anweisung besorgt werden, und dass selbst ein unendlich langes Leben nicht mehr Lust gewähren könne, als schon das jetzige beschränkte gewähre. Von Eurer Dialektik meinte er, dass sie kein Mittel zum bessern Leben sei und selbst bei den Erörterungen nichts nütze; auf die Naturwissenschaften legte er aber grosses Gewicht; durch sie könne auch die Kraft der Worte, die Natur der Rede und das Verhältniss der Einstimmung und des Widerstreits erkannt werden, und durch die Erkenntniss der Natur aller Dinge werde man allein von dem Aberglauben befreit, von der Todesfurcht erlöst und nicht irregeführt durch jene Unkenntniss der Dinge, welche oft ausserordentliche Schrecknisse veranlasse. Selbst sittlich besser werde man, wenn man gelernt habe, was die Natur verlangt. Hält man die Erkenntniss der Dinge unverrückt fest und bewahrt man dabei jene Regel, die für die Erkenntniss der Dinge gleichsam vom Himmel gefallen ist und nach der sich alle Urtheile über die Dinge bestimmen, so wird man niemals, durch die Rede eines Andern besiegt, seine Meinung aufzugeben brauchen.

§ 64. Aber ohne Erkenntniss der Natur der Dinge wird man niemals die Ansprüche der Sinne vertheidigen können. Ueberdem kommt Alles, was man im Geiste sieht, von den Sinnen, und man kann nur dann mittelst ihrer Etwas wahrnehmen und erkennen, wenn sie sämmtlich als wahrhaft gelten, wie Epikur's Lehre besagt. Erkennt man dies nicht an und leugnet man eine Erkenntniss durch die Sinne, so kann man bei solcher Beseitigung derselben nicht einmal das verständlich machen, was man verhandelt. Auch wird mit Aufhebung der Kennt nisse und Wissenschaften aller Anhalt für die Führung des Lebens und die Besorgung der Geschäfte unmöglich. Somit wird durch die Naturwissenschaft auch die Festigkeit gegen alle Todesfurcht und die Unerschütterlichkeit gegen die Drohungen der Religion gewonnen. Ist die Unwissenheit über die verborgenen Dinge beseitigt, so tritt die Ruhe des Gemüths ein, und wenn die Natur der Begierden und ihrer Arten eingesehen ist, so folgt die Mässigung. Mit jener erwähnten Regel der Erkenntniss und mit dem von ihr geleiteten Urtheile wird die Unterscheidung des Wahren und Falschen gewonnen.

KAPITEL XX.

§ 65. So bleibt mir für unsre Besprechung nur noch ein wichtiger Gegenstand, die Freundschaft, deren Möglichkeit Ihr bestreitet, wenn die Lust das höchste Gut sein soll. Epikur sagt von ihr, dass unter allen Dingen, welche die Weisheit für ein glückliches Leben beschaffen könne, keines grösser und fruchtbarer und angenehmer sei, als die Freundschaft; ein Ausspruch, den er nicht blos durch seine Studien, sondern noch mehr durch sein Leben, seine Thaten und Sitten bestätigt hat. Welch grosses Gut die Freundschaft ist, zeigen schon die Fabeln, welche die Alten erfunden haben. Obgleich seit dem entferntesten Alterthume dergleichen in grosser Zahl und Mannichfaltigkeit gedichtet worden sind, so finden sich von Theseus bis zu Orest doch kaum drei Freundschaftspaare darin. Welche grössere Schaaren von Freunden, die in fester Liebe verbunden waren, hat dagegen Epikur in seinem einen und noch dazu kleinen Hause versammelt? Noch jetzt wiederholt sich dies bei den Epikureern. Doch ich komme zur Sache zurück und brauche nicht von den Personen zu reden.

§ 66. Ich finde, dass die Unsrigen in dreifacher Weise die Freundschaft besprochen haben. Die Einen leugnen, dass die auf Freundschaft bezügliche Lust ebenso wie die eigene Lust um ihrer selbst willen zu suchen sei. Damit scheint Manchem die Festigkeit der Freundschaft erschüttert; indess halten Jene an ihrem Ausspruch fest und helfen, wie mir scheint, sich leicht aus dieser Schwierigkeit heraus, indem sie behaupten, dass, wie nach dem Früheren die Tugenden, so auch die Freundschaft nicht ohne Lust sein könne. Ein einsames Leben ohne Freunde sei voll Gefahren und Furcht, deshalb fordere schon die Vernunft, sich Freunde zu erwerben; deren Erlangung gebe der Seele Vertrauen, und sie lasse sich dann die Hoffnung auf zu gewinnende Lust nicht nehmen.

§ 67. So wie der Hass, der Neid, die Geringschätzung der Lust zuwider sind, so sind die Freundschaften nicht blos die treuesten Beschützer der Lust, sondern bewirken auch die Lust, nicht blos bei den Freunden, sondern auch bei sich selbst; sie gewähren nicht blos einen gegenwärtigen Genuss, sondern stärken auch durch die Hoffnung auf die folgenden und spätern Zeiten. Wenn man also in keiner Weise ohne Freundschaft ein angenehmes Leben sich sicher und dauerhaft erhalten kann, und wenn man die Freundschaft, ohne die Freunde wie uns selbst zu lieben, nicht bewahren kann, so wird gerade dies in der Freundschaft verwirklicht und die Freundschaft mit der Lust verknüpft; denn man erfreut sich an der Lust der Freunde wie an seiner eigenen und leidet ebenso mit ihren Aengsten.

§ 68. Deshalb ist der Weise gegen seine Freunde ebenso gesinnt wie gegen sich selbst, und die Mühe, die er für seine eigene Lust, übernehmen würde, übernimmt er auch für die seiner Freunde. Alles, was von den Tugenden gesagt worden und von der Art, wie sie immer der Lust einwohnen, das gilt auch von der Freundschaft. Herrlich ist der Ausspruch Epikur's, der ohngefähr so lautet: »Derselbe Grundsatz, welcher die Seele ermuthigt, kein Uebel als ein ewiges oder anhaltendes zu fürchten, lässt auch erkennen, dass während dieses Lebens der Schutz der Freundschaft der festeste ist.«

§ 69. Manche Epikureer verhalten sich indess etwas verzagter gegen Euer Schimpfen, aber sind doch ganz scharfsinnig. Sie fürchten, dass alle Freundschaft hinkend werden würde, wenn man sie nur der eignen Lust wegen begehrte. Nach ihnen erfolgt zwar das Zusammentreten, die Verbindung und der Wille zu gemeinsamem Umgang zuerst um der eignen Lust willen; wenn aber der fortgesetzte Verkehr die Vertraulichkeit herbeigeführt habe, so erwachse daraus eine solche Liebe, dass die Freunde, auch wenn die Freundschaft keinen Nutzen gewährt, sich um ihrer selbst willen lieben. Sie meinen, dass man durch Gewohnheit ja schon Plätze, heilige Orte, Städte, Gymnasien, das Feld, die Hunde, die Pferde, die Spiele, die Leibesübungen und Jagden lieb zu gewinnen pflege; um so viel mehr und mit mehr Recht könne dies also auch für den Umgang mit Menschen geschehen.

§ 70. Man behauptet sogar, dass die Weisen einen Bund geschlossen haben, die Freunde nicht weniger wie sich selbst zu lieben; dies halte ich nicht allein für möglich, sondern es ist auch oft geschehen, und es erhellt, dass eine solche Verbindung das trefflichste Mittel für ein angenehmes Leben sein muss. Aus Alledem kann man abnehmen, dass das Wesen der Freundschaft nicht leidet, wenn das höchste Gut in die Lust gesetzt wird, sondern dass ohnedem die Verbindungen der Freundschaft überhaupt nicht angetroffen werden können.

KAPITEL XXI.

§ 71. Wenn somit das, was ich gesagt, heller und klarer ist als die Sonne; wenn ich Alles als aus dem Quell der Natur geschöpft dargelegt habe; wenn meine ganze Rede ihre Bestätigung durch die Sinne, als den unbestochenen und wahrhaften Zeugen, erhält; wenn die kleinen Kinder, ja selbst die stummen Thiere es unter Führung ihrer Lehrerin Natur beinahe aussprechen, dass nur die Lust glücklich mache und nur der Schmerz hart sei, und dieses ihr Urtheil weder verderbt noch bestochen ist, sollte man da dem Manne nicht Dank wissen, der diese Stimme der Natur gleichsam vernommen und so fest und ernst zusammengestellt hat, dass damit jeder Mensch mit gesunden Sinnen auf den Weg eines besänftigten, ruhigen, gelassenen, glücklichen Lebens gelangen kann? Und wenn Du Epikur für wenig gelehrt hältst, so kommt es nur davon, dass ihm blos das als Gelehrsamkeit galt, was die Einrichtung des glücklichen Lebens fördert.

§ 72. Sollte er etwa seine Zeit im Lesen der Dichter verbringen, wie ich und Triarius auf Deine Ermahnung thun, in denen nichts wahrhaft Nützliches, sondern nur ein kindisches Vergnügen zu finden ist; oder sollte er sich wie Plato in der Erforschung der Musik, der Geometrie, der Zahlen und Gestirne aufreiben, die von falschen Anfängen ausgehn und deshalb nicht wahr sein können, und wenn sie es auch wären, doch zum angenehmeren, d.h. zum besseren Leben nichts beitragen würden; sollte er also diese Künste treiben und dafür jene grosse und mühsame, aber auch fruchtbringende Kunst des Lebens aufgeben? Sicherlich ist Epikur kein Ungelehrter, sondern jene sind es, welche meinen, dass sie das, was sie als Knaben schmählicher Weise zu lernen versäumt haben, bis zu ihrem Greisenalter nachzuholen haben. – Torquatus schloss hier seine Rede mit den Worten: Ich habe meine Ansichten auseinandergesetzt, und zwar, um Dein Urtheil hierüber zu erfahren. Bisher hatte sich mir die Gelegenheit, dies ganz nach meinem Ermessen zu thun, niemals geboten.

ZWEITES BUCH

KAPITEL I.

§ 1. Als hier Beide mich ansahen und zum Hören sich bereit zeigten, so sagte ich: Zunächst habe ich die Bitte, dass Ihr mich nicht für einen Philosophen haltet, der Euch sein System erklären und lehren will; ich kann dies nicht einmal bei einem wirklichen Philosophen loben denn wenn hat wohl Sokrates, der mit Recht der Vater der Philosophie genannt werden kann, dergleichen gethan? Nur bei den damaligen sogenannten Sophisten war dies Sitte, von denen einer, der Leontiner Gorgias, zuerst es wagte, in Zusammenkünften eine Frage zu fordern, womit er wollte, man solle den Gegenstand angeben, über den man ihn hören wolle. Ein dreistes Treiben, was ich unverschämt nennen würde, wenn diese Sitte nicht später auch auf unsere Philosophen übergegangen wäre.

§ 2. Aber sowohl den erwähnten Sophisten wie die andern sehen wir von Sokrates verspottet, wie man aus Plato entnehmen kann. Er pflegte durch Ausforschen und Fragen von Denen, mit welchen er sich besprach, ihre Meinungen herauszulocken, um auf das, was sie zur Antwort gaben, zu entgegnen, so weit es ihm passend schien. Die Spätern hatten diese Sitte nicht beibehalten, allein Arcesilaus führte sie wieder ein, aber so, dass die über das, was sie hören wollten, ihn nicht ausfragen, sondern selbst ihre Meinung aussprechen mussten. War dies geschehen, so entgegnete er, während seine Zuhörer nach Möglichkeit ihre Meinung vertheidigten. Bei den übrigen Philosophen schwieg dagegen Der, welcher nach etwas gefragt hatte, und schon in der Akademie war dies der Fall. Wenn hier ein Zuhörer sagte: Die Lust scheint mir das höchste Gut zu sein, so wird in fortlaufender Rede dagegen gesprochen, so dass man leicht bemerkt, wie Die, welche eine solche Behauptung aufstellen, nicht selbst dieser Ansicht sind, sondern nur die Widerlegung hören wollen.

§ 3. Ich werde es zweckmässiger machen. Torquatus hat nicht blos seine Ansicht ausgesprochen, sondern auch die Gründe dafür; wenn ich nun auch mich an seinem fortgehenden Vortrag sehr ergötzt habe, so halte ich es doch für passender, bei den einzelnen Punkten anzuhalten und zu hören, was Jeder einräumt oder bestreitet; dann kann man aus dem Zugestandenen die nöthigen Folgerungen ziehen und so zu einem Ergebnisse gelangen. Wenn aber die Rede gleich einem Strome fortläuft, so reisst sie zwar Vieles und Mancherlei mit sich fort, aber man kann nichts festhalten, nichts tadeln und nirgends den Redefluss zum Stehen bringen. Jede mit einer Untersuchung befasste Rede, die festen Schrittes und vernunftgemäss vorschreiten will, muss zunächst angeben, wie es bei den Klageformeln geschieht, »diese Sache soll verhandelt werden«, damit die Theilnehmenden sich zunächst darüber vereinigen, was das sei, worüber man sprechen wolle.

KAPITEL II.

§ 4. Diese von Plato im Phädrus aufgestellte Regel hat Epikur gebilligt; er meint, dass bei jeder Erörterung dies geschehen müsse. Allein das Nächste hat er nicht gesehen; denn er mag von Distinctionen nichts wissen, obgleich doch ohnedem es oft kommen kann, dass die Streitenden selbst nicht wissen, worum es sich handelt, wie dies auch bei unserer Erörterung der Fall sein dürfte. Wir suchen das höchste Gut; aber können wir das erkennen, bevor wir unter uns, die wir vom höchsten Gut sprechen, nicht festgestellt haben, was das höchste und was ein Gut ist?

§ 5. Diese Aufdeckung eines gleichsam verdeckten Gegenstandes, wo offen gelegt wird, was eine Sache ist, macht die Definition aus, und auch Du hast, ohne es zu bemerken, einige Male davon Gebrauch gemacht; denn Du erklärst das sogenannte Beste, oder Höchste, oder Aeusserste für das, auf welches alles richtige Handeln bezogen werde, ohne dass dieses Letzte selbst auf ein Anderes bezogen werde. Dies ist vortrefflich gesprochen, und Du würdest vielleicht auch, was das Gut ist, wenn es nöthig gewesen wäre, definirt haben, sei es als das, was man von Natur begehrt, oder was nütze, oder was helfe, oder was gefalle. So bitte ich denn, wenn es Dich nicht beschwert, da das Definiren überhaupt Dir nicht missfällt und Du es benutzest, wo es Dir passt, dass Du auch definirst, was die Lust ist, um die unsere ganze Untersuchung sich dreht.

§ 6. Aber ich bitte Dich, antwortete Torquatus, wer sollte nicht wissen, was die Lust ist, oder eine Definition davon verlangen, um dies besser einzusehn? – Ich würde selbst mich als einen Solchen nennen, sagte ich, wenn ich nicht glaubte, die Lustgut zu kennen und einen festen Begriff und Vorstellung von ihr in meiner Seele zu haben. Dagegen erkläre ich jetzt, dass Epikur selbst dies nicht weiss und hier schwankt, und dass er, der so oft wiederholt, man müsse sorgfältig erklären, welchen Sinn man mit den Worten verbinde, mitunter nicht weiss, was das Wort Lust bedeutet, d.h. welcher Gegenstand darunter verstanden werden solle.

KAPITEL III.

Darauf erwiderte Jener lächelnd: Das wäre wahrhaftig wunderbar, wenn Der, welcher die Lust für das Endziel alles Begehrens erklärt oder für das äusserste und höchste Gut, nicht gewusst hätte, was sie selbst sei und wie sie beschaffen sei! – Aber, sagte ich, entweder weiss Epikur nicht, was die Lust ist, oder alle Sterblichen auf dieser Erde wissen es nicht! – Wie meinst Du dies, bemerkte er. – Weil unter Lust Alle das verstehen, was den Sinn, wenn er es aufnimmt, erregt und mit einer gewissen Annehmlichkeit erfüllt.

§ 7. Wie, erwiderte er, Epikur sollte diese Lust nicht kennen? – Nicht immer, sagte ich, obgleich er sie mitunter nur zu sehr kennt; denn er versichert, nicht einsehen zu können, wie es irgendwo noch ein Gut geben könne, ausser den in der Speise, dem Trank, dem Ohrenschmaus und der sinnlichen Wollust enthaltenen. Sind dies nicht seine Worte? – Als ob ich, sagte er, mich derselben schämen müsste, oder als ob ich nicht zeigen könnte, in welchem Sinne dies gesagt worden! – Allerdings, sagte ich, zweifle ich nicht, dass Du dies leicht kannst; auch brauchst Du Dich nicht darüber zu schämen, dass Du einem Weisen beistimmst, der allein, so viel mir bekannt, sich selbst für einen Weisen zu erklären gewagt hat. Selbst Metrodor that das nicht, sondern lehnte, als Epikur ihn so nannte, diese Auszeichnung ab, und jene sieben Weisen haben diesen Namen nicht nach ihrem eigenen, sondern nach dem Ausspruch aller Völker erhalten.

§ 8. Aber ich will hier annehmen, dass Epikur unter diesen Worten denselben Begriff von Lust versteht, wie alle Andern; denn Jedermann nennt die angenehme Erregung, welche die Sinne ergötzt, im Griechischen hêdonê und im Lateinischen voluptas (Lust). – Was verlangst Du also weiter? sagte er. – Ich werde es sagen, erwiderte ich, und zwar mehr, um zu lernen, als um Dich und den Epikur zu tadeln. – Auch ich, sagte er, lerne lieber, wenn Du mir etwas bietest, als dass ich Dich tadle. – Weisst Du also, sagte ich, was der Rhodier Hieronymus für das höchste Gut erklärt, auf welches nach seiner Meinung Alles bezogen werden müsse? – Ich weiss es, sagte er, die Schmerzlosigkeit galt ihm für das Höchste. – Aber wie, was ist denn dessen Meinung über die Lust?

§ 9. Er bestreitet, dass sie um ihrer selbst willen zu suchen sei. – Also, sagte ich, gilt ihm die Schmerzlosigkeit nicht für dasselbe wie die Lust? – Allerdings, sagte er, befindet Hieronymus hier sich in einem grossen Irrthume, denn wie ich eben dargelegt habe, das Ziel aller Lustvermehrung ist die Beseitigung allen Schmerzes. – Ich werde, sagte ich, später sehen, was die Schmerzlosigkeit bedeutet; allein Du wirst doch, wenn Du nicht zu hartnäckig sein willst, zugeben müssen, dass die Lust und die Schmerzlosigkeit verschiedene Dinge sind. – Und doch, erwiderte er, wirst Du mich hier hartnäckig finden; denn nichts kann wahrer sein, als jener Ausspruch. – Empfindet, fragte ich, der Durstende beim Trinken nicht Lust? – Wer wollte das leugnen? – Ist dies dieselbe Lust wie nach gestilltem Durst? – Doch nur in einer andern Art, sagte er; denn die Lust aus dem gestillten Durst ist ruhender Natur, während die Lust des Stillens selbst eine Lust in Bewegung ist. – Wie kommt es da, dass Du zwei so verschiedene Dinge mit einem Worte bezeichnest?

§ 10. Erinnerst Du Dich nicht, sagte er, dass ich vorher gesagt, wie nach Beseitigung allen Schmerzes die Lust nur wechseln, aber nicht sich steigern könne? – Ich entsinne mich dessen sehr wohl, sagte ich, allein Du hast dies zwar gut in unsrer Sprache, aber doch wenig klar ausgedrückt. Denn varietas (der Wechsel) ist ein Wort, was zunächst für ungleiche Farben benutzt wird, aber dann auf vieles Andere übertragen wird; wechselnd ist z.B. ein Gedicht, wechselnd eine Rede, wechselnd die Sitte, wechselnd das Glück; auch die Lust nennt man wechselnd, die man aus verschiedenen Dingen verschieden empfindet. Wenn Du dies einen Wechsel nennst, so verstehe ich es, auch wenn Du es nicht erklärst; aber ich verstehe nicht recht, was der Wechsel ist, wenn Du sagst, dass man dann, wenn man von Schmerzen frei sei, die höchste Lust empfinde, aber dass, wenn man von den Dingen geniesse, welche die Sinne angenehm erregen, die Lust in Bewegung sei, was zwar einen Wechsel in der Lust bewirke, aber jene Lust der Schmerzlosigkeit nicht vermehre. Ich kann nicht einsehen, weshalb Du letztere eine Lust nennst.

KAPITEL IV.

§ 11. Aber kann es, sagte er, etwas Angenehmeres geben, als frei von Schmerzen zu sein? – Es mag meinetwegen nichts Besseres geben, sagte ich, danach frage ich noch nicht; ist deshalb aber die Lust mit der, ich möchte sagen, Unempfindlichkeit dasselbe? – Allerdings, sagte er; sie ist sogar die höchste Lust, die keiner Steigerung fähig ist. – Was zögerst Du daher, sagte ich, wenn Du das höchste Gut so bestimmt hast, dass es lediglich in der Schmerzlosigkeit bestehe, diesen Satz dann ausschliesslich fest zu halten, zu schützen und zu vertheidigen?

§ 12. Weshalb ist es nöthig, die Lust in die Versammlung der Tugenden so einzuführen, wie eine öffentliche Dirne in die Gesellschaft ehrbarer Frauen? Die Lust ist ein verhasster, schändlicher, verdächtiger Name; deshalb hört man es so oft von Euch, dass wir nicht verstehn, was Epikur unter der Lust begreife. Wenn ich dies hören muss, und es mir oft genug gesagt worden, so überläuft mich doch mitunter der Zorn, so nachsichtig ich auch sonst im Streiten bin. Ich soll also nicht wissen, was die hêdonê im Griechischen und die voluptas (die Lust) im Lateinischen bedeutet? Welche von beiden Sprachen kenne ich denn nicht? Und wie kommt es, dass ich es nicht weiss, während es Alle wissen, die Epikureer sein wollen? Und dabei führt Ihr so schön aus, dass ein Philosoph die Kenntniss der Wissenschaften nicht brauche. Wie unsre Altvordern den Cincinatus vom Pfluge wegholten und zum Dictator machten, so holt Ihr von allen Dörfern die Leute zusammen, die zwar brav, aber schwerlich sehr gelehrt sein mögen.

§ 13. Diese also sollen verstehn, was Epikur sagt, ich aber nicht? Aber damit Du siehst, dass ich es weiss, so sage ich zunächst, dass voluptas (die Lust) dasselbe bezeichnet, was Epikur hêdonê nennt. Oft muss man nach einem lateinischen Worte suchen, was dem griechischen genau entspricht, aber hier war dies nicht nöthig. Es giebt kein Wort, was so wie voluptas im Lateinischen dasselbe sagt, wie jenes griechische. Unter diesem Wort begreift man überall, wo man Lateinisch versteht, zweierlei: eine Fröhlichkeit in der Seele und eine sanfte Erregung des Angenehmen im Körper. Sowohl jener Mann des Trabea, welcher die Fröhlichkeit »eine sehr grosse Lust der Seele« nennt, wie jener Mann des Cäcilius, welcher sagt, dass er »in allen Fröhlichkeiten fröhlich sei«, meinen dasselbe. Indess findet hier der Unterschied statt, dass man das Wort Lust auch bei der Seele gebraucht, was allerdings nach den Stoikern ein Fehler ist, da sie die Lust dahin definiren, dass sie eine Erhebung der Seele ohne Grund sei, indem sie nur meine, ein Gut zu geniessen, aber Fröhlichkeit und Freude würden nicht von dem Körper ausgesagt.

§ 14. Die Lust beruht nun nach dem Sprachgebrauch aller Lateiner in der Annehmlichkeit, welche die Sinne erregt, und diese Annehmlichkeit magst Du meinetwegen auch auf die Seele übertragen, denn das Behagen (juvare) wird bei Beiden gebraucht und deshalb auch das Behagliche (jucundum); nur musst Du einsehen, dass zwischen Jenem, der sagt:

»Ich bin von so grosser Fröhlichkeit erfüllt,
dass ich kaum noch meiner mächtig bin !«

und Dem, der sagt:

»Jetzt brennt es mir aber in der Seele«

von denen der Eine vor Freude ausgelassen ist, der Andere von Schmerzen gepeinigt ist, es noch Einen in der Mitte giebt, der mit seinen Worten:

»Obgleich wir erst kürzlich mit einander bekannt geworden«

sich weder freut noch ängstigt, und ebenso giebt es zwischen Dem, der die ausgesuchteste Lust des Körpers geniesst, und Dem, der von dem höchsten Schmerze gepeinigt ist, noch Einen, dem Beides abgeht.

KAPITEL V.

§ 15. Was meinst Du nun? Kenne ich wohl genügend den Sinn der Worte, oder muss ich auch jetzt noch erst griechisch oder lateinisch sprechen lernen ? Und dabei bedenke doch auch, ob, wenn ich den Epikur nicht verstehen sollte, obgleich ich das Griechische fertig verstehe, die Schuld nicht Den trifft, der so spricht, dass man ihn nicht versteht. Dies kann allerdings in zwiefacher Weise geschehen, ohne dass man es tadeln kann; entweder wenn es absichtlich geschieht, wie bei Heraklit, der den Beinamen des »Dunkeln« bekommen hat, weil er über die Natur zu Dunkles lehrte, oder wenn die Dunkelheit des Gegenstandes und nicht die der Worte die Rede unverständlich macht, wie in Plato's Timäus. Aber Epikur will, glaube ich, wenn er kann, deutlich und klar sprechen, und ebenso wenig behandelt er, wie die Naturforscher, einen dunklen oder, wie die Mathematiker, einen verwickelten Gegenstand, sondern einen sehr bekannten und leichten, den bereits Jedermann aus dem Volke kennt. Wenn Ihr also nicht bestreitet, dass wir den Begriff der Lust kennen, sondern nur nicht wissen, was Epikur damit bezeichne, so folgt daraus nicht, dass wir den Begriff jenes Wortes nicht kennen, sondern dass Epikur seine besondere Sprache redet und um unsre sich nicht kümmert.

§ 16. Wenn er dasselbe meint, wie Hieronymus, welcher das höchste Gut in ein Leben ohne Beschwerde setzt, weshalb gebraucht er da das Wort Lust statt Schmerzlosigkeit, wie Jener thut, der weiss, was er sagt? Wenn er aber die Lust, welche in Bewegung ist, hinzufügen zu müssen glaubt (denn er nennt das angenehme Gefühl die Lust in Bewegung und die Schmerzlosigkeit die Lust in Ruhe), was bezweckt er damit? Denn er kann es doch unmöglich dahin bringen, dass Jemand, der sich selbst kennt, d.h. der seine Natur und seine Gefühle durchschaut hat, die Schmerzlosigkeit und die Lust für dasselbe halten sollte? Das heisst, mein Torquatus, den Sinnen Gewalt anthun und aus der Seele die Bedeutungen der Worte herausreissen, in denen man auferzogen worden ist. Jedermann muss ja hier drei natürliche Zustände anerkennen: einen, wo man sich in der Lust befindet, einen zweiten, wo man Schmerzen hat, und einen dritten, in dem ich jetzt bin, und ich glaube, auch Ihr, nämlich den von Schmerz und Lust freien. Deshalb hat derjenige Lust, welcher beim Gastmahle sitzt, und der Schmerzen, welcher gefoltert wird; und solltest Du nicht zwischen diesen die grosse Anzahl von Menschen sehen, die weder Lust noch Schmerz empfinden?

§ 17. Durchaus nicht, sagte Torquatus, vielmehr behaupte ich, dass Jeder, der keine Schmerzen hat, sich in der Lust, und zwar in der höchsten befindet. – Sonach hätte also Der, welcher einem Andern das Getränk mit Honig mischt, ohne selbst zu dursten, und Der, welcher durstet und es trinkt, die gleiche Lust?

KAPITEL VI.

Da sagte Torquatus: Lass ab mit Fragen, wenn Du magst. Ich hatte schon gleich im Beginn darum gebeten, weil ich diese verfänglichen Fragen voraussah. – Also willst Du, sprach ich, dass wir lieber rednerisch als gesprächsweise die Erörterung fortsetzen? – Sollte denn, sagte er, die fortlaufende Rede blos den Rednern und nich auch den Philosophen gestattet sein? – Der Stoiker Zeno ist es, sagte ich, welcher, wie schon früher Aristoteles, meinte, die ganze Kraft der Rede sei in zwei Theile gesondert, von denen er die rednerische mit der flachen Hand und die gesprächsweise geführte mit der Frucht verglich, weil die Redner breiter, die Dialectiker aber gedrängter sprächen. Ich erfülle daher gern Deinen Wunsch und werde nach Möglichkeit rednerisch sprechen, aber doch nur in der Weise der Philosophen, nicht wie es im öffentlichen Gerichtsverfahren geschieht, wo man vor dem Volke spricht und deshalb etwas weniger scharfsinnig sich ausdrücken muss.

§ 18. Allein wenn Epikur, mein Torquatus, die Dialektik verachtet, die doch allein die Fähigkeit gewährt, den Inhalt einer Sache zu durchschauen, zu beurtheilen, was sie ist, und vernünftig und gerade aus etwas zu erörtern, so überstürzt er sich, wie mir scheint, in seiner Rede und unterscheidet nicht kunstgemäss, was er vortragen will, wie der eben besprochene Fall ergiebt. Das höchste Gut nennt Ihr Lust; Ihr habt also zu erklären, was die Lust ist, ohnedem kann das Gesuchte nicht entwickelt werden. Hätte Epikur dies gethan, so würde er nicht so schwanken, sondern entweder die Lust festhalten wie Aristipp, d.h. die Lust, wo die Sinne sanft und angenehm erregt werden, und die auch das Vieh, wenn es sprechen könnte, Lust nennen würde, oder wenn er durchaus seine eigene Sprache reden wollte und nicht die, welche

»Alle Danaer und Mycener und die Attische Jugend«

und die übrigen Griechen, die in diesem Verse genannt werden, reden, so hätte er diese Schmerzlosigkeit allein Lust nennen und die des Aristipp zurückweisen sollen. Hätte er aber beide Zustände gebilligt, wie er wirklich thut, so hätte er die Schmerzlosigkeit mit der Lust verknüpfen und zwei Endziele aufstellen sollen.

§ 19. Denn viele grosse Philosophen haben diese beiden höchsten Güter verbunden; so verknüpft Aristoteles die Uebung der Tugend mit dem Glück eines vollkommenen Lebens; auch Kallipho fügt zur Sittlichkeit die Lust, während Diodor zu derselben Sittlichkeit die Schmerzlosigkeit hinzufügt. Dasselbe würde Epikur gethan haben, wenn er die gegenwärtige Ansicht des Hieronymus milder ältern des Aristipp verbunden hätte. Diese Beiden stimmen nämlich nicht überein und stellen deshalb besondere Ziele; aber da Beide vortrefflich Griechisch sprechen, so setzt Aristipp, welcher die Lust für das höchste Gut erklärt, diese Lust nicht in die Schmerzlosigkeit, und Hieronymus, welcher die Schmerzlosigkeit für das höchste Gut erklärt, braucht dafür niemals das Wort Lust und rechnet die Lust nicht einmal zu den begehrenswerthen Dingen.

KAPITEL VII.

§ 20. Denn es giebt nicht blos, wie Du meinst, zwei Worte, sondern auch zweierlei Zustände; der eine ist die Schmerzlosigkeit, der andere die Lust. Aus diesen verschiedenen Dingen wollt Ihr nun nicht blos einen Namen machen, was ich mir eher gefallen lassen würde, sondern auch einen Zustand, was durchaus unmöglich ist. Epikur, der beide Zustände billigt, musste sie als zwei behandeln, wie er es auch in der Sache thut, doch ohne sie in den Worten zu trennen. Denn da, wo er jenen Zustand an vielen Stellen lobt, den wir Alle mit Lust bezeichnen, wagt er zu sagen, dass es ihm nicht einfalle, irgend ein Gut getrennt von jener Lust des Aristipp anzunehmen, und er sagt dies da, wo seine ganze Rede nur von dem höchsten Gute handelt. Ja, in einem anderen Buche, in dem er durch kurzgefasste und bedeutungsvolle Aussprüche gleichsam Orakel der Weisheit, wie man sagt, von sich gegeben hat, schreibt er wörtlich, wie Dir, Torquatus, sicherlich bekannt sein wird, da wohl Jeder von Euch die »Hauptsätze des Epikur«, d.h. die am meisten gebilligten, gelernt hat, indem sie die wichtigsten bündigen Aussprüche über das glückliche Leben sein sollen, das Folgende, und gieb Acht, ob ich den Ausspruch richtig wiedergebe:

§ 21. »Wenn die Dinge, welche den verweichlichten und schwelgerischen Menschen Lust gewähren, sie auch in der Furcht vor den Göttern, vor dem Tode und von den Schmerzen befreien und ihnen die Grenze der Begierden lehren könnten, so könnte man solche Menschen nicht tadeln, denn sie wären aller Lust voll und empfänden von keiner Seite Schmerz oder Sorge, d.h. kein Uebel.« – Hier konnte Triarius sich nicht länger halten und rief: Ist es möglich, Torquatus, dass Epikur dies gesagt hat? Triarius schien mir zwar dies schon zu wissen, aber er wollte es doch von Torquatus zugestanden hören. Allein Torquatus erschrak darüber nicht, sondern sagte dreist: Allerdings sind dies des Epikur eigene Worte, allein Ihr verstellt nicht, was er damit meint. – Wenn er anders denkt, als spricht, sagte ich, so würde ich nie verstehn, was er will; allein er spricht so deutlich, dass ich es wohl verstehe, und wenn er daher sagt, dass die Schwelger nicht zu tadeln seien, wenn sie weise wären, so spricht er ebenso widersinnig, als wenn er sagte, die Vatermörder seien nicht zu tadeln, sofern sie nicht unmässig seien und sofern sie die Götter und den Tod und die Schmerzen nicht fürchten. Und wie gehört es hierher, den Schwelgern eine Ausrede zu bieten oder sich Menschen zu erdenken, die schwelgerisch leben, aber von dem bedeutendsten Philosophen unter dem Beding nicht getadelt werden, dass sie nur sonst seine Regeln innehalten?

§ 22. Müsstest Du, mein Epikur, nicht vielmehr diese Schwelger deshalb tadeln, dass sie in dieser Weise ihr Leben nur mit Verfolgung aller Arten von Lust verbringen, wenn doch, wie Du sagst, die Schmerzlosigkeit schon die höchste Lust ist? Nun kann man aber Schwelger finden, welche zuerst so wenig gewissenhaft sind, dass sie selbst aus einer Opferschale essen würden, und die ferner den Tod so wenig fürchten, dass sie jene Worte aus der »Hymnis« im Munde führen:

»Sechs Monate sind mir genug des Lebens,
den siebenten weihe ich dem Orcus.«

Ferner werden sie jene Epikureischen Arzneien gleichsam aus der Apothekerbüchse hervorholen: »Ist der Schmerz gross, so ist er kurz, und ist er lang, so wird er leicht.« Nur das Eine verstehe ich nicht, wie es möglich ist, dass ein Schwelger Maass in seinen Begierden halten könne.

KAPITEL VIII.

§ 23. Was soll es also bedeuten, wenn Epikur sagt: »Ich wüsste nicht, was ich an ihnen tadeln sollte, sobald sie in ihren Begierden sich mässigen.« Das heisst doch so viel als: Ich will die Unmässigen nicht tadeln, wenn sie nicht unmässig sind. Auf diese Weise könnte er auch die Schlechten nicht tadeln, sobald sie nur gute Menschen sind. Dieser strenge Mann hält also die Schwelgerei an sich nicht für tadelnswerth, und er hat wahrhaftig Recht, mein Torquatus, wenn die Lust das höchste Gut ist. Denn ich mag mir die Schwelger nicht so vorstellen, wie Ihr es zu thun pflegt; nicht als Leute, die auf den Tisch speien, die von den Gastmahlen weggetragen werden müssen und, noch krank, des andern Tages sich wieder vollsaufen; die, wie man sagt, die Sonne weder jemals auf- noch untergehen gesehen haben, und die darben, nachdem sie ihr Vermögen verprasst haben. Von dieser Art Schwelger nimmt Keiner von uns an, dass sie angenehm leben. Aber jene Feinen und Zierlichen, mit den besten Köchen und Bäckern, mit ihrem Fisch- und Vogelfang und ihrer Jagd, Alles in der ausgesuchtesten Art, welche die Ueberladung vermeiden, denen, wie Lucilius sagt, »Wein aus goldnen Schalen fliesst«:

»Dem nichts entzogen der Heber oder die Hand,
Und dem der Seiher die Herbigkeit wegnahm«;

welche die Spiele und alle jene Dinge benutzen, bei deren Mangel Epikur klagt, kein weiteres Gut zu kennen; sie sollen auch schöne Knaben haben, welche sie bedienen, und alledem soll die Kleidung, das Silbergeräthe, die korinthischen Gefässe, der Ort selbst und das Haus entsprechen; von diesen Schwelgern möchte ich nie anerkennen, dass sie gut und glücklich leben.

§ 24. Daraus folgt, nicht dass die Lust keine Lust sei, sondern dass die Lust nicht das höchste Gut ist. Auch jener Lälius, der als Jüngling den Stoiker Diogenes und später den Panätius gehört hatte, ist nicht deshalb ein Weiser genannt worden, weil er nicht gewusst hätte, was gut schmeckt; denn es folgt nicht, dass, wo das Herz was taugt, der Geschmack nichts tauge, sondern weil er es geringschätzte.

»O Sauerampfer, rühme Dich, denn man kennt Dich nicht genug.
Lälius, der Weise, pflegte Dich rühmend zu essen,
Während er auf unsre Schlemmer der Reihe nach schalt.«

Wie schön und wahr sagt Lälius, mit Recht der Weise genannt:

»O Publius Gallonius, Du Säufer, wie elend bist Du;
Nie hast Du in Deinem Leben gut gespeist, da Du Alles
Verprassest in köstlichen Krebsen und mächtigen Stören.«

Dies spricht der Mann, welcher auf die Lust nichts gab und bestritt, dass Derjenige gut speise, dem nur die Lust das Höchste sei. Aber dabei behauptete er nicht, dass Gallonius nicht gern gegessen, denn dies hätte er lügen müssen, sondern nur nicht gut. So streng und scharf schied er die Lust vom Guten. Hieraus folgt, dass Alle, welche gut essen, auch gern essen, aber nicht, dass Alle, die gern essen, auch gut essen. Lälius ass immer gut.

§ 25. Was heisst gut? Läcilius mag es sagen:

»Gekocht und gewürzt.«

Aber nenne die Hauptsache bei der Mahlzeit:

»Ein verständig Gespräch.«

Was hat man davon?

»Willst Du es wissen? das Vergnügen«

Denn er kam zur Mahlzeit, um mit ruhigem Gemüth die Bedürfnisse der Natur zu befriedigen. Er bestreitet deshalb mit Recht, dass Gallonius je gut gespeist habe; mit Recht nennt er ihn elend, weil er sein ganzes Streben darauf richtete. Niemand wird von ihm leugnen, dass er gern gegessen; warum also nicht gut? Weil das »gut« das Rechte, das Mässige, das Anständige ist, und weil Jener schlecht, unanständig, schändlich und hässlich speiste und deshalb nicht gut. Auch stellte Lälius den feinen Geschmack des Sauerampfers nicht über den des Stör von Gallonius, aber der feine Geschmack selbst war ihm gleichgültig, und dies wäre nicht gewesen, wenn er das höchste Gut in die Lust gesetzt hätte.

KAPITEL IX.

Die Lust ist also fernzuhalten, nicht blos um das Rechte zu thun, sondern auch, um geziemend mässig zu sprechen.

§ 26. Kann man also das für das höchste Gut im Leben erklären, was nicht einmal bei der Mahlzeit dafür gelten kann? In welcher Weise spricht nun der Philosoph weiter über die drei Arten der Begierde? Die einen sollen die natürlichen und nothwendigen, die andern die natürlichen, aber nicht nothwendigen und die dritte die weder natürlichen noch nothwendigen sein. Zunächst hat er hier nicht sorgfältig eingetheilt; aus zwei nur vorhandenen Arten hat er drei gemacht; dies ist kein Eintheilen, sondern ein Zerreissen. Wer das Eintheilen gelernt hat, was Epikur verachtet, würde sagen: Es giebt zwei Arten von Begierden: natürliche und eitle, und von der natürlichen zwei Unterarten, die nothwendigen und die nicht nothwendigen; dann wäre es richtig gewesen, denn es ist ein Fehler bei dem Eintheilen, die Unterart zu der Art zu stellen.

§ 27. Indess mag dies sein, da er die Feinheit der Erörterung verschmäht und verworren spricht; es mag dies hingehn, sofern nur seine Gedanken wahr sind. Aber ich kann es schon nicht billigen, sondern höchstens dazu schweigen, wenn ein Philosoph von der Beschränkung der Begierden spricht. Kann die Begierde wohl beschränkt werden? Vielmehr soll sie beseitigt und mit der Wurzel ausgerissen werden. Denn wie könnte man von dem, in dem die Begierde besteht, sagen, er solle in der rechten Weise begierig sein ? Dann gäbe es auch einen Geizigen, aber mit Maass, und einen Ehebrecher, der Maass hielte, und einen Schwelger von gleicher Art. Was ist das für eine Philosophie, die der Schlechtigkeit nicht den Untergang setzt, sondern sich mit einer Mässigung der Fehler begnügt. Ich kann bei dieser Eintheilung wohl die Sache billigen, aber die richtige Form fehlt. Er mag dies Bedürfnisse der Natur nennen und den Namen der Begierde für die Fälle aufsparen, wo er vom Geize, von der Unmässigkeit und den grössten Lastern spricht, um sie auf Tod und Leben anzuklagen.

§ 28. Indess spricht er hierüber angebundener und öfter, was ich zwar nicht tadeln kann, da ein so grosser und bedeutender Philosoph seine Aussprüche auch muthig vertheidigen muss; allein er geräth doch dadurch, dass er die Lust, welche alle Welt darunter versteht, vorzugsweise lebhaft in Schutz zu nehmen scheint, mitunter in grosse Verlegenheit, und es scheint, dass er, wenn die Menschen es nicht erführen, selbst das Schlechteste der Lust wegen zu begehen bereit wäre. Wenn er dann erröthet, denn die Macht der Natur ist gar gross, so hilft er sich damit, dass er bestreitet, die Lust des Schmerzlosen könne gesteigert werden. Und wendet man ein, dass diese Schmerzlosigkeit nicht Lust genannt werden könne, so antwortet er: Ich will auf den Namen nicht bestehen. – Wie aber, wenn die Sache eine durchaus andere ist? – Ich werde, antwortet er, dann Viele, ja Unzählige finden, die nicht so spitzfindig und lästig sind, wie Ihr seid, und die ich leicht von Allem, was ich will, überzeugen kann. – Aber kann man zweifeln, dass, wenn die Schmerzlosigkeit die höchste Lust ist, die Lustlosigkeit der höchste Schmerz ist? Weshalb zieht er nicht diesen Schluss? – Weil das Gegentheil des Schmerzes nicht die Lust, sondern die Schmerzlosigkeit ist.

KAPITEL X.

§ 29. Wie muss man sich wundern, dass dieser strenge und ernste Philosoph nicht einsieht, dass diejenige Lust, die er näher als die bezeichnet, welche durch den Gaumen, durch die Ohren und Anderes genossen werde, was man nicht nennen kann, ohne »mit Respect zu vermelden« vorauszuschicken; dass also diese Lust, welche er für das alleinige Gut anerkennt, nach seiner eigenen Lehre nicht einmal begehrenswerth ist, weil es zur höchsten Lust genügen soll, dass man frei von Schmerzen sei. Was sind dies für Widersprüche!

§ 30. Hätte er definiren und eintheilen gelernt, hielte er den Sinn der Rede und den Sprachgebrauch fest, so würde er niemals in solche Schwierigkeiten sich verwickelt haben. Nun sehe man, wie er sich hilft! Was kein Mensch Lust nennt, das heisst bei ihm so; was zwei Dinge sind, macht er zu einem. Diese Lust in Bewegung, wie er jene sanfte und gleichsam süsse Lust nennt, verdünnt er mitunter so, dass man den Manius Curius zu hören glaubt, und mitunter lobt er sie wieder so, dass er erklärt, kein Gut neben ihr zu kennen. Solche Reden sind nicht von dem Philosophen, sondern von dem Censor zu unterdrücken; denn der Fehler liegt nicht blos in den Reden, sondern auch in der Gesinnung. Er tadelt die Schwelgerei und Verschwendung nicht, sobald sie nur frei von Furcht und schrankenloser Begierde ist. Er scheint hier Schüler zu suchen, die, um Wüstlinge werden zu können, zuvor Philosophen werden wollen.

§ 31. Der Ursprung des höchsten Guts wird, glaube ich, von dem ersten Entstehen der lebenden Wesen entnommen. Jedes Geschöpf erfreut sich mit seiner Geburt an der Lust, begehrt danach, als dem Guten, und verabscheut den Schmerz als das Uebel. Epikur meint nun, dass man das Gute und das Uebel am besten bei den Geschöpfen kennen lernen könne, die noch nicht verdorben sind. Auch Du hast Dich so ausgesprochen, und es sind dies Eure Worte. Aber wie vieles Falsche steckt nicht darin! Nach welcher Lust von beiden, nach der in Ruhe oder in Bewegung, wird der wimmernde Knabe über das höchste Gut und Uebel entscheiden? Denn wir müssen ja, so Gott will, von Epikur das Reden lernen! Soll es nach der Lust in Ruhe geschehen, so will allerdings die Natur, dass sie sich erhalte, und ich gebe dies zu; soll es nach der in Bewegung geschehen, was Ihr doch sagt, so darf auch die schlechteste Lust nicht vorbeigelassen werden, und gleichzeitig soll jenes kaum geborne Geschöpf sich auch nicht von jener höchsten Lust abwenden, die von Dir in die Schmerzlosigkeit gesetzt wird.

§ 32. Allein Epikur hat diesen Beweisgrund gar nicht von den kleinen Kindern oder Thieren hergenommen, die er für die Spiegelbilder der Natur hält; denn er sagt nicht, dass diese unter Führung der Natur nach dieser Lust der Schmerzlosigkeit verlangen; denn diese Schmerzlosigkeit kann in der Seele kein Begehren erwecken, noch ihr einen Anstoss geben. Deshalb verfällt hier auch Hieronymus in denselben Fehler. Nur das treibt, was den Sinn durch

Lust erweicht; deshalb benutzt Epikur auch immer nur diese Lust, wenn er beweisen will, dass die Lust von der Natur begehrt werde; es ist aber nur die Lust in Bewegung, welche die kleinen Kinder und die Thiere an sich lockt, aber nicht jene Lust in Ruhe, welche nur in der Schmerzlosigkeit besteht. Wie vereinigt es sich, von der einen Lust die Natur ausgehn zu lassen und in die andere das höchste Gut zu setzen?

KAPITEL XI.

§ 33. Den Thieren kann ich überdem kein Urtheil hier zugestehn; denn wenn sie auch nicht verdorben sind, so können sie es doch werden. Mancher Stab ist absichtlich gebogen oder gekrümmt, mancher aber von Natur so; also ist die Natur der wilden Thiere nicht durch schlechte Zucht, aber von selbst schlecht geworden. Auch treibt die Natur das Kind nicht, dass es nach der Lust verlange, sondern nur, dass es sich selbst liebe und sich unversehrt und gesund erhalte. Jedes Geschöpf liebt gleich mit seiner Geburt sich und alle seine Theile; die beiden wichtigsten, die Seele und den Körper, bewahrt es vor Allem; dann auch die Theile von beiden. In der Seele und in dem Körper ist Manches hervortretend, mit dessen oberflächlicher Erkenntniss beginnt es zu unterscheiden, verlangt nach dem, was von Natur das erste Begehrenswerthe ist, und verabscheut dessen Gegentheil.

§ 34. Ob in diesen ersten natürlichen Regungen schon die Lust enthalten sei, wird viel bestritten. Meint man aber, dass es ausser der Lust nichts gebe, keine Glieder, keine Sinne, keine Bewegung der Gedanken, keinen unverletzten Körper, keine Gesundheit, so kann ich dies nur für die grösste Unwissenheit halten. Von dieser Hauptsache muss aber nothwendig die ganze Lehre vom Guten und Uebel ausgehn. Polemo und schon vor ihm Aristoteles haben jene oben erwähnten natürlichen Regungen für das Erste gehalten. Daraus ist die Ansicht der ältern Akademiker und Peripatetiker hervorgegangen, wonach ihnen ein Leben nach der Natur für das höchste Gut galt, d.h. ein Leben, wo man unter Innehaltung der Tugend das erste Naturgemässe geniesst. Kallipho verband mit der Tugend nur die Lust, Diodor aber die Schmerzlosigkeit. Von allen diesen Männern ist das höchste Gut hiernach folgerecht bestimmt worden, dagegen gilt dem Aristipp als solches nur die einfache Lust und den Stoikern die Uebereinstimmung mit der Natur, was nach ihnen das tugendhafte, d.h. einfache Leben ist, und was sie näher dahin bestimmen, dass es ein Leben sei, wobei man die Vorgänge kennt, welche naturgemäss erfolgen, und das wählt, was der Natur entspricht, das Entgegengesetzte aber zurückweist.

§ 35. So giebt es drei Endziele ohne Sittlichkeit: eins bei Aristipp, ein anderes bei Hieronymus, ein drittes bei Karneades; ferner drei Ziele, wo das Sittliche noch mit etwas Anderem verbunden ist, nämlich bei Polemo, Kallipho und Diodor. Ein Ziel, das von Zeno, ist einfach und besteht lediglich in dem Geziemenden, d.h. dem Sittlichen; denn Pyrrho, Aristo und Herillus sind schon längst verlassen. Alle Andern bleiben folgerecht, und ihr Letztes entspricht ihrem Anfange; so galt dem Aristipp die Lust, dem Hieronymus die Schmerzlosigkeit und dem Karneades die Befriedigung der Grundtriebe der Natur für das Letzte und Höchste.

KAPITEL XII.

Allein da Epikur als das erste Empfehlenswerthe die Lust angenommen hat, so hätte, wenn er die Lust des Aristipp gemeint, dasselbe höchste Gut wie dieser festhalten sollen, und hätte er die Lust des Hieronymus gemeint, so hätte er diese auch als erstes Empfehlenswerthe aufstellen sollen.

§ 36. Denn wenn er sagt, dass durch die Sinne selbst die Lust für ein Gut und der Schmerz für ein Uebel erklärt werde, so räumt er den Sinnen mehr ein, als die Gesetze uns gestatten, wenn wir Richter in Privatstreitigkeiten sind. Denn wir dürfen da über nichts urtheilen, wozu wir nicht ermächtigt sind, und es ist nutzlos, dass die Richter bei dem Eröffnen ihres Spruches zuzusetzen pflegen, »insofern dies zu meiner Entscheidung gehört«. Denn wenn dies auch nicht dazu gehörte, so bliebe es auch ohne diesen Zusatz eine Entscheidung. Worüber urtheilen denn die Sinne? Ueber süss und bitter, glatt und rauh, über nah und fern, über stehn und gehn, über viereckig und rund.

§ 37. Einen richtigen Ausspruch wird daher erst die Vernunft verkünden, indem sie dabei zunächst die Kenntniss der göttlichen und menschlichen Dinge benutzt, welche man wahrhaft die Weisheit nennen kann, und dann die Tugenden hinzunimmt, welche die Vernunft für die Herrscher von allen Dingen erklärt, während Du sie nur als Diener und Begleiter der Lust willst gelten lassen. Der Ausspruch von Allem diesem wird zunächst über die Lust dahin ergehn, dass sie nichts enthalte, um ihr allein den Sitz im höchsten Gute einzuräumen, was wir suchen, und dass sie auch nicht der Art sei, um sie der Sittlichkeit hinzuzufügen. Ebenso wird der Ausspruch über die Schmerzlosigkeit lauten.

§ 38. Auch Karneades wird verworfen werden, und es wird überhaupt keine Lehre über das höchste Gut gebilligt werden, welche die Lust oder Schmerzlosigkeit hineinnimmt oder die Sittlichkeit daraus weglässt. Es werden deshalb nur zwei Annahmen zur gründlichen Erwägung übrig bleiben: entweder nimmt die Vernunft an, dass nur das Sittliche als das Gut gelten könne und nur das Schlechte als das Uebel, während alles Uebrige entweder von gar keiner Bedeutung ist oder nur so viel gilt, dass es weder zu begehren noch zu verabscheuen, sondern nur zu wählen oder abzulehnen ist, oder sie wird derjenigen Ansicht den Vorzug geben, wo die Sittlichkeit mit den Grundtrieben der Natur geschmückt und mit der Vollkommenheit des ganzen Lebens bereichert sich darstellt. Sie wird hier um so sicherer entscheiden, wenn sie erkannt haben wird, ob der Streit sich nur um Worte oder um die Sache dreht.

KAPITEL XIII.

§ 39. Dem Ansehn der Vernunft folgend, will ich dasselbe thun. Ich werde, so viel ich kann, die Streitfragen vermindern und alle jene einfachen Ansichten, die nichts von Tugend mit sich führen, für nicht zur Philosophie gehörig ansehn; zunächst also die des Aristipp und aller Cyrenaiker, die sich nicht scheuen, das höchste Gut in diejenige Lust zu setzen, welche wesentlich in der Sinnenlust besteht, und welche die Schmerzlosigkeit verwerfen.

§ 40. Sie erkennen nicht, dass, so wie das Pferd zum Laufen, der Stier zum Pflügen, der Hund zum Aufspüren, so der Mensch, wie Aristoteles sagt, zu zweierlei von Natur bestimmt ist: zum Erkennen und zum Handeln, gleich einem sterblichen Gotte. Sie wollen vielmehr, dass dieses göttliche Geschöpf wie ein träges und schwaches Vieh nur zur Weide und zur Lust des Zeugens geboren sei; das Verkehrteste, was sich denken lässt.

§ 41. So viel gegen Aristipp, welcher diejenige Lust, die allein wir Alle so nennen, nicht blos für die höchste, sondern auch für die einzige erklärt. Ihr habt allerdings eine andere Ansicht, indess hat Epikur, wie gesagt, Unrecht; weder die Gestalt des menschlichen Körpers, noch die vortreffliche Beschaffenheit seines Geistes deuten dahin, dass der Mensch nur allein dazu geboren sei, um die Lust zu geniessen. Ebenso wenig kann man dem Hieronymus beistimmen, dem die Schmerzlosigkeit für das höchste Gut gilt, wie auch Ihr manchmal oder vielmehr nur zu oft behauptet; denn wenn der Schmerz das Uebel ist, so genügt nicht die Freiheit vom Uebel zum glücklichen Leben. Dies durfte eher ein Ennius sagen:

»Dem geht es zu gut, der an keinem Uebel leidet.«

Wir finden das glückliche Leben nicht in der blossen Abhaltung des Uebels, sondern in der Gewinnung des Guten und suchen es nicht im Nichtsthun, mag man sich dabei freuen, wie Aristipp, oder schmerzlos sein, wie Hieronymus sagt, sondern in der Thätigkeit und Betrachtung.

§ 42. Dasselbe lässt sich gegen das höchste Gut des Karneades sagen, was er weniger aus Ueberzeugung aufstellte, als um den Stoikern, mit denen er Krieg führte, zu widersprechen; indess ist es doch der Art, dass, wenn man es der Tugend hinzufügt, es auf Beistimmung Anspruch machen und das glückliche Leben vollständig darstellen kann, um welches es hier sich handelt. Denn wenn man mit der Tugend die Lust verbindet, die für sich allein von der Tugend nur gering geschätzt wird, oder die Schmerzlosigkeit, die zwar frei vom Uebel, aber doch nicht das höchste Gut ist, so macht man einen Zusatz, der zwar nicht zu billigen ist, von dem ich aber nicht einsehe, weshalb man diese Verbindungen nur so schwach und eingeschränkt eintreten lässt. Beinahe scheint es, als müsste das erst erkauft werden, was der Tugend zugesagt wird; deshalb wird ihr zunächst nur das Werthloseste zugefügt; dann immer nur Einzelnes, statt dass sie Alles, was die Natur als das Erste gebilligt hat, mit der Sittlichkeit hätten verbinden sollen.

§ 43. Wenn Aristo und Pyrrho dergleichen überhaupt für nichtig erklären, weil nach ihnen zwischen der kräftigsten Gesundheit und der schwersten Krankheit kein Unterschied besteht, so hat man mit Recht schon längst aufgehört, gegen sie zu streiten. Nach ihnen soll in der einen Tugend alles Andere enthalten sein; sie beraubten sie deshalb aller Auswahl der Dinge und liessen ihr nichts, woraus sie entstehn und worauf sie sich stützen könnte; damit vernichteten sie gerade die Tugend, die sie so heftig in Schutz nahmen. Herillus bezog dagegen Alles auf die Wissenschaft; damit erfasste er wohl ein einzelnes Gut, aber weder das beste noch das, wonach man das Leben zu leiten vermag. Deshalb ist seine Ansicht längst verworfen worden, denn seit Aristipp hat man nicht mehr darüber gestritten.

KAPITEL XIV.

So bleibt nur Ihr noch übrig; denn mit den Akademikern ist schwer zu streiten, da sie nichts fest behaupten, sondern, gleichsam an der sichern Erkenntniss verzweifelnd, nur dem folgen, was als wahrscheinlich erscheint.

§ 44. Epikur macht dagegen mehr zu schaffen, weil seine Lust von doppelter Art ist, und weil nicht blos er, sondern auch seine Freunde und viele Spätere seine Ansicht vertheidigt haben, und ich mir nicht erklären kann, wie auch das Volk, was zwar das geringste Ansehn, aber die grösste Macht hat, es mit denselben halten kann. Wenn diese Ansichten nicht widerlegt werden, so muss man alle Tugend, alle Ehrbarkeit, alles wahre Lob aufgeben. So bleibt also nach Beseitigung der andern Ansichten nicht mehr der Kampf zwischen mir und Torquatus übrig, sondern der zwischen der Tugend und der Lust. Auch Chrysipp, ein Mann von Scharfsinn und Fleiss, verschmäht diesen Kampf nicht und verlegt die ganze Entscheidung über das höchste Gut in eine Vergleichung beider. Ich meine aber, dass, wenn ich gezeigt haben werde, dass das Sittliche ein Gegen stand ist, der um seiner eignen Kraft und um seiner selbst willen zu erstreben ist, dann Euer ganzes Lehrgebäude zusammenfällt. Deshalb werde ich zuerst kurz, wie es die Zeit verlangt, feststellen, welcher Natur das Sittliche ist, und dann zu alle dem, so weit mich mein Gedächtniss nicht verlässt, übergehn, was Du, Torquatus, gesagt hast.

§ 45. Ich verstehe also unter dem Sittlichen das, was nach Abzug alles Nutzens, ohne allen Lohn und Vortheil, um seiner selbst willen mit Recht gelobt werden kann. Seine Beschaffenheit kann nicht sowohl durch die hier gegebene Definition, obgleich vielleicht ein wenig, als vielmehr durch das übereinstimmende Urtheil Aller und aus den Bestrebungen und Thaten der besten Menschen ersehen werden, die gar Vieles nur aus dem einen Grunde verrichten, weil es sich ziemt, weil es recht, weil es sittlich ist, wenn auch kein Vortheil dabei abgesehen werden kann. Denn die Menschen unterscheiden sich neben vielem Andern vorzüglich dadurch von den Thieren, dass die Natur sie mit Vernunft begabt hat und dass sie einen scharfen, kräftigen Geist besitzen, der Vieles schnell mit einem Male übersehen kann, der gleichsam ausspürend sowohl die Ursachen wie die Folgen der Dinge erkennt, Aehnlichkeiten herausfindet, das Getrennte vereinigt, an das Gegenwärtige das Kommende knüpft und den ganzen

Zustand des spätern Lebens zusammenfasst. Diese Vernunft lässt die Menschen einander aufsuchen und in Natur, Rede und Verkehr übereinstimmen. Sie beginnen mit der Liebe zu den Ihrigen und zu den Hausgenossen, gehn dann weiter und fügen sich erst der Gesellschaft ihrer Mitbürger und dann der aller Menschen an. So erinnert sich der Mensch, wie Plato dem Archytas schrieb, dass er nicht blos für sich selbst, sondern auch für das Vaterland und die Seinigen geboren ist, und dass für ihn selbst nur ein kleiner Theil dabei übrig bleibt.

§ 46. Dieselbe Natur hat dem Menschen die Begierde nach der Erkenntniss des Wahren eingegeben, wie dann am leichtesten bemerkt werden kann, wenn man frei von Sorgen, sogar nach der Erkenntniss der Vorgänge am Himmel verlangt. Von diesen Anfängen ausgehend, liebt man die Wahrheit überall, d.h. das Zuverlässige, Einfache und Feste, und hasst das Eitle, Falsche und Trügerische, wie allen Betrug, Meineid, alle Bosheit und alles Unrecht. Diese Vernunft hat etwas Weites und Grossartiges in sich selbst, was mehr zum Befehlen wie zu dem Gehorchen eingerichtet ist; sie achtet Alles, was den Menschen treffen kann, nicht blos für erträglich, sondern für leicht; sie ist ein Hohes und Erhabenes, was nichts fürchtet, vor Niemandem zurückweicht und niemals besiegt wird.

§ 47. Diesen drei Arten des Sittlichen folgt eine vierte von gleicher Schönheit und aus jenen dreien gebildet; in dieser wohnt die Ordnung und Mässigkeit. Wenn ihre Aehnlichkeit in der Schönheit und Würde der Formen erkannt ist, so erfolgt der Uebergang zum Anstand im Sprechen und Handeln; denn in Folge jener drei rühmlichen Eigenschaften scheut sie jede Dreistigkeit, wagt sie Niemanden durch freche Worte oder Handlungen zu verletzen und fürchtet jede unmännliche Handlung und Rede.

KAPITEL XV.

§ 48. Damit hast Du, mein Torquatus, das Bild der Sittlichkeit nach ihrem ganzen Inhalt und ihrer Vollendung; sie ist ganz in jenen vier Tugenden enthalten, die auch Du genannt hast. Dein Epikur sagt, dass er nicht verstehe, was sie und wie sie nach Denen beschaffen sein sollen, welche die Sittlichkeit zum Maassstab des höchsten Guts machen, da, wenn Alles auf die Sittlichkeit bezogen werde, ohne dass eine Lust in ihr enthalten sei, man damit nur ein leeres Wortgeklingel mache (dies sind seine eignen Worte); er wisse und begreife nicht, welche Regeln unter dieser Sittlichkeit enthalten sein könnten. Nach dem Sprachgebrauch gelte nur das für sittlich, was durch den Beifall der Menge Ruhm gewähre; und ein solches sei allerdings oft angenehmer als andere Lust; allein trotzdem werde es doch nur der Lust wegen begehrt.

§ 49. Du siehst, wie weit hier die Ansichten auseinander gehn. Ein bedeutender Philosoph, der nicht blos Griechenland und Italien, sondern auch die ganze Barbarenwelt in Aufregung versetzt hat, will nicht wissen, was das Sittliche sei, wenn es nicht die Lust sein solle, man müsste denn das darunter verstehn, was im Gerede der Menge gepriesen werde. Ich halte indess letzteres oft für schlecht, und wenn es dies einmal nicht ist, so ist es doch nur dann nicht schlecht, wenn die Menge das an sich Rechte und Lobenswerthe lobt, und es kann nicht deshalb, weil es Viele loben, als das Sittliche gelten, sondern weil es der Art ist, dass, auch wenn die Menschen es nicht kennten oder schwiegen, es dennoch seiner Schönheit und Gestalt wegen lobenswerth bleiben würde. Deshalb sagt derselbe Philosoph, besiegt von der Natur, der er nicht widerstehn kann, an einem andern Ort das, was auch Du vorher ausgesprochen hast, nämlich dass ein angenehmes Leben ohne Sittlichkeit nicht möglich sei.

§ 50. Was meint er also hier mit Sittlich? Etwa dasselbe wie Angenehm? so dass es also hiesse: Man könne nicht sittlich leben, wenn man nicht sittlich lebe? Oder soll es nur den Beifall der Menge bedeuten? Dann könnte man also nach ihm ohne diesen nicht angenehm leben? Aber was Verkehrteres gäbe es wohl, als das Leben des Weisen von den Reden der Thoren abhängig zu machen? Was versteht er also hier unter Sittlich? Gewiss nur das, was um seiner selbst willen mit Recht gelobt werden kann. Denn geschähe es der Lust wegen, was wollte da ein Lob bedeuten, das man sich vom Fleischmarkt holen kann? Er ist nicht der Mann, der, wenn er hier des Sittlichen erwähnt und ein Leben ohne dasselbe nicht für angenehm gelten lässt, darunter jenen Beifall der Menge meinte, und dass dieser zum angenehmen Leben nöthig sein sollte, oder dass er irgend etwas Anderes darunter verstände, als das an sich Rechte, was um seiner Kraft und Natur und um seiner selbst willen gelobt wird.

KAPITEL XVI.

§ 51. Deshalb schienst Du mir, mein Torquatus, als Du sagtest, Epikur verkünde laut, es gebe ohne ein sittliches, weises und gerechtes Leben auch kein angenehmes Leben, selbst darauf stolz zu sein. So gross ist die Macht dieser Worte um der Würde und der Dinge willen, die sie bezeichnen, dass Du Dich gehoben fühltest, mitunter anhieltest und, uns anblickend, gleichsam behauptetest, die Sittlichkeit und Gerechtigkeit werde auch von Epikur mitunter gelobt. Wie schön stand Dir der Gebrauch dieser Worte an, ohne die man die ganze Philosophie entbehren würde! Denn nur aus Liebe zu diesen Worten, die Epikur nur selten nennt, zur Weisheit, Tapferkeit, Gerechtigkeit und Mässigung haben die geistreichsten Männer sich dem Studium der Philosophie zugewendet.

§ 52. »Der Augen Sinn,« sagt Plato, »ist der schönste in uns, und doch sieht man die Weisheit damit nicht; welche feurige Liebe würde sie erwecken, wenn man sie sehen könnte!« Weshalb wohl? Etwa weil sie pfiffig ist und am besten den Lüsten aufzubauen versteht? Weshalb wird die Gerechtigkeit gelobt? Oder woher kommt jenes vielgehörte alte Sprichwort: »Mit wem man im Dunkeln das Fingerspiel spielen kann?« Dieser Ausspruch für eine Sache reicht weit; man soll in allem Handeln auf die Sache, nicht auf die Zeugen sehn.

§ 53. Denn nur unerheblich und schwach ist es, wenn Du sagtest, dass die Unredlichen durch ihre Gewissensbisse gepeinigt würden und durch die Furcht vor der Strafe, die sie entweder träfe oder deren Gefahr sie immer in Angst erhielte. Man braucht sich den schlechten Mann nicht furchtsam und schwachen Gemüths vorzustellen, so dass er bei seinen Thaten sich selbst peinigte und sich vor Allem fürchtete; vielmehr gehört auch

Der hierher, welcher Alles klug auf die Nützlichkeit bezieht und scharfsinnig, gewandt und geübt leicht ausfindet, wie er heimlich ohne Zeugen und Mitwisser seinen Betrug verüben kann.

§ 54. Meinst Du, dass ich von L. Tubulus spreche? der als Prätor den Prozess gegen die Mörder leitete, aber so offen sich bei der Entscheidung bestechen liess, dass der Volkstribun P. Scävola im nächsten Jahre bei dem Volke die Anfrage stellte, ob deshalb nicht eine Untersuchung eröffnet werden solle, und als das Volk diesem Antrage durch Beschluss beitrat, wurde vom Senat die peinliche Untersuchung dem Consul Cn. Caepio aufgetragen, so dass Tubulus selbst in die Verbannung ging und nicht zu antworten wagte; denn die Sache war allbekannt.

KAPITEL XVII.

Es handelt sich also nicht um den Unsittlichen, sondern um den listigen Unsittlichen, wie es Q. Pompejus war, der das mit den Numantiern abgeschlossene Bündniss verleugnete; auch nicht um einen solchen, der vor Jedweden sich fürchtet, sondern hauptsächlich um einen solchen, der die Vorwürfe des Gewissens nicht beachtet und dem es ein Leichtes ist, dasselbe zum Schweigen zu bringen. Ein so versteckt und heimlich Handelnder verräth sich so wenig, dass er es sogar dahin bringt, über fremde Unthaten scheinbar sich zu betrüben. Was ist dies aber anders als Geriebenheit?

§ 55. Ich entsinne mich, dass ich anwesend war, als P. Sextilius Rufus seinen Freunden erzählte, er sei der Erbe des Q. Fadius Gallus, in dessen. Testament stand, dass dieser ihn gebeten habe, die ganze Erbschaft seiner Tochter zuzuwenden. Sextilius leugnete dies und konnte es ungestraft thun, denn wer sollte ihn widerlegen? Niemand von uns glaubte ihm, auch war es wahrscheinlicher, dass Derjenige lüge, der ein Interesse dabei hatte, als Jener, der geschrieben hatte, dass er um das gebeten habe, wozu er verpflichtet war. Sextilius fügte auch hinzu, dass er auf das Voconische Gesetz beeidigt, nicht wage, es zu verletzen, die Freunde müssten denn anderer Meinung sein. Ich war damals noch jung, aber es waren auch viele höchst angesehene Männer dabei, die sämmtlich der Meinung waren, dass er der Fadia nicht mehr zu geben brauche, als nach dem Voconischen Gesetze auf sie kommen könne. So behielt Sextilius die grosse Erbschaft, während er, wenn er der Ansicht Derer gefolgt wäre, die das Rechte und Sittliche allem Nutzen und Vortheile vorziehn, er nichts behalten haben würde. Glaubst Du nun etwa, dass er deshalb ängstlich und besorgt gewesen? Nichts weniger als dies, vielmehr war er bei seinem durch diese Erbschaft erlangten Reichthume glücklich darüber und hielt viel auf das Geld, was er nicht allein nicht gegen die Gesetze, sondern nach denselben erlangt hatte, und was Ihr selbst mit Gefahren aufsuchen lasst, weil man sich damit viele und grosse Freuden verschaffen könne.

§ 56. Wenn daher Die, welche behaupten, dass das Rechte und Sittliche um sein selbst willen zu erstreben sei, sich um der Sitte und des Anstandes willen, in Gefahren stürzen, so wollt dagegen Ihr, die Ihr Alles nach der Lust bemesst, dass man sich in Gefahren stürze, um grosse Lust zu gewinnen und da, wo es sich um Bedeutendes und um grosse Erbschaften handle, weil man mit Gelde sich die meisten Genüsse verschaffen könne. Auch Euer Epikur muss, wenn er seinem höchsten Gute nachgehn will, so handeln wie Scipio, den grosser Ruhm erwartete, wenn er den Hannibal nach Afrika zurücktrieb. Welchen grossen Gefahren unterzog sich dieser deshalb nicht! denn er bezog all sein Streben auf die Sittlichkeit und nicht auf die Lust; ebenso muss aber auch Euer Weiser, wenn ein grosser Vortheil ihn lockt, selbst sein Leben blossstellen, wenn es nöthig ist.

§ 57. Kann er im Geheimen die Unthat verüben, so wird er sich freuen, und wird er erwischt, so wird er die Strafe verachten, denn er ist bereit und gerüstet, den Tod nicht zu scheuen, in die Verbannung zu gehn, ja selbst den Schmerz zu ertragen, den Ihr wieder da, wo Ihr für die Schlechten eine Strafe androht, für unerträglich erklärt, aber bei den Weisen für erträglich haltet, weil bei diesen das Gute immer überwiegen soll.

KAPITEL XVIII.

Nun wollen wir aber annehmen, dass der unrecht Handelnde nicht blos listig, sondern auch übermächtig sei, wie etwa M. Crassus, der seines Guts sich zu bedienen pflegte, und wie jetzt unser Pompejus, dem man für sein redliches Benehmen Dank wissen muss, da er ungestraft hätte so ungerecht sein können, wie er wollte. Und wie vieles Ungerechte kann verübt werden, was Niemand zu tadeln bekommt.

§ 58. Wenn Dein Freund im Sterben Dich bittet, seine Erbschaft der Tochter zu überlassen, und dies nicht so schriftlich aufgesetzt hat, wie Fadius es gethan hatte, auch Niemandem es mitgetheilt hat, was würdest Du da thun ? Du wirst die Erbschaft allerdings abgeben; auch selbst Epikur vielleicht, wie Sextus Peducäus, der Sohn des Sextus that, derselbe, welcher in seinem Sohne, unserm Freunde, uns ein Bild seiner Menschenfreundlichkeit und Rechtlichkeit hinterlassen hat. Dabei war er ein vortrefflicher und gerechter Mann. Obgleich Niemand wusste, dass C. Plotius, der reiche römische Ritter zu Nursia, ihn darum gebeten hatte, so ging er doch aus freien Stücken zu dessen Frau, theilte ihr, die keine Ahnung davon hatte, den Auftrag des Mannes mit und übergab ihr den Nachlass. Ich frage Dich aber, der Du sicher eben so gehandelt hättest, ob Du nicht einsiehst, wie die Natur so gewaltig ist, dass selbst Ihr so handelt, obgleich Ihr selbst sagt, dass von Euch Alles auf Euren Vortheil und Eure Lust bezogen wird. Daraus erhellt, dass Ihr nicht der Lust, sondern der Pflicht folgt und dass die richtige Natur mehr vermag, als die verdorbene Vernunft.

§ 59. Karneades sagt, dass, wenn ich weiss, eine Natter liege am Boden und Jemand wolle sich aus Versehen auf sie setzen, dessen Tod mir Nutzen bringen werde, ich unrecht handle, wenn ich ihn nicht vor dem Niedersetzen warne. Den noch kann ich es ungestraft unterlassen, denn wer will mir beweisen, dass ich es gewusst habe? Indess genug davon; denn offenbar kann man keinen guten Menschen mehr finden, wenn die Billigkeit, Treue und Gerechtigkeit nicht aus der menschlichen Natur selbst entspringen, sondern Alles auf den Nutzen bezogen werden soll. Ich habe mich hierüber ausführlich in dem, was von Lälius in meinem Buche über den Staat gesagt wird, ausgesprochen.

KAPITEL XIX.

§ 60. Dasselbe gilt von der Mässigkeit und Vorsicht, die in einer Beherrschung der Begierden nach den Geboten der Vernunft besteht. Ist denn danach Derjenige schamhaft genug, welcher der Wollust nur ohne Zeugen fröhnt? Oder ist hierbei etwas an sich selbst Schändliches vorhanden, wenn auch kein übler Ruf sich damit verknüpft? Sollten ferner tapfre Männer nach Ueberrechnung der als Rest sich ergebenden Lust in die Schlacht gehn, ihr Blut für das Vaterland vergiessen, oder nicht vielmehr getrieben von dem Eifer und dem Drang ihrer Seele? Und was meinst Du, Torquatus, wenn jener Feldherr uns hörte, würden ihm Deine Worte über ihn angenehm geklungen haben, oder die meinen, als ich sagte, dass er Alles nur für das Gemeinwesen und nichts seinetwegen gethan habe; Du dagegen, dass er Alles nur seinetwegen gethan? Und wenn Du Dich näher erklären würdest und offen sagtest, er habe Alles nur um seiner Lust willen gethan, wie glaubst Du wohl, dass er dies aufgenommen haben würde?

§ 61. Aber es mag so sein; er soll es, wie Du willst, Torquatus, um seines Nutzens willen gethan haben; ich wähle lieber dieses Wort als die Lust, zumal bei einem solchen Manne; hat auch sein Amtsgenosse P. Decius, der erste Consul aus dieser Familie, als er, den Göttern sich empfehlend, mit verhängten Zügeln in die Schlachtordnung der Lateiner sich stürzte, etwa dabei seine Lust vor Augen gehabt? Wo und wann hätte er diese suchen können, da er seinen sofortigen Tod voraus sah und er diesen Tod mit grösserem Eifer suchte, als nach Epikur die Lust zu erstreben ist? Wäre diese seine That nicht mit Recht gelobt worden, so würde sein Sohn sie nicht in seinem vierten Consulat nachgeahmt haben, und dessen Sprössling würde in dem Kriege gegen Pyrrhus nicht als Consul in der Schlacht gefallen sein und in ununterbrochener Geschlechtsfolge dem Staate sich zum dritten Opfer dargebracht haben.

§ 62. Doch ich enthalte mich weiterer Beispiele; dergleichen giebt es bei den Griechen nicht so viele; Leonidas, Epaminondas, etwa drei oder viere; wollte ich aber die Unsrigen herzuzählen anfangen, so würde ich es wohl erreichen, dass die Lust sich der Tugend zum Gefangenen ergäbe, aber der Tag würde dazu nicht hinreichen, und so wie schon A. Varius, der für einen strengen Richter galt, seinen Beisitzern zu sagen pflegte, wenn, nachdem schon Zeugen genug gehört waren, immer noch neue vorgeladen werden sollten: »Soll an diesen Zeugen nicht genug sein, so weiss ich nicht, wenn überhaupt deren genug sein werden«, so meine auch ich, dass ich der Zeugen bereits genug beigebracht habe. Wie? Du selbst, der würdige Abkömmling Deiner Vorfahren, bist Du von der Lust bestimmt worden, noch als ein junger Mann dem P. Sulla das Consulat zu entreissen, was Du dann Deinem Vater zuwendetest, jenem tapfern Manne, der sowohl als Consul wie als Bürger von jeher und auch nach seinem Consulate als solcher sich bewährt hat; denn nach seinem Beispiel habe ich selbst jene Thaten vollbracht, bei denen ich mehr das allgemeine Wohl als mein eigenes vor Augen hatte.

§ 63. Und doch wie schön glaubtest Du zu sprechen, als Du auf die eine Seite einen Mann stelltest, erfüllt von aller Lust im höchsten Maasse und frei von allem gegenwärtigen und kommenden Schmerz, und auf die andere Seite einen Mann von den grössten Schmerzen am ganzen Körper gepeinigt, ohne Lust und ohne Hoffnung auf solche und dann frugst: Wer ist wohl elender als dieser, oder glücklicher als jener? und daraus folgertest, dass der Schmerz das höchste Uebel und die Lust das höchste Gut sei.

KAPITEL XX.

Es lebte früher ein gewisser Thorius Balbus aus Lanuvinium, den Du nicht gekannt haben kannst. Er lebte so, dass es keinen noch so ausgesuchten Genuss gab, den er nicht im Uebermaass gehabt hätte. Er war auch begierig danach, verstand sich auf alle Arten von Lust und hatte reichliche Mittel. Auch war er so wenig abergläubisch, dass er die meisten Opfer und heiligen Orte seiner Vaterstadt verachtete; selbst den Tod fürchtete er so wenig, dass er in der Schlacht für den Freistaat gefallen ist.

§ 64. Die Begierden beschränkte er sich nicht nach jener Eintheilung Epikur's, sondern nur nach seiner Sättigung; aber dabei nahm er Rücksicht auf seine Gesundheit, er pflegte jene körperlichen Uebungen, die hungrig und durstig zur Mahlzeit kommen lassen, und er ass nur Speisen, die vom besten Wohlgeschmack und dabei leicht verdaulich waren; er trank den Wein aus Wohlgeschmack, aber in unschädlichem Maasse, und er besass Alles, über das hinaus Epikur nichts weiss, was noch zum höchsten Gute gehören könnte. Er war frei von allen Schmerzen, und hätte er deren gehabt, so würde er sie nicht leicht ertragen haben und mehr mit Aerzten als Philosophen verkehrt haben. Sein Aussehn war vortrefflich, seine Gesundheit ungeschwächt, sein Wesen höchst angenehm und sein Leben erfüllt von allen Arten der Lust.

§ 65. Dieser ist für Euch der Glückliche; Eure Grundsätze zwingen Euch dazu; allein ich selbst wage es zwar nicht, Den zu nennen, welchen ich über ihn stelle, aber die Tugend selbst soll es für mich thun: sie wird nicht anstehn, den M. Regulus über Euren Glücksmann zu stellen. Ihn, der freiwillig, durch nichts gebunden als sein Wort, was er dem Feinde gegeben hatte, aus dem Vaterlande nach Karthago zurückgekehrt, erklärt die Tugend selbst da, wo er von Nachtwachen und Hunger gepeinigt wurde, laut für glücklicher als den unter Rosen zechenden Thorius. Grosse Kriege hatte Regulus geführt, zweimal war er Consul gewesen, einmal hatte er triumphirt, aber er hielt all dies Frühere nicht für so gross und erhaben, als jene letzte That, die er, um sein Wort zu halten und zuverlässig zu bleiben, vollbrachte. Uns Zuhörern erscheint sie erschrecklich und schmerzlich; er fühlte sich auch in seinen Leiden voll Lust; denn nicht blos in der Fröhlichkeit und Ausgelassenheit, nicht blos im Lachen und Scherzen, den Begleitern des heitern Sinnes, liegt das Glück; auch die Traurigen sind durch ihre Festigkeit und

Zuverlässigkeit glücklich.

§ 66. Die von dem Sohn des Königs gewaltsam entehrte Lucretia nahm sich, nachdem sie die Bürger zu Zeugen aufgerufen, selbst das Leben; dieser Schmerz des römischen Volkes gab unter Vortritt und Führung des Brutus dem Staate die Freiheit, und im Andenken an jene Frau wurden ihr Mann und ihr Vater im ersten Jahre zu Consuln gewählt. Ebenso tödtete L. Verginius, ein armer Mann aus dem Volke, sechszig Jahre nach der erlangten Freiheit mit eigener Hand seine jungfräuliche Tochter, um sie den Lüsten des Appius Claudius, der damals die höchste Gewalt inne hatte, zu entziehn.

KAPITEL XXI.

§ 67. Entweder musst Du, mein Torquatus, diese Thaten für tadelnswerth erklären oder Dein Amt als Beschützer der Lust aufgeben. Und was ist dies für ein Schutzamt und wie steht es um die Sache der Lust, wenn sie weder Zeugen noch Vertheidiger unter berühmten Männern finden kann! Während ich aus den geschichtlichen Denkmälern als Zeugen Jene herbeibringe, die ihr ganzes Leben in ruhmvoller Arbeit vollbracht und selbst den Namen der Lust nicht haben hören wollen, schweigt die Geschichte zu Euern Ausführungen. Niemals habe ich in der Schule des Epikur die Namen des Lykurg, Solon, Miltiades, Themistokles, Epaminondas gehört, während alle übrigen Philosophen sie stets im Munde führen. Allein nachdem auch wir Römer diesen Gegenstand zu behandeln angefangen haben, welche und wie grosse Männer wird da unser Atticus aus seiner Schatzkammer vorführen?

§ 68. Ist es nicht besser, von diesen zu sprechen, als über die Themista ganze Bände voll zu schreiben? Dies mögen die Griechen thun; denn wenn wir auch von ihnen die Philosophie und alle freien Künste überkommen haben, so giebt es doch Dinge, die nur ihnen, aber nicht uns gestattet sind. Die Stoiker streiten mit den Peripatetikern; jene bestreiten, dass es neben dem Sittlichen noch ein anderes Gut gebe, diese legen zwar allen Werth und den höchsten Werth auf die Sittlichkeit, allein es soll auch Güter für den Körper und äusserliche Güter geben. Ein solcher Kampf ist sittlich und die Erörterung ist glänzend; denn es handelt sich bei dem Streit um die Würde der Tugend. Aber wenn Du mit Deinen Freunden verhandelst, muss man auch viel von schamloser Lust hören, worüber Epikur sehr oft sich auslässt.

§ 69. Solche Lehren kannst Du, mein Torquatus, nicht beschützen, glaube es mir, wenn Du Dich selbst, Deine Gedanken und Deine Studien betrachtest. Du musst Dich jenes Gemäldes schämen, was Kleanthes in treffenden Worten auszumalen pflegte. Es hiess seine Zuhörer sich die Wollust vorstellen, gemalt auf einem Bilde in schönster Kleidung, auf einem Sessel im königlichen Schmucke sitzend; neben ihr standen die Tugenden als Dienerinnen, die nichts Anderes thaten und es als ihre alleinige Aufgabe ansahn, der Lust zu dienen und ihr, so weit man dies aus dem Gemälde entnehmen konnte, in die Ohren flüsterten, sie möge sich vor jeder Unvorsichtigkeit hüten, wodurch sie Andere verletzen, und vor Allem vor dem, was ihr Schmerz bereiten könnte; »denn wir, die Tugenden, sind von Natur zu Deinem Dienste bestimmt und haben kein anderes Geschäft.«

KAPITEL XXII.

§ 70. Nun behauptet Epikur zwar, der ja Euer Licht ist, dass ein unsittlicher Mensch nicht angenehm leben könne. Allein ich kümmere mich nicht um das, was er behauptet oder bestreitet; ich habe zu ermitteln, was er, der das höchste Gut in der Lust findet, folgerecht sagen sollte. Was bringst Du also bei, weshalb Thorius, weshalb Chius Postumius, weshalb der Meister Aller, dieser Orata, nicht angenehm gelebt haben sollen? Epikur selbst bestreitet, wie ich bemerke, dass das Leben der Schwelger getadelt werden könne, wenn sie nicht völlig thöricht sind, d.h. wenn sie weder Begierden noch Furcht haben. Da er nun gegen Beides eine Arznei verspricht, so verheisst er auch der Schwelgerei volle Freiheit; denn wenn diese Zustände beseitigt sind, hat er an der Lebensweise der Schwelger nichts auszusetzen.

§ 71. Somit könnt Ihr, wenn Ihr Alles nach der Lust bestimmt, die Tugend weder schützen noch bewahren; denn wer des Unrechts um der Unannehmlichkeiten wegen sich enthält, kann kein guter und rechtlicher Mensch sein, und Du kennst, glaube ich, den Spruch:

»Niemand ist fromm, der die Frömmigkeit aus Furcht nur übt.«

Zweifelt ja nicht an der Wahrheit dieser Worte; denn wenn der Mensch fürchtet, ist er nicht gerecht, und noch weniger wird er es sein, wenn er zu fürchten aufgehört, und er wird keine Furcht haben, wenn er seine Unthaten verbergen oder durch seine grosse Macht Alles durchsetzen kann, und er wird sicherlich lieber für einen sittlichen Menschen mögen gehalten werden, ohne es zu sein, als ein solcher zu sein, ohne dass man ihn dafür hält. So bringt Ihr uns das Schlechteste und lehrt uns statt der wahren und sichern Gerechtigkeit nur den Schein einer solchen, damit wir unser untrügerisches Gewissen nicht achten und dafür nach den trügerischen Meinungen Anderer haschen.

§ 72. Dasselbe lässt sich von den übrigen Tugenden sagen, deren Grundlagen Ihr in die Lust, gleichsam wie ins Wasser legt. Meinst Du wohl, dass wir jenen erwähnten Torquatus tapfer nennen können? Denn wenn ich auch Dich, wie Du sagst, nicht versöhnen kann, so freue ich mich doch Deiner Familie und Deines Namens. Ja wahrhaftig, jener vortreffliche, mir so gewogene Mann, A. Torquatus, steht mir vor Augen; Ihr Beide müsst ja wissen, wie sehr er mir zugethan war und wie ausgezeichnet er sich gegen mich in jenen Zeiten benommen hat, die Alle kennen. Ich selbst, welcher dankbar sein und dafür gehalten sein will, wurde es gegen ihn nicht sein, wenn ich nicht gewusst hätte, dass er meinetwegen, nicht seinetwegen mein Freund war; Du müsstest denn es »seinetwegen« nennen weil das rechtliche Handeln Allen Vortheil bringt. Wenn Du dies meinst, so haben wir gewonnen; denn wir wollen und kämpfen nur dafür, dass der Lohn der Pflicht in ihr selbst enthalten sei.

§ 73. Dies will aber Dein Lehrmeister nicht, denn er verlangt bei allen Dingen die Lust gleichsam als Lohn. – Doch ich kehre zu Torquatus zurück. Wenn er nur seiner Lust wegen mit dem Gallier auf dessen Herausforderung am Anio kämpfte und aus dessen Beute nur die Halskette und den Beinamen sich erwarb, so würde ich ihn hiernach, wenn er es aus irgend einer andern Ursache gethan, als weil er diese Thaten für eines Mannes würdig hielt, für keinen tapfern Mann halten. Wenn ferner die Scham, die Bescheidenheit, die Sittsamkeit, mit einem Wort das Maasshalten nur durch die Furcht vor Strafe oder Schande sich aufrecht erhalten und nicht durch seine eigene Heiligkeit sich schützen kann, werden da nicht der Ehebruch, die Unzucht und Wollust in allen Arten hervorkriechen und hervorbrechen, sobald ihnen Verborgenheit oder Straflosigkeit oder Zügellosigkeit in Aussicht gestellt ist?

§ 74. Was endlich sagst Du, mein Torquatus, dazu, wenn Du mit diesem Namen, diesem Verstand und Ruhm, das Ziel, auf welches Du Alles, was Du thust, denkst und erstrebst, beziehst, und den Grund, weshalb Du Alles, was Du unternimmst, zu vollführen strebst, ja Alles, was Du für das Beste in dem Leben hältst, wenn Du also Alles dies nicht wagst in einer Versammlung auszusprechen? Welchen Preis müsste man Dir bieten, der Du bald ein Staatsamt übernehmen und vor dem Volke sprechen wirst? denn Du musst dann bekannt machen, welche Regeln Du bei dem Rechtsprechen innehalten werdest, und dabei vielleicht auch Einiges, so weit es Dir passend scheint, von Deinen Vorfahren oder Dir selbst nach alter Sitte sagen; welchen Preis, sage ich, müsste man Dir bieten, damit Du bekannt machest, Du würdest in Deinem Amte Alles um der Lust willen thun und hättest in Deinem ganzen Leben nur um der Lust willen gehandelt? – Du sagst, wie ich Dich für so blödsinnig halten könne, dass Du vor Leuten so sprechen solltest, die diese Dinge nicht verstehn. – Nun gut, dann sage es als Richter, oder wenn Du die umstehenden Zuhörer fürchtest, so sage es im Senate! Du wirst es niemals thun, und weshalb nicht? Weil es eine unsittliche Rede sein würde. Und so hältst Du mich und den Triarius für geeignet, dergleichen unsittliche Reden anzuhören?

KAPITEL XXIII.

§ 75. Doch es sei so. Schon das Wort Lust ist ohne Würde, und dies liegt nicht blos daran, dass wir es nicht verstehn; Ihr wiederholt nämlich fortwährend, dass wir das nicht einsehn, was Ihr unter Lust versteht. Ist es denn eine so schwer zu fassende und so dunkle Sache? Wenn Ihr von untheilbaren Körpern und Zwischenwelten sprecht, die es weder giebt, noch geben kann, so verstehn wir es; aber die Lust, welche schon der Sperling kennt, sollten wir die nicht verstehen können? Was meinst Du, wenn ich es dahin bringe, dass Du einräumst, ich wisse nicht blos, was die Lust sei, sie ist nämlich eine angenehme Bewegung in den Sinnen, sondern auch, was sie nach Deiner Meinung sein soll? Denn bald meinst Du jene Lust, von der ich eben gesprochen habe, und giebst ihr den Namen der Lust in Bewegung, d.h. die, welche mannichfachen Wechsel zulässt; bald meinst Du eine andere höchste Lust, die nicht gesteigert werden kann, und diese soll vorhanden sein, wenn aller Schmerz fehlt und welche Du die ruhende Lust nennst.

§ 76. Nun, es mag dies eine Lust sein; sage nur in einer Versammlung, Du thuest Alles blos, um Dich vor Schmerz zu schützen. Und wenn auch dies Dir nicht gross und sittlich genug gesprochen scheint, so sage, dass Du in Deinem Amte und in Deinem ganzen Leben Alles nur um Deines Nutzens willen thun würdest; und nur das, was Dich fördert und Alles nur um Deinetwillen; welchen Beifall in der Volksversammlung und welche Hoffnung auf das Consulat, was Dir so nahe liegt, würdest Du da wohl erwarten können? So willst Du also einer Lehre folgen, von der Du für Dich und die Deinigen zwar Gebrauch machst, aber die zu bekennen und offen auszusprechen Du nicht wagst? Vielmehr führst Du jene Aussprüche der Peripatetiker und Stoiker immer im Munde, sowohl bei den Gerichtsverhandlungen wie im Senate, und wenn Du von Deinen Pflichten sprichst, von der Billigkeit, der Ehre, der Treue, von den Rechten, dem Sittlichen, von dem, was dem Feldherrn und was dem römischen Volke ziemt, wenn Du sagst, dass man für das so allgemeine Wohl allen Gefahren trotzen, für das Vaterland sterben müsse

§ 77., sind wir Dummköpfe erschüttert, während Du uns innerlich auslachst. Denn zwischen jenen erhabenen und herrlichen Worten hat keine Lust Platz, weder die, welche nach Euch in Bewegung ist und die bei Allen in der Stadt und auf dem Lande, bei Allen sage ich, die unsre Sprache reden, Lust heisst, noch selbst jene in Ruhe, die Niemand ausser Euch Lust nennt.

KAPITEL XXIV.

Sieh also zu, ob Du unsre Worte gebrauchen und dabei doch Deine Gedanken festhalten darfst. Wenn Du Deine Mienen, Deinen Gang so einrichtetest, dass Du gesetzter schienest, als Du bist, so würdest Du Dir nicht ähnlich sein, aber Worte erheuchelst Du und redest Anderes, als Du denkst? Oder willst Du wie mit der Kleidung, so mit der Gesinnung eine für das Haus, eine andere für den Markt bereit halten, damit Du äusserlich prahlest, während Du innerlich die Wahrheit verbirgst? Bedenke, ich bitte Dich, ob dies recht ist! Ich wenigstens kann nur das für wahr halten, was sittlich, lobenswerth und ehrenvoll im Senate wie vor dem Volke und in jedweder Versammlung und jedem Vereine offen ausgesprochen werden kann, und was zu denken man sich so wenig scheut wie auszusprechen.

§ 78. Wie kann ferner für die Freundschaft Raum oder Jemand der Freund eines Andern sein, wenn er ihn nicht seiner selbst wegen liebt? Was heisst aber: Jemand lieben woher die Freundschaft ihren Namen hat, anders, als ihn mit den möglichst grössten Gütern versehn wünschen, wenn auch für uns selbst nichts davon abfällt? – Aber sagt Epikur, es nützt mir, wenn ich so gesinnt bin! Also vielleicht auch der blosse Schein solcher Gesinnung, denn sein kannst Du nicht so, wenn Du es nicht wirklich bist. Was kannst Du aber sein, so lange die Liebe selbst Dich nicht erfasst hat? Sie entsteht nicht aus einer Berechnung des Nutzens, sondern von freien Stücken aus ihr selbst. Aber, sagst Du, der Nutzen ist mein Ziel. – Dann wird also die Freundschaft so lange vorhalten, als sie nützlich ist, und wenn der Nutzen die Freundschaft zu Stande bringt, so wird er sie auch wieder aufheben.

§ 79. Was wirst Du aber dann thun wenn der Nutzen aus der Freundschaft, wie es oft sich trifft, ausbleibt? Wirst Du sie aufgeben? Aber was wäre dies für eine Freundschaft? Wirst Du sie festhalten? Aber wie passt dies zu einander? Du weisst ja, was Du über die Freundschaft aufgestellt hast, und dass sie nur des Nutzens wegen zu suchen sei. – Ich würde mich verhasst machen, sagst Du, wenn ich aufhörte, den Freund zu schützen? – Aber weshalb ist dies denn hassenswerth? Doch nur, weil es schlecht ist. Aber selbst, wenn Du den Freund nicht verlässt, um keine Unannehmlichkeiten davon zu haben, so musst Du ihm doch den Tod wünschen, damit Du nicht nutzlos an ihn gebunden seiest. Aber wie dann, wenn der Freund Dir nicht blos keinen Nutzen gewähren sollte, sondern Opfer an Vermögen für ihn gebracht, Arbeiten übernommen, das eigne Leben auf das Spiel gesetzt werden muss; wirst Du auch dann keine Rücksicht auf Dich nehmen und nicht denken, Jeder sei nur für sich und seine Lust auf der Welt? Würdest Du Dich als Bürge für den Freund dem Tyrannen zum Tode überliefern, wie es jener Pythagoreer bei dem sizilischen Tyrannen gethan? Oder würdest Du, wenn Du Pylades wärst, Dich für den Orest ausgeben, um für den Freund zu sterben? Oder wenn Du Orest wärest, würdest Du dem Pylades widersprechen, Dich selbst angeben und, wenn Du dies nicht darthun könntest, bitten, dass ihr Beide zugleich getödtet wurdet?

KAPITEL XXV.

§ 80. Du, Torquatus, würdest allerdings so handeln, denn ich meine, dass Du nichts Lobenswerthes aus Furcht vor dem Tode oder vor Schmerzen von Dir weisen würdest; aber es handelt sich nicht um das, was Deiner Natur, sondern was Deiner Lehre entspricht. Der Grundsatz, den Du vertheidigst, die Lehren, die Du gehört hast und billigst, zerstören von Grund aus die Freundschaft, wenn auch Epikur, wie wir sehen, sie lobend bis in den Himmel erhebt. – Du sagst, er habe doch selbst an seinen Freunden festgehalten. – Indess wer leugnet denn, dass er ein guter, freundlicher und milder Mann gewesen ist? Es handelt sich bei unserer Erörterung um seinen Verstand, nicht um sein Verhalten. Lassen wir den leichtsinnigen Griechen die Verkehrtheit, dass sie Die mit Schimpfreden verfolgen, mit denen sie in der Wahrheit nicht übereinstimmen. Epikur mag wohlwollend gewesen sein und seine Freunde beschützt haben, allein wenn, was ich hier gesagt, wahr ist, denn mit Bestimmtheit will ich es nicht behaupten, so war er nicht eben scharfsinnig.

§ 81. Aber, sagst Du, er hat doch Viele überzeugt. – Du magst Recht haben, allein das Zeugniss der Menge wiegt nicht gerade schwer. In allen Künsten, Bestrebungen und Wissenschaften, selbst in der Tugend ist das Beste immer das Seltenste. Und wenn Epikur selbst ein guter Mann gewesen und viele seiner Anhänger es gewesen und heute sind; wenn sie treue Freunde, im Leben fest und ernst; wenn sie ihr Handeln nicht nach der Lust, sondern nach der Pflicht bestimmen, so scheint mir dies nur für die stärkere Kraft der Sittlichkeit und für die schwächere der Lust zu sprechen. Denn Manche leben so, dass ihre Reden durch ihr Leben widerlegt werden. So wie man von gewissen Leuten meint, dass sie besser sprechen als sie handeln, so scheinen mir diese besser zu handeln als sie sprechen.

KAPITEL XXVI.

§ 82. Indess trifft dies noch nicht die Sache; ich will vielmehr erwägen, was Du über die Freundschaft gesagt hast. Eins davon glaube ich als einen Aussprach Epikur's selbst zu erkennen, nämlich, dass die Freundschaft von der Lust nicht getrennt werden könne, und dass man sie deshalb pflegen müsse, weil man ohne Freunde weder sicher und fruchtlos, noch angenehm leben könne. Darauf habe ich schon hinlänglich geantwortet. Dagegen hast Du eine wohlwollendere Ansicht neuerer Epikureer erwähnt, die, so viel ich weiss, Epikur selbst nie ausgesprochen hat. Danach suche man allerdings den Freund zunächst des Nutzens wegen, aber nach längerem Umgang liebe man ihn auch um sein selbst willen, selbst wenn keine Lust davon erwartet werden könne. Man kann eine solche Ansicht zwar noch mehrfach tadeln, indess nehme ich an, was mir damit geboten wird; denn mir genügt es, wenn auch nicht Euch, dass Ihr hier einmal anerkennt, es könne auch ein Sittliches geben, wobei keine Lust gesucht oder erwartet werde.

§ 83. Auch hast Du erwähnt, dass nach Andern die Weisen eine Art Bund mit einander schliessen, wonach sie ihre Freunde ebenso behandeln wollen, wie sie gegen sich selbst gesinnt seien; dies sei nicht blos möglich, sondern auch oft geschehen und führe vorzüglich zur Erreichung der Lust. Sollten sie indess einen solchen Bund haben schliessen können, so mögen sie auch einen schliessen, wonach sie die Billigkeit, die Mässigkeit und alle Tugenden um ihrer selbst willen, ohne Nutzen, lieben wollen. Wenn man aber die Freundschaft nur um der Früchte, der Vortheile und des Nutzens wegen pflegt und die liebende Gesinnung dabei fehlt, welche die Freundschaft um ihrer willen, freiwillig und durch sich selbst erstrebt, ist es da zweifelhaft, dass Landgüter und Zinshäuser den Freunden werden vorgezogen werden?

§ 84. Wenn Du auch hier wieder au die vortrefflichen Worte Epikur's erinnerst, mit welchen er die Freundschaft preist, so kommt es mir hier nicht auf das an, was er sagt, sondern was mit seiner Lehre sich verträgt. Er lässt die Freundschaft des Nutzens wegen suchen. Aber meinst Du, unser Triarius hier werde Dir so nützlich sein können, als die Kornspeicher im Puteoli, wenn sie Dein wären? Suche Alles zusammen, was Ihr hier zu sagen pflegt; also auch den Schutz durch die Freunde; allein Du hast schon an Dir selbst, an den Gesetzen und an den gewöhnlichen Freundschaften Schutzes genug; dies wird genügen, Dich gegen Verachtung zu schützen, und dabei wirst Du weder Hass noch Neid gegen Dich erwecken, was doch die Ziele sind, für welche Epikur seine Lehren giebt. Und wenn

Du Deine Einkünfte freigebig verwendest, so wirst Du auch ohne jene Pyladeische Freundschaft durch das Wohlwollen Vieler vortrefflich geschützt und gesichert sein.

§ 85. Aber, sagst Du, mit wem kann ich denn scherzen und ernsthaft sprechen, wie man sagt; mit wem meine Geheimnisse und das Verborgene besprechen? – Am besten mit Dir; dann auch mit einem gewöhnlichen Freunde. Aber selbst wenn es nicht unvortheilhaft wäre, was will es sagen im Vergleich mit dem Nutzen von so viel Geld? Du siehst also, dass, wenn man die Freundschaft nach der liebevollen Gesinnung messen will, es nichts Vortrefflicheres giebt als sie, geschieht es aber nach dem Nutzen, so werden die vertrautesten Verbindungen von dem Ertrage eines fruchtbaren Landguts übertroffen. Mich selbst musst Du also lieben, nicht das Meine, wenn wir wahre Freunde werden wollen.

KAPITEL XXVII.

Wir verweilen indess zu lange bei diesen klaren Dingen. Wenn es erreicht ist und feststeht, dass für die Tugend und die Freundschaft niemals Raum ist, wo Alles nur auf die Lust bezogen wird, so bleibt im Uebrigen nicht mehr viel zu sagen, um indess nichts unbeantwortet zu lassen, erwidere ich noch Einiges auf Deine übrigen Aeusserungen.

§ 86. Wenn Ihr den ganzen Inhalt der Philosophie nur auf das Glück bezieht, und wenn die Menschen sich nur deshalb dem Studium derselben zugewendet haben, und wenn ein Jeder das Glück in etwas Anderem sucht. Ihr aber in der Lust und alles Elend in dem Schmerz, so will ich zunächst untersuchen, wie Euer glückliches Leben beschaffen ist. Und hier glaube ich, Ihr werdet zugeben, dass, wenn es überhaupt ein Glück giebt, es ganz dem Weisen zu Gebote stehen muss. Jedes glückliche Leben, was man verlieren kann, ist kein glückliches. Wer soll Vertrauen auf dessen Beständigkeit und Festigkeit haben, wenn es zerbrechlich und hinfällig ist. Wem aber das Vertrauen auf die Dauer seiner Güter fehlt, der muss nothwendig das Elend fürchten, was bei deren möglichen Verlust ihn erwartet. Bei solcher Furcht vor dem Schlimmsten kann aber Niemand glücklich sein.

§ 87. Also kann dann Niemand glücklich sein. Man kann ein Leben nur glücklich nennen, wenn es dauernd ein solches ist und nicht blos zeitweise, und erst nach vollbrachtem und beschlossenem Leben kann man darüber urtheilen. Niemand kann einmal elend und ein andermal glücklich sein; denn schon die Sorge, dass man elend werden könne, hebt das Glück auf. Hat das glückliche Leben einmal begonnen, so bleibt es ebenso wie die Weisheit, die Schöpferin des glücklichen Lebens und wartet nicht erst bis zum höchsten Alter, wie Solon dem Crösus nach Herodot's Bericht gerathen hat. Allerdings bestreitet Epikur, wie Du eben bestimmt versichertest, dass die Länge der Zeit das Glück des Lebens vermehren könne; nach ihm ist die Lust einer kurzen Zeit so gross, als eine immerwährende.

§ 88. Dies stimmt aber schlecht mit seiner sonstigen Lehre. Während er das höchste Gut in die Lust setzt, meint er, dass die Lust durch den Ablauf des längsten Lebens nicht grösser werde, als die Lust eines kurz bemessenen Lebens. Wer das höchste Gut lediglich in die Tugend setzt, der kann wohl sagen, dass das glückliche Leben seine Vollendung durch die vollendete Tugend erhalte; denn er bestreitet, dass die Zeit dem höchsten Gute einen Zuwachs bringen könne; wer aber das glückliche Leben aus der Lust hervorgehen lässt, stimmt der wohl mit sich überein, wenn er behauptet, dass die Lust durch ihre längere Dauer nicht grösser werde? Dann müsste das auch vom Schmerze gelten. Wenn aber der längste Schmerz am elendesten macht, sollte da die längere Dauer die Lust nicht wünschenswerther machen? Weshalb nennt denn Epikur die Gottheit immer selig und ewig? Nimmt man dem Jupiter die Ewigkeit, so ist er um nichts seliger als Epikur; Jeder geniesst das höchste Gut, d.h. die Lust. – Aber, sagst Du, Epikur leidet auch Schmerzen. – Allein diese achtet er ja für nichts; er will ja, wenn er gebrannt werde, ausrufen: Wie ist dies angenehm!

§ 89. Worin sollte also der Gott ihn übertreffen, wenn es nicht in der Ewigkeit ist? Was hat man an ihr Gutes, ausser dass die höchste Lust ewig währt? Was nützt da das prahlende Reden, wenn es sich selbst widerspricht? In der Lust des Körpers, und ich füge hinzu, wenn Du willst, der Seele, ist, wenn deren Lust, wie Ihr sagt, nur aus dem Körper stammt, das glückliche Leben erhalten. Aber was vermag diese stets anhaltende Lust dem Weisen zu gewähren? Denn das, was diese Lust bewirkt, steht nicht in seiner Macht, da das Glück nicht in der Weisheit selbst enthalten sein soll, sondern in den Dingen, welche die Weisheit für die Lust beschafft. Dies sind aber alles äusserliche Dinge und diese sind dem Zufall unterworfen. So wird die Glücksgöttin zur Herrin über das glückliche Leben, von welcher Epikur meint, der Weise kümmere sich wenig um sie.

KAPITEL XXVIII.

§ 90. Lass diese Kleinigkeiten bei Seite, wirst Du mir sagen; den Weisen macht schon die Natur reich, und Epikur hat gelehrt, dass ihr Reichthum erworben werden kann. – Dies klingt sehr schön und ich will nicht widersprechen, aber es widerspricht sich selbst. Denn Epikur bestreitet, dass die schmälste Kost, d.h. die schlechtesten Lebensmittel und Getränke, weniger Lust gewähren wie die ausgewähltesten Gerichte eines Gastmahls. Ich würde dem beistimmen, wenn er für das Glück gleichgiltig erklärt hätte, welche Nahrung man zu sich nehme, ja ich würde es loben; aber er müsste dann auch sagen, wie Sokrates es that, welcher der Lust nirgends erwähnt, nämlich dass der Hunger der beste Koch der Speisen und der Durst der beste Mundschenk der Getränke sei. Wenn aber Jemand Alles auf die Lust bezieht und dabei lebt wie Gallonius und spricht wie Piso der Mässige, so mag ich ihn nicht hören und glaube nicht, dass er so denkt, wie er spricht.

§ 91. Er meint, die natürlichen Reichthümer seien leicht zu erwerben, weil die Natur mit Wenigem zufrieden sei; dies wäre richtig, wenn Ihr mir die Lust nicht so hoch schätztet. Er sagt, die Lust aus den geringsten Dingen sei nicht schwächer wie die aus den kostbarsten; aber dann darf man nicht blos kein Herz, sondern auch keinen Gaumen haben. Nur wer die Lust selbst gering achtet, darf sagen, dass er den Stör dem Heringe nicht vorziehe; aber wer in der Lust das höchste Gut findet, der muss Alles nach den Sinnen, nicht nach der Vernunft beurtheilen und muss das für das Beste erklären, was das Angenehmste ist.

§ 92. Aber es mag gelten; mag die höchste Lust durch ein Geringes und meinetwegen durch Nichts erlangt werden, wenn's möglich ist, und mag die Lust aus dem Verzehren der Kresse, von welcher die Perser nach Xenophon zu leben pflegten, nicht geringer sein, als die aus den Syracuser Mahlzeiten, welche Pato so stark tadelt; es mag die Lust so leicht erreichbar sein, sage ich, als Ihr wollt, was sollen wir aber vom Schmerze sagen? dessen Qualen so gross sind, dass bei ihnen ein glückliches Leben nicht möglich ist, sofern der Schmerz das höchste Uebel ist. Selbst Metrodor, beinahe der zweite Epikur, beschreibt den Glücklichen ohngefähr mit den Worten: »Wenn der Körper wohl beschaffen ist und man sicher weiss, dass er so bleiben wird.« Aber kann wohl Jemand sicher wissen, wie sein Körper sich befinden wird, ich sage nicht, innerhalb eines Jahres, sondern am Abend? Deshalb wird man den Schmerz, d.h. das höchste Uebel, immer fürchten müssen, auch wenn er noch nicht da ist, denn er kann schnell eintreten. Wie kann aber die Furcht vor dem höchsten Uebel in einem glücklichen Leben Platz haben?

§ 93. Epikur, antwortet man, lehrt ja, wie man den Schmerz nicht zu beachten habe. Allein schon dieser Ausspruch, dass man das höchste Uebel nicht beachten solle, ist widersinnig, und welches Mittel giebt er denn an? Der heftigste Schmerz, heisst es, währt nur kurze Zeit. Aber was heisst kurz? und welcher Schmerz ist der heftigste? Kann der heftigste Schmerz nicht mehrere Tage anhalten? ja, nicht sogar mehrere Monate? Du müsstest denn denjenigen Schmerz darunter verstehn, der mit seinem Eintritt auch tödtet. Aber wer fürchtete diesen Schmerz? Beseitige lieber den Schmerz, der den besten und wohlwollendsten Mann, Cn. Octavius, des Marius Sohn, meinen Freund, niederbeugte und nicht blos einmal und für kurze Zeit, sondern häufig und lange. Welche Qualen, ihr unsterblichen Götter, ertrug er, als alle seine Glieder zu brennen schienen. Dennoch galt er nicht für unglücklich, weil dies nicht für das höchste Uebel galt, sondern nur für einen Kranken; aber unglücklich würde er gewesen sein, wenn er bei einem lasterhaften und sündlichen Leben in Lüsten geschwelgt hätte.

KAPITEL XXIX.

§ 94. Wenn Ihr sagt, dass der grosse Schmerz kurz und der langdauernde leicht sei, so verstehe ich dies nicht Denn ich kenne grosse und zugleich ziemlich lange Schmerzen, die man wohl in anderer Weise wahrhafter ertragen kann, aber diese Weise ist Euch nicht möglich, da Ihr die Sittlichkeit an sich nicht liebt. Es giebt Vorschriften und beinahe Gesetze der Tapferkeit, die verbieten, dass ein Mann im Schmerze sich schwach zeige. Deshalb ist es schlecht, nicht dass man Schmerzen empfindet, denn dies ist mitunter unvermeidlich, sondern wenn man mit Philoctetischem Geschrei jenen Felsen auf Lemnos besudelt:

»der stumm im Wiederhall des Geheuls und Jammers und Seufzens und Wüthens, selbst stumm, die kläglichen Töne zurückwirft.«

Solchen Leuten mag Epikur vorsingen, wenn er kann, welchen

»durch den Vipernbiss die mit Gift erfüllten Adern und Eingeweide schreckliche Qualen bereiten.«

Epikur ruft also dem Philoctet zu: Wenn Dein Schmerz gross ist, so währt er kurz. – Aber trotzdem liegt er schon das zehnte Jahr in seiner Höhle. – Epikur ruft: Wenn er lange währt, so wird er leicht; denn dann gäbe es Pausen darin und er gönnte Erholung.

§ 95. Allein erstens ist dies nicht häufig der Fall und dann, was hilft jenes Nachlassen, da das Andenken an den vergangenen Schinerz noch frisch und die Furcht vor dem kommenden drohenden Schmerz peinigt. – So wird er sterben, sagt Epikur. – Vielleicht ist dies das Beste, aber wo bleibt dann jenes: »Immer hat er mehr Lust?« denn wenn es so sich verhält, so habe Acht, dass Du nicht eine Unthat verübest, wenn Du zum Sterben ermahnst. Vielmehr soll man solchen Leidenden sagen, es sei schmachvoll und unmännlich, vom Schmerz sich schwächen, brechen und beugen zu lassen. Eure Rede: »Wenn Schmerz schwer ist, währt er kurz, und wenn er lang währt, wird er leicht«, ist nur eingelernt; blos mit den Mitteln der Tugend, der Seelengrösse, der Geduld, der Standhaftigkeit kann man den Schmerz lindern.

KAPITEL XXX.

§ 96. Höre, damit ich nicht zu weit abschweife, was Epikur als Sterbender sagt; Du wirst da sehen, dass sein Handeln nicht mit seinen Worten stimmt: »Epikur grüsst den Hermarchos«, heisst es da. »Nachdem ich ein glückliches Leben geführt und an den letzten Tag desselben angelangt bin, habe ich dies geschrieben. Ich leide so sehr an der Blasen- und Eingeweiden-Krankheit, dass die Schmerzen den höchsten Grad erreicht haben.« Welch unglücklicher Mann, man kann ihn nicht anders nennen, wenn der Schmerz das höchste Uebel ist. Aber hören wir ihn selbst: »Alle diese Schmerzen wurden aber durch die Fröhlichkeit der Seele ausgeglichen, die ich empfand bei der Erinnerung an meine Lehre und Entdeckungen. Aber Du sorge, wie es Deiner von Jugend ab gehegten Neigung zu mir und der Philosophie entspricht, für die Kinder des Metrodor.«

§ 97. Selbst des Epaminondas und des Leonidas Tod' stelle ich nicht über den Tod dieses. Mannes. Von Jenen hatte der Eine die Lacedämonier bei Mantinea besiegt; als er bemerkte, dass ihn selbst eine tödtliche Wunde getroffen habe, so fragte er bei deren Anblick nur, ob sein Schild gerettet sei? und als die Umstehenden dies mit Thränen bejahten, so fragte er, ob die Feinde geschlagen seien? und als auch dies, wie er wünschte, bejaht wurde, liess er den Speer, welcher ihn durchbohrt hatte, sich herausziehn. So entströmte ihm das Blut und er starb fröhlich und siegreich. Und Leonidas, der König der Lacedämonier, stellte bei Thermopylae, wo ihm nur die Wahl blieb zwischen schmählicher Flucht und einem ruhmvollen Tod, sich und seine aus Sparta ausgeführten dreihundert Gefährten den Feinden entgegen. Ruhmvoll ist solcher Tod der Feldherrn; die Philosophen sterben nun zwar meist in ihrem Bett, indess kommt es doch darauf an, wie. Wenn der Sterbende sich glücklich preist, so ist dies höchst lobenswerth. »Die höchsten Schmerzen werden durch meine Fröhlichkeit aufgehoben«, spricht er.

§ 98. Darin erkenne ich die Stimme eines Philosophen, Epikur, aber Du hast übersehn, was Du hättest sagen sollen. Denn wenn erstlich das wahr ist, an dessen Erinnerung Du Dich erfreust, wie Du sagst, d.h. wenn das, was Du geschrieben und aufgestellt hast, wahr ist, so kannst Du Dich unmöglich freuen; denn es fehlt das, was Du auf den Körper beziehen könntest, und Du hast immer gesagt, dass es keine Freude und keinen Schmerz gebe, der nicht von dem Körper komme. Du sagst: »Ich freue mich des Vergangenen.« »Aber welches Vergangenen?« Bezieht sich dies auf den Körper, so gleichst Du jene Schmerzen mit Deinen Grundsätzen aus und nicht mit der Erinnerung an körperliche Lust. Bezieht sich aber das Vergangene auf die Seele, so ist es unwahr, was Du behauptest, dass es keine Freude der Seele gebe, die sich nicht auf den Körper beziehe. Und weshalb empfiehlst Du zuletzt, für die Kinder Metrodor's zu sorgen? Was bezieht sich bei dieser pflichtmässigen und treuen That, denn dafür halte ich sie, auf den Körper?

KAPITEL XXXI.

§ 99. Mögt Ihr also, mein Torquatus, Euch hier oder dorthin wenden, so werdet Ihr doch in diesem herrlichen Briefe Epikur's nichts finden, was mit seinen früheren Aussprüchen stimmte und passte. So widerspricht er sich selbst und seine Schriften werden von seiner Rechtlichkeit und seinem Charakter widerlegt. Jene Sorge für die Kinder, jenes Gedenken der Freunde und jene Liebe für sie, jene Einhaltung der höchsten Pflichten in den letzten Athemzügen zeugt von der diesem Philosophen angebornen uneigennützigen Rechtlichkeit, welche nicht widerwillig, erst durch die Lust und den Gewinn von Lohn erweckt zu werden braucht. Welches stärkere Zeugniss kann man dafür verlangen, dass das Sittliche und Rechte um seiner selbst willen zu begehren ist, als eine solche Pflichterfüllung vom sterbenden Epikur?

§ 100. Allein so wie ich niesen Brief für lobenswerth halte, den ich fast wörtlich übersetzt habe, obgleich er mit den Hauptsätzen seiner Philosophie keineswegs zusammenstimmt, so meine ich, dass Epikur's Testament nicht blos mit dem Ernst eines Philosophen, sondern auch mit seinen Ansichten nicht stimmt. In seinem von mir erwähnten Buche sagt er bald ausführlich, bald kurz und bündig, »dass der Tod uns nichts angehe; denn was aufgelöst sei, sei ohne Gefühl, und was wir nicht fühlen, das sei überhaupt für uns gleichgiltig.« Er hätte dies schon genauer und besser ausdrücken können, denn der Satz: »was aufgelöst sei, sei ohne Gefühl« bezeichnet nicht klar den Gegenstand, der aufgelöst sein soll.

§ 101. Indess kann man verstehn, was er will. Ich frage aber, wie kommt es, dass, wenn mit der Auflösung, d.h. mit dem Tode, alle Empfindung aufhört und das Uebrige überhaupt uns nichts angeht, er so sorgfältig und genau bestimmt und anordnet, »dass Amynomachos und Timokrates, seine Erben, nach des Hermarchos Bestimmung, so viel geben sollen, dass alljährlich sein Geburtstag im Monat Gamelion gefeiert werden könne; ebenso sollen sie jeden Monat am zwanzigsten Tage des Mondes beitragen zu einem Mahle für Die, welche mit ihm philosophirt haben, und in dieser Weise soll sein und des Metrodor Andenken gefeiert werden.«

§ 102. Ich kann nicht leugnen, dass diese Anordnung die eines schönen und wohlwollenden Mannes ist, aber nicht die eines Weisen und insbesondere die eines Naturforschers, der er sein will, insofern er meint, dass der Geburtstag von Jemand wiederkehren könne. Denn kann ein Tag öfters eintreten, der einmal stattgehabt? Gewiss nicht. Aber von derselben Art? Auch dies nicht, ehe nicht viele Tausende von Jahren verflossen sind und dann alle Sterne wieder dieselbe Stellung eingenommen haben, von der sie ausgegangen sind. Deshalb wiederholt sich der Geburtstag für Niemand. – Aber, sagt Ihr, es gilt doch so. – Ja freilich, das wusst' ich nicht! Es sei also so; aber auch nach seinem Tode soll er noch gefeiert werden, und dies hat in seinem Testamente derjenige Mann bestimmt, der uns gleichsam als einen Orakelspruch verkündet hat, dass nach unserm Tode für uns Alles gleichgiltig sei? Dies passte sich nicht für Den, der in seinem Geiste unzählige Welten und grenzenlose Gefilde, für die es weder eine Grenze, noch ein Ende geben soll, durchwandert hat. Findet man wohl dergleichen bei Demokrit? Ich nenne, ohne der Andern zu gedenken, nur diesen, da Epikur nur diesem Einen gefolgt ist.

§ 103. Sollte ein Tag ausgezeichnet werden, war da der Tag seiner Geburt, oder nicht vielmehr der Tag, wo er ein Weiser geworden, zu wählen? – Du sagst, dass er kein Weiser werden konnte, wenn er nicht geboren worden. – Aber dies konnte er auch nicht, wenn seine Grossmutter nicht zur Welt gekommen wäre. Es passt überhaupt, mein Torquatus, nicht für gelehrte Männer, wenn sie verlangen, dass nach ihrem Tode das Andenken ihres Namens durch Mahlzeiten gefeiert werden solle. Ich will die Art und Weise, wie Ihr solche Tage feiert und wie sehr Ihr bei witzigen Leuten, zur Zielscheibe ihres Spottes dabei werdet, nicht besprechen, wir brauchen uns nicht zu streiten; ich sage nur, es hätte mehr Euch angestanden, den Geburtstag des Epikur zu feiern, als diesem, durch sein Testament dafür zu sorgen, dass er gefeiert werde.

KAPITEL XXXII.

§104. Ich komme indess auf mein Vorhaben zurück; nur weil ich über den Schmerz sprach, bin ich auf diesen Brief gekommen; jetzt möchte ich das Ergebniss des Ganzen dahin ziehn: Wer im höchsten Uebel ist, ist während dieser Zeit nicht glücklich; aber der Weise ist immer glücklich, obgleich er mitunter Schmerzen hat; deshalb kann der Schmerz nicht das höchste Uebel sein. Aber was will es denn heissen, wenn Ihr sagt, das vergangene Gute verschwände nicht aus der Erinnerung des Weisen, und der vergangenen Uebel solle man sich nicht erinnern? Ist es denn erstlich in unsrer Gewalt, welcher Sache wir uns erinnern wollen? Wenigstens sagte Themistokles, als Simonides oder ein Anderer ihm die Gedächtnisskunst zu lehren anbot: »Lieber wäre mir die Kunst zu vergessen; denn erinnern thue ich mich auch dessen, was ich nicht mag, aber vergessen kann ich nicht, was ich mag.«

§ 105. Epikur war zwar ein grosser Geist, aber die Sache verhält sich doch so und nur ein übertrieben herrischer Philosoph kann die Erinnerung verbieten wollen. Bedenke, ob dergleichen Gebote nicht Euren Manlianischen gleichen oder noch schlimmer sind, wenn Ihr das Unmögliche verlangt. Und was soll geschehen, wenn die Erinnerung an vergangene Uebel unangenehm ist? Manches Sprüchwort ist wahrer als Eure Lehrsätze; schon das Volk sagt: »Ueberstandene Mühen sind angenehm« und Euripides hat Recht, dessen Vers, da Ihr ihn Alle griechisch kennt, ich hier in unserer Sprache wiedergebe:

»Süss ist die Erinnerung vergangener Mühen.«

Doch kommen wir auf das vergangene Gute zurück. Wenn Ihr darunter das verständet, was dem Gajus Marius zu Gebote stand, der verbannt, elend, im Sumpfe steckend, die Schmerzen sich durch die Erinnerung an seine Siegeszeichen linderte, so würde ich es anhören und durchaus billigen; denn das glückliche Leben des Weisen könnte nicht beschlossen und zu Ende geführt werden, wenn er nicht des Bedeutenderen, was er gedacht und vollführt hat, eingedenk bliebe.

§ 106. Allein Euch soll die Erinnerung an genossene Lust, und zwar an körperlich genossene Lust, das Leben glücklich machen; denn wenn es noch andere Lust gäbe, so würde Euer Ausspruch falsch sein, dass alle Lust der Seele nur aus der Verbindung mit dem Körper hervorgehe. Wenn auch die vergangene körperliche Lust erfreute, so wüsste ich nicht, wie Aristoteles den Ausspruch des Sardanapal so verspotten konnte, in welchem jener König Syriens sich rühmt, alle Lust der Sinne mit sich ins Grab genommen zu haben. »Denn«, sagt Aristoteles. »was er nicht einmal im Leben langer fühlen konnte, als der Genuss wahrte, wie kann dies dem Todten noch verbleiben?« Die Lust des Körpers ist im Fluss und selbst die grösste fliesst davon und lässt oft mehr Grund zurück, sie zu bereuen, als ihrer zu gedenken. Deshalb war Africanus glücklicher, indem er zu seinem Vaterlande sprach:

»Höre auf, Rom. Deine Feinde...«

und dann so herrlich zufügte:

»Denn meine Mühen haben Dir Schutzwehren geschaffen.«

Dieser Mann freut sich der vergangenen Mühen; Du aber willst, man solle sich der vergangenen Lust erfreuen; dieser Mann ruft sich das zurück, was er niemals auf den Körper bezogen hatte, Du aber bleibst am Körper kleben.

KAPITEL XXXIII.

§ 107. Aber der Satz selbst, wonach, wie Ihr sagt, alle Lust und aller Schmerz der Seele zur Lust und zum Schmerz des Körpers gehört, wie ist der aufrecht zu erhalten? Also ergötzt Dich niemals, ich weiss, mit wem ich spreche; Dich also, Torquatus, ergötzt nichts an sich selbst ? Ich lasse hier die Ehre, die Rechtschaffenheit, selbst die Schönheit der Tagenden, von denen ich früher gesprochen habe, als das leichter Begreifliche, bei Seite; ein Gedicht, eine Rede, die Du niederschreibst oder liest, die Geschichte aller Thaten und aller Orte, eine Bildsäule, ein Gemälde, eine anmuthige Gegend, Spiele, Jagden, das Landhaus Lucull's – ich nenne es nicht Dein, denn sonst hättest Du eine Ausrede und könntest es auf den Körper beziehen – also Alles, was ich hier genannt, beziehst Du das auf den Körper? oder giebt es hier Etwas, was Dich um sein selbst willen ergötzt? Du musst entweder hartnäckig darauf bestehen, dass Alles, was ich jetzt genannt, sich auf den Körper beziehe, oder wenn Du es nicht kannst, so musst Du die ganze Lust Epikur's im Stich lassen.

§ 108 Wenn Du aber geltend gemacht hast, dass die Lust und der Schmerz der Seele die des Körpers übertreffe, weil die Seele dreier Zeiten theilhaftig sei, während der Körper nur das Gegenwärtige empfinde, wie kann dies beweisen, dass Der, welcher sich meinetwegen erfreut, mehr Freude als ich selbst empfinde? Die Lust der Seele soll aus der Lust des Körpers entspringen und jene grösser als diese sein. Danach wäre also Der, welcher Glück wünscht, glücklicher als Der, an den der Wunsch gerichtet wird. Während Ihr den Weisen dadurch glücklich machen wollt, dass er die höchste Seelenlust geniesse, die allen Stücken grösser sei als Körperlust, bemerkt Ihr nicht, was Euch da begegnet; denn er leidet dann auch an Schmerzen der Seele, die in allen Stücken grösser sind, als die des Körpers. Deshalb muss nothwendig Euer Weiser, der doch nach Euch immer glücklich sein soll, mitunter elend sein, und so lange Ihr Alles auf die Lust und den Schmerz zurückführt, werdet Ihr dies stete Glück niemals erreichen.

§ 109. Deshalb muss man, mein Torquatus, ein andres höchstes Gut für den Menschen ausfindig machen und die Lust den Thieren belassen, die Ihr als Zeugen für das höchste Gut zu benutzen pflegt. Aber was sagst Du, wenn selbst Die Thiere Vieles in Führung ihrer Natur thun, bald aus Liebe, bald mit Anstrengung, wie das Zeugen und das Erziehen? Daraus erhellt, dass noch etwas anderes als die Lust ihr Ziel bildet, namentlich wenn sie am Laufen oder Wandern sich ergötzen und Andere durch Zusammentreten gleichsam die staatliche Verbindung nachahmen.

§ 110. So sieht man bei den Vögeln manchen Zug von Anhänglichkeit, Kentniss und Erzeugung; bei vielen bemerkt man auch Begierden. Und so sollten bei den Thieren gewisse Nachbilder der menschlichen Tugenden getrennt von der Lust bestehen, während bei den Menschen selbst alle Tugend nur um der Lust willen bestände? Sollte dem Menschen, der so hoch aber die Thiere hervorragt, von der Natur kein eigenthümlicher Vorzug gegeben sein?

KAPITEL XXXIV.

§ 111. Wenn Alles nur auf die Lust hinausläuft so werden wir weit von den Thieren übertroffen, denn die Erde selbst giebt ihnen mancherlei und reiche Weide ohne Arbeit, während wir kaum, ja nicht einmal kaum mit vieler Arbeit das erreichen können. Aber ich kann durchaus nicht annehmen, dass das höchste Gut für die Thiere dasselbe sei, wie für die Menschen. Wozu bedürfen wir so vieler Vorbereitungen, am die höheren Wissenschaften und Künste zu erwerben; wozu eine Verbindung der erhabensten Bestrebungen; wozu ein so grosses Gefolge von Tugenden, wenn dies Alles nur zur Beschaffung der Lust dienen sollte?

§ 112. Als Xerxes mit einer grossen Flotte und einem mächtigen Heere von Reitern und Fussvolk den Hellespont überbrückte und den Atho durchgrub, auf dem Meere gewandelt und die Erde beschifft hatte, antwortete er auf die Frage, weshalb er mit solcher Macht in Griechenland eingebrochen sei und weshalb er so viele Truppen gesammelt und einen so grossen Krieg begonnen habe: er habe Honig von Hymettus holen wollen; und so zeigte es sich klar, dass er ohne Ursache so grosse Rüstungen unternommen hatte. Ebenso mussten wir, wenn wir sagten, dass der Weise, mit vielen und den bedeutendsten Künsten und Tagenden ausgerüstet und geschmückt, nicht, um wie jener Xerxes, die Meere zu Fuss zu durchwandern und die Berge mit Flotten zu durchschiffen, sondern um in seinem Geiste den ganzen Himmel und die ganze Erde mitsammt den Meeren zu befassen, nur nach der Lust verlangt, Euch sagen, nur des Honigs wegen habe er so Grosses vorbereitet.

§ 113. Glaube mir, Torquatus, wir sind zu Höherem und Erhabenerem geboren, und dies ergiebt sich nicht blos aus den Kräften der Seele, welche ein Gedächtniss für Unzähliges hat, was bei Dir ins Schrankenlose geht, welche das Kommende ahnt und so von der göttlichen Voraussicht sich wenig unterscheidet, welcher die Scham einwohnt als Mässigerin der Begierden, und für die menschliche Gesellschaft die treue Einhaltung der Gerechtigkeit, für die Vollbringung der Arbeiten und den Eintritt in die Gefahren eine feste und beharrliche Verachtung des Schmerzes und Todes. Das Alles ist in unsrer Seele; aber betrachte daneben auch diese Glieder und Sinne, welche, wie die übrigen Theile Deines Körpers, nicht blos als Begleiter der Tugend, sondern auch als Diener derselben sich zeigen.

§ 114. Wenn schon am Körper Vieles, wie die Kraft, die Gesundheit, die Behendigkeit, die Schönheit, über der Lust steht, was soll man da von den Fähigkeiten der Seele halten, in denen nach den gelehrtesten Alten etwas Himmlisches und Göttliches wohnt? Bestände in der Lust das höchste Gust, wie Ihr sagt, so wäre es das. Wünschenswertheste, ohne Unterlass, Tag und Nacht in höchster Lust zuzubringen, bei der alle Sinne erregt und gleichsam mit aller Süssigkeit erfüllt wären. Aber wer verdiente den Namen eines Menschen, der nur einen vollen Tag in dieser Art von Lust verleben möchte? Nur die Cyrenaiker treten auch hier nicht zurück; Ihr seid zwar verschämter, aber jene dafür folgerichtiger.

§ 115. Doch wir brauchen diese höhere Wissenschaft und Kunst nicht zu betrachten, bei deren Mangel man in früheren Zeiten als ungebildet galt; ich frage, glaubst Du, dass, ich will nicht sagen Homer, Archilochus, Pindar, sondern Phidias, Polyklet, Zeuxis mit ihrer Kraft nur der Lust gedient haben? Dann hätte also ein solcher Künstler in Bezug auf die Schönheit der Gestalten sich mehr vorgesetzt, als der ausgezeichnetste Bürger für die Schönheit seiner Thaten? Die Ursache dieses grossen so weit verbreiteten Irrthums liegt nur darin, dass Der, welcher die Lust für das höchste Gut erklärt, nicht mit dem Theile seiner Seele, der die Vernunft und die Ueberlegung enthält, sondern mit der Begierde, also mit dem leichtfertigsten Theile seiner Seele zu Rathe geht. Denn ich frage Dich, wie die Götter, wenn es deren giebt, was ja auch Ihr annehmt, glücklich sein können, obgleich sie die Lust des Körpers nicht empfinden, und weshalb, wenn sie ohne diese Art der Lust glücklich sein können, Ihr bei dem Weisen nicht eine ähnliche Wirksamkeit der Seele zulassen wollt?

KAPITEL XXXV.

§ 116. Lies, mein Torquatus, die Lobreden nicht der von Homer gepriesenen Helden, nicht die des Cyrus, des Agesilaus, oder des Aristides, oder des Themistocles, nicht die von Philipp und von Alexander; lies die Lobreden auf die Unsrigen, die auf Deine Familie, und Du wirst Niemand darin gelobt finden, weil er ein geschickter Meister in Bereitung der Lust gewesen. Auch die Aufschriften der Denkmäler weisen nicht darauf hin, wie z.B. die am Thore: »Alle Völker stimmen zu, dass dieser Mann der Erste des Volkes gewesen sei.«

§ 117. Sollten die Völker deshalb von dem Collatinus anerkannt haben, dass er der Erste seines Landes gewesen, weil er in Bereitung der Lost der Vorzüglichste gewesen? Sollte man bei Jünglingen gute Anlagen annehmen und seine Hoffnung auf sie setzen, weil man erwartet, dass sie nur für ihren Vortheil sorgen und nur das thun werden, was ihnen nützt? Sieht nicht Jeder, wel che Verwirrung aller Verhältnisse, welche Unordnung die Folge davon sein würde? Das Wohlthun, die Dankbarkeit, die Bande der Eintracht wären dann aufgehoben; denn wenn Du nur Deinetwegen etwas leihest, so ist dies keine Wohlthat, sondern Wucher, und man wird Dem keinen Dank schulden, der nur zu seinem Vortheil geliehen hat. Alle jene grosse Tugenden müssen darnieder liegen, wenn die Wollust herrscht. Auch viele Schlechtigkeiten würden, wenn nicht von Natur die Rechtlichkeit die stärkere wäre, bei den Weisen hervortreten und es würde schwer sein, das Gegentheil zu beweisen.

§ 118. Und um nicht noch mehr zu sagen, denn es würde kein Ende nehmen, die wahrhafte und lobenswerthe Tugend muss nothwendig der Lust den Eintritt verschliessen. Erwarte den Beweis dessen jetzt nicht von mir; schau selbst in Dein Inneres, durchforsche es nach allen Richtungen und frage Dich selbst, ob Du lieber willst ohne Unterlass jene schlechten Lüste in der oft von Dir erwähnten Ruhe geniessen und Deine ganze Zeit ohne Schmerz hinbringen, selbst wenn Du auch frei von jener Furcht vor Schmerzen wärst, die Ihr hinzuzufügen pflegt, obgleich es unmöglich ist, oder ob Du vorziehst, Dich um alle Völker in bester Weise verdient zu machen, den Armen Hilfe und Trost zu bringen und selbst die Drangsale des Hercules zu erleiden? Denn so nannten unsre Vorfahren die Arbeiten, wel che nicht gemieden werden sollen, selbst bei einem Gott mit dem traurigen Worte: Drangsal.

§ 119. Ich würde eine Antwort von Dir verlangen, ja Dich dazu zwingen, wenn ich nicht fürchtete. Du möchtest auch vom Hercules behaupten, er habe seine mit der grössten Mühe für das Heil der Völker vollbrachten Thaten nur der Lust wegen verrichtet. – Als ich so gesprochen hatte, sagte Torquatus: Ich weiss, an wen ich mich wenden werde. Wenn ich auch selbst etwas dagegen vermöchte, so will ich doch Freunde suchen, die dazu gerüsteter sind. – Ich glaube, sagte ich. Du meinst unsre Freunde, den vortrefflichen und gelehrten Siro und Philodemus. – Ganz recht, antwortete er. – Nun meinetwegen, sagte ich; aber wäre es nicht billig, des Triarius Urtheil über unsern Streit zu hören? – Ich verwerfe diesen als parteiisch, sagte Torquatus lachend, wenigstens ist er es in dieser Sache; Du hast uns noch gelind behandelt, aber dieser geisselt uns in stoischer Weise. – Da sagte Triarius: Wenigstens werde ich es später kühner thun; denn was ich gehört habe, wird mir zu Gebote stehn, und ich werde Dich nicht eher angreifen, bis ich Dich, von den genannten Männern ausgerüstet, wiedersehe.

Damit beschlossen wir unsern Spaziergang und unsre Unterredung.

DRITTES BUCH

KAPITEL I.

§ 1. Die Lust, mein Brutus, würde, wenn sie für sich allein spräche und keinen zu hartnäckigen Schutzpatron hätte, nachdem sie im vorgehenden Buche widerlegt worden, der Würde der Tugend wohl weichen. Denn sie wäre unverschämt, wenn sie noch länger die Tugend bekämpfen oder das Angenehme über das Sittliche stellen und behaupten wollte, dass die Lust des Körpers und die daraus entspringende Fröhlichkeit mehr werth sei, als der Ernst und die Festigkeit der Gesinnung. Wir wollen deshalb die Lust verabschieden und sagen, sie solle in ihrem Gebiete bleiben, und den Ernst der Untersuchung nicht durch ihre Schmeicheleien und Lockungen stören.

§ 2. Es fragt sich also von Neuem, wo das höchste Gut zu suchen ist, nachdem die Lust aus ihm entfernt worden, und die Gründe gegen die Lust auch denen entgegen gestellt werden können, welche die Schmerzlosigkeit zum höchsten Gute erheben. Danach kann als höchstes Gut nichts gelten, was der Tugend entbehrt, welche das Vortrefflichste von Allem bleibt. Wenn ich daher auch in meinem Gespräch mit Torquatus nicht lässig verfahren bin, so habe ich doch jetzt einen schwerem Kampf gegen die Stoiker zu führen. Was die Epikureer für die Lust geltend machen, ist weder scharfsinnig noch tiefsinnig; die Vertheidiger der Lust sind weder gewandt im Erörtern, noch haben ihre Gegner mit einer schweren Aufgabe zu thun.

§ 3. Epikur sagt ja selbst, man brauche für die Lust keiner Beweise, weil schon die Sinne hierüber entschieden; deshalb genüge es, darauf aufmerksam zu machen, einer Begründung bedürfe es hier nicht. Daher war unsre vorige Besprechung für beide Theile einfach und es waren weder die Ausführungen des Torquatus verwickelt oder gewunden, noch die meinigen dunkel. Dagegen kennst Du ja die spitzfindige und dornige Weise der stoischen Untersuchungen, und wenn dies schon für die Griechen gilt, so noch mehr für uns, die wir Euch die Worte erst schaffen und den neuen Dingen neue Namen geben müssen. Niemand mit nur mässigen Kenntnissen wird sich hierüber wundern, wenn er bedenkt, dass in jeder Kunst, deren Uebung nicht alltäglich und von Allen geschieht, es eine Menge neue Worte geben muss, welche für die ihr eigenthümlichen Gegenstände gebildet werden müssen.

§ 4. Deshalb gebrauchen auch die Dialektiker und Naturforscher viele Worte, die nicht einmal den Griechen bekannt sind, und ebenso sprechen die Messkünstler und die Musiker und die Sprachlehrer, Jeder in seiner eigenen Weise. Selbst bei dem Unterricht in der Kunst der Volksredner, die nur vor den Gerichten und dem Volke geübt wird, gebraucht man ganz besondere und eigenthümliche Ausdrücke.

KAPITEL II.

Aber auch abgesehn von den feinem und freien Künsten, können selbst die Handwerker ihr Gewerbe nicht betreiben, wenn sie sich nicht der ihnen geläufigen, aber uns unbekannten Worte bedienen; ja selbst der Ackerbau, der aller Feinheit und Bildung entbehrt, hat doch den Gegenständen, mit denen er zu thun hat, besondere Namen gegeben. Um wie viel mehr hat also der Philosoph so zu verfahren, da die Philosophie die Kunst des Lebens ist und man bei ihren Untersuchungen die Worte nicht vom Markte holen kann.

§ 5. Wenn auch die Stoiker von allen Philosophen die meisten Neuerungen eingeführt haben, so war doch Zeno, ihr Stifter, weniger ein Erfinder neuer Dinge, als neuer Worte. Wenn es nun in jener Sprache, die meist für die reichste gehalten wird, den gelehrtesten Leuten erlaubt ist, über die nicht alltäglichen Dinge sich ungebräuchlicher Worte zu bedienen, so wird dies um so mehr uns Römern gestattet sein, die wir erst jetzt diesen Gegenstand in unserer Sprache zu behandeln wagen. Auch habe ich oft gesagt und zwar zu eigenem Verdrusse nicht blos der Griechen, sondern auch Derer, die lieber für Griechen, als für Unsrige gelten wollen, dass die Griechen uns nicht im Wortreichthum übertreffen, sondern dass wir vielmehr ihnen darin überlegen seien. Wir haben daher zu sorgen, dass wir dies nicht blos in unsern eigenen Künsten, sondern auch in den ihrigen bewähren. Wenn ich trotzdem einzelne griechische Worte, weil es einmal so hergebracht ist, statt der lateinischen gebrauche, z.B. die Worte Philosophie, Rhetorik, Dialektik, Grammatik, Geometrie, Musik, so meine ich, dass sie, obgleich auch lateinische Worte dafür gesetzt werden könnten, doch in Folge des langen Gebrauchs, auch als uns angehörig gelten können. So viel über die Namen der Dinge.

§ 6. Aber bei den Dingen selbst kommt mir, mein Brutus, dafür die Sorge, ich möchte getadelt werden, dass ich Dir dies schreibe, der Du in der Philosophie überhaupt und in der bessern Gattung derselben so weit vorgeschritten bist. Allerdings würde ich deshalb mit Recht getadelt werden können, wenn ich es thäte, um Dich zu belehren; allein davon bin ich weit entfernt; ich sende Dir diese Schrift nicht, damit Du daraus lernst, was Dir bereits wohl bekannt ist, sondern weil ich am liebsten bei Deinem Namen verweile und weil ich an Dir den billigsten Beurtheiler und Richter für die Bestrebungen habe, welche uns Beiden gemeinsam sind. Du wirst mir also hoffentlich Deine gewohnte Aufmerksamkeit schenken und den Streit entscheiden, welchen ich mit Deinem Oheime, jenem göttlichen und ausgezeichneten Manne, gehabt habe.

§ 7. Ich war nämlich auf meinem Landgute bei Tusculum und wollte einige Bücher aus der Bibliothek des jungen Lucull benutzen; ich ging deshalb nach seinem Landhause, um sie mir, wie ich gewöhnt war, selbst zu holen. Dort angekommen, traf ich wider Erwartenden M. Cato, er sass in der Bibliothek, umgeben von einer Menge Schriften der Stoiker. Denn Du weist ja, von welcher unverwüstlichen Begierde nach Büchern er beseelt war; er konnte sich so wenig daran sättigen, dass er, ohne Scheu vor dem leeren Gerede der Menge, selbst in der Halle des Senats während der Zeit zu lesen pflegte, wo die Senatoren sich versammelten und er den öffentlichen Geschäften damit nichts entzog, um so mehr schien er mir damals bei voller Musse und mitten in einem reichen Bücherschatz in den Büchern zu schwelgen, wenn ich dieses Wort für eine so edle Sache gebrauchen darf.

§ 8. Als wir uns so unvermuthet trafen, erhob er sich sofort und begann mit dem, was man bei solchem Begegnen zunächst zu sagen pflegt. – Was machst Du hier? sprach er; denn ich glaube, Du kommst von Deinem Landhause, und hätte ich gewusst, dass Du dort seiest, so wäre ich selbst zu Dir gekommen. – Ich habe gestern, antwortete ich, beim Beginn der Spiele die Stadt verlassen und bin Abends angelangt. Jetzt komme ich hierher, um mir einige Bücher zu holen. Und dieser Bücherschatz, mein Cato, muss wohl unserm Lucull schon bekannt sein; denn es wäre mir lieber, wenn er sich an diesen Büchern mehr als an dem übrigen Schmuck dieses Landhauses ergötzte. Es liegt mir gar viel daran, dass er, obgleich es eigentlich Dein Amt ist, sich unterrichte und damit seinem Vater und unserm Cäpio und Dir, seinem nahen Anverwandten, Ehre mache. Ich sorge mich nicht ohne Grund, da ich auch seines Grossvaters mit Rührung gedenke. (Du weist ja, wie hoch ich den Cäpio gehalten habe, der, wenn er noch lebte, meiner Ansicht nach jetzt zu den Ersten des Staates gehören würde.) Ebenso steht mir Lucull vor Augen, ein Mann, der sich in Allem auszeichnete und mit dem mich eine innige Freundschaft und gleiche Ansichten verbanden.

§ 9. Es ist edel von Dir, sagte er, dass Du Derer gedenkst, die Beide in ihrem letzten Willen Dir ihre Kinder empfohlen haben, und dass Du den Knaben liebst. Wenn Du aber meinst, dies sei mein Amt, so lehne ich es zwar nicht ab, aber nehme Dich zum Gehülfen. Dazu kommt, dass der Knabe mit Rücksicht auf sein noch jugendliches Alter schon viele Anzeichen von Sitte und Verstand hat blicken lassen. – Ich bin dazu bereit, erwiderte ich, allein trotz dem muss er doch schon in jene Wissenschaften eingeführt werden, und wenn er damit in seiner zartem Jugend getränkt worden, so wird er am so vorbereiteter an das Grössere herantreten. – Du hast Recht, sagte Cato, wir wollen dies fleissig und häufig mit einander besprechen und gemeinsam handeln. Aber lass uns niedersetzen. – Dies geschah.

KAPITEL III.

§ 10. Er begann dann: Du hast doch selbst so viele Bücher; welche suchst Du denn hier? – Ich wollte einige Commentare zu Aristoteles, sagte ich, von denen ich wusste, dass sie hier sind, holen und in der Mussezeit lesen, die uns, wie Du weisst, nicht oft zu Theil wird. – Wie gern, sagte er, hätte ich es gesehn, dass Du zu den Stoikern Dich gehalten hättest; denn wenn irgend Einem, so war es Dir gegeben, nur die Tugend als höchstes Gut anzusehn. – Bedenke, sagte ich, ob es nicht mehr noch Dir zukam, da wir in der Sache einig sind, ihr keinen neuen Namen zu geben; denn unsre Vernunft ist einstimmig, nur unsre Reden bekämpfen sich. – Keineswegs, sagte er, ist jene einstimmige, denn wenn Du neben dem Sittlich-Guten noch etwas Weiteres hinstellst und zu den Gütern rechnest, so löschest Du das Sittliche selbst, das Licht der Tugend, gleichsam aus und zerstörst die Tugend von, Grund aus.

§ 11. Dies klingt, mein Cato, sehr erhaben; aber siehst Du nicht, dass der Glanz der Worte mit Pyrrho und Aristo, die Alles gleich machen, theilst? Ich möchte wohl wissen, was Du über diese denkst? – Was ich über sie denke, fragst Du? Ich meine, sie sind wie viele Andre gute, tapfre, gerechte und mässige Männer im Staate gewesen, wie wir dies theils gehört, theils selbst bei solchen gesehn haben. Ohne allen Unterricht, nur der Natur folgend, haben sie viel Lobenswerthes gethan. Die Natur hat sie besser unterrichtet, als die Philosophie es vermocht hätte, wenn sie einer andern als der sich zugewendet hätten, welche das Sittliche allein für ein Gut erklärt und das Schlechte allein für ein Uebel. Alle übrigen philosophischen Systeme rechnen, das eine mehr, das andere weniger, noch Anderes ausserhalb der Tugend zu den Gütern und zu den Uebeln; und damit fördern und befestigen sie nach meiner Meinung unsre sittliche Besserung nicht, sondern verderben nur unsre Natur. Denn wenn man nicht festhält, dass nur das Sittliche ein Gut sei, so kann man in keiner Weise beweisen, dass ein glückliches Leben durch die Tugend erreichbar sei. Sollte dies aber nicht der Fall sein, so wüsste ich nicht, weshalb man sich mit der Philosophie bemühen sollte; könnte ein Weiser unglücklich sein, so würde auch ich die ruhmvolle und gepriesene Tugend nicht für besonders schätzenswerth erachten.

KAPITEL IV.

§ 12. Was Du, mein Cato, bis jetzt gesagt hast, erwiderte ich, könntest Du auch sagen, wenn Du dem Pyrrho und Aristo Dich anschlössest. Denn Du weisst, dass Beide dieses Sittliche nicht allein für das höchste, sondern auch, wie Du willst, für das einzige Gut halten. Ist dem so, dann folgt von selbst, was Du willst, nämlich dass der Weise immer glücklich ist. Billigst Du also deren Ansichten, und meinst Du, wir sollen ihnen folgen? – Keineswegs, sagte er. Denn es ist das Eigenthümliche der Tugend, dass sie unter den der Natur gemässen Dingen eine Auswahl trifft; diese Männer dagegen haben Alles gleich gemacht und alle Gegensätze damit so ausgeglichen, dass keine Auswahl mehr getroffen werden kann und die Tugend selbst aufgehoben ist.

§ 13. Du hast hier ganz Recht, sagte ich, aber wirst Du nicht ebenso verfahren müssen, wenn Du neben dem Sittlichen kein Gilt weiter gelten lässt und damit allen Unterschied in den übrigen Dingen aufhebst? – Du hättest Recht, sagte er, wenn ich dies thäte; aber ich lasse einen Unterschied bestehen.

§ 14. Auf welche Weise denn? fragte ich. Wenn die Tugend nur eine und nur Eines, was Du das Sittliche nennst, das Rechte, Löbliche und Geziemende sein soll (denn sein Wesen wird bekannter, wenn es mit mehreren, gleichbedeutenden Worten ausgedrückt wird); wenn also, sagte ich, dies das alleinige Gute ist, was habt Ihr da sonst noch Begehrenswerthes? Und wenn es kein Uebel giebt, ausser dem Schlechten, Unsittlichen, Unanständigen, Bösen, Lasterhaften, Scheusslichen (um auch dies durch mehrere Namen kenntlicher zu machen), was kann es da daneben noch geben, was man fliehen müsste? – Du weisst recht gut, erwiderte er, was ich Dir sagen soll; allein es scheint, dass Du aus meiner kurzen Antwort nur Etwas hast herausreissen wollen; ich werde daher auf das Einzelne nicht antworten, sondern, da wir Zeit haben, wenn es Dir recht ist, die ganze Lehre des Zeno und der Stoiker erklären. – Dies ist mir vollkommen recht, sagte ich; Deine Darstellung wird viel zur Aufklärung dessen beitragen, was wir suchen.

§ 15. So will ich es versuchen, sagte er, wenn auch diese Lehre der Stoiker ihre Schwierigkeiten und Dunkelheiten hat. Wenn einst in griechischer Sprache die Worte für neue Gegenstände das Verständniss erschwerten und sie nur durch ihren langen Gebrauch geläufig geworden sind, wie wird es da mit unsrer Sprache stehn? – Doch nicht so schlimm, sagte ich. Wenn Zeno für ungewohnte und unbekannte Dinge, die er entdeckt hatte, neue Worte gebrauchen durfte, weshalb sollte dies nicht auch Cato dürfen? Indess ist es nicht nöthig, ein Wort nur durch ein Wort auszudrücken, wie ungeschickte Erklärer pflegen, wenn ein Wort gleichen Sinnes gebräuchlich ist; ich pflege vielmehr, wenn ich nicht anders kann, das eine griechische Wort durch mehrere lateinische auszudrücken. Auch muss es uns dabei gestattet sein, selbst ein griechisches Wort zu gebrauchen, wenn sich kein passendes in unsrer Sprache finden lässt, und man kann dies nicht blos bei den ephittiois und den akratophorois, sondern auch bei den proêgmenois und apoproêgêenois thun, obgleich man letztere mit »Vorgezogene« und »Verworfene« richtig wiedergeben könnte.

§ 16. Recht, sagte er, dass Du mir hilfst, und für jene griechischen Worte will ich die von Dir genannten lateinischen brauchen; bei andern magst Du mir helfen, wenn Du merkst, dass ich stocke. – Sehr gern soll es geschehn, sagte ich. Allein das Glück geht mit den Tapfern, deshalb bitte, fange an. Denn es giebt nichts Herrlicheres, was wir besprechen könnten.

KAPITEL V.

Cato begann hierauf: Jene Männer, denen ich beitrete, sind der Ansicht, dass jedes Geschöpf gleich von seiner Geburt ab (denn damit muss man beginnen) für sich selbst und seine Erhaltung sorgt, indem es das, was seinen Zustand erhalten kann, auch dazu auswählt, während es seinen Untergang und Alles verabscheut, was diesen Untergang herbeiführen kann. Jene Männer beweisen dies damit, dass die jungen Thiere, schon ehe sie den Schmerz und die Lust empfunden haben, das ihnen Heilsame aufsuchen und das Entgegengesetzte verabscheuen, was nicht sein könnte, wenn sie ihren Zustand nicht liebten und ihren Untergang nicht fürchteten; denn sie könnten nichts aufsuchen, wenn sie kein Gefühl von sich selbst hätten und wenn sie nicht sich liebten. Hieraus erhellt, dass der oberste Gegensatz unsrer Lehre von der Selbstliebe entlehnt ist.

§ 17. Zu diesen ersten natürlichen Trieben darf nach der Ansicht der meisten Stoiker die Lust nicht gerechnet werden, und ich stimme ihnen durchaus bei, denn wenn die Natur die Lust in das zuerst Begehrte mit aufgenommen hätte, würde viel Schlechtes folgen. Dagegen erklärt es sich genügend, weshalb wir das lieben, was die Natur als Erstes hingestellt hat; denn Jedermann wird, wenn er die Wahl hat, lieber alle Theile seines Körpers unverletzt und brauchbar haben mögen, als bei gleichem Gebrauch verstümmelt und verrenkt. Die Kenntnisse von den Dingen, die man entweder Begriffe oder Vorstellungen, oder wem diese Worte weniger gefallen oder weniger verständlich sind, katalêpseis nennen kann, sind nach unsrer Ansicht um ihrer selbst willen zu erwerben, weil sie in sich etwas gleichsam Zusammengefasstes haben, was die Wahrheit enthält. Dies kann man schon an den Kindern bemerken, die sich freuen, wenn sie, auch ohne Nutzen davon zu haben, etwas durch ihren Verstand aufgefunden haben.

§ 18. Auch die Künste und Wissenschaften sind, nach unsrer Meinung, um ihrer selbst willen zu erwerben, denn theils enthalten sie etwas der Annahme Werthes, theils bestehn sie in Kenntnissen und enthalten etwas an sich Vernünftiges und Geordnetes. Dagegen hat man der Zustimmung zu dem Falschen sich mehr, wie alles anderen Naturwidrigen zu enthalten. Unter den Gliedern, d.h. unter den Bestandtheilen des Körpers scheinen nun manche ihres Nutzens wegen von der Natur gegeben zu sein, wie die Hände, die Beine, die Füsse und ebenso die innerlichen Körpertheile, deren grosse Nützlichkeit auch von den Aerzten dargelegt wird; andre Theile scheinen aber nicht des Nutzens wegen, sondern gleichsam zur Zierde gegeben zu sein, wie der Schweif dem Pfau, die schillernden Farben den Tauben, die Brustwarzen und der Bart den Männern.

§ 19. Dies klingt zwar etwas nüchtern; allein es sind gleichsam die ersten Elemente der Natur, bei denen die Fülle des Vortrages sich nicht zeigen kann und die ich auch nicht anwenden mag: erst wenn man grossartigere Dinge behandelt, reisst die Sache auch die Rede mit fort, und der Vortrag wird dann bedeutender und glänzender.

– So ist es, sagte ich. Indess halte ich jeden klaren Ausspruch über einen guten Gegenstand auch für einen vortrefflichen. Bei diesen Dingen einen schönen Vortrag anzubringen, scheint mir kindisch, während es bei einem Manne ein Zeichen seiner Gelehrsamkeit und Einsicht ist, wenn er diese Dinge einfach und klar vorzutragen vermag.

KAPITEL VI.

§ 20. So wollen wir weitergehn, sagte er; wir sind nämlich von den Anfängen der Natur abgekommen, mit denen die Folgesätze übereinstimmen müssen. Als erste Eintheilung ergiebt sich die: Werthvoll (denn so glaube ich es nennen zu können) ist, was entweder selbst der Natur gemäss ist oder dergleichen bewirkt und deshalb den Vorzug verdient, weil es ein der Werthschätzung würdiges Gewicht hat; die Stoiker nennen es axian; dem entgegen steht das Werthlose, was das Gegentheil des Vorigen ist. Wenn so die Grundlagen gelegt sind, dass das der Natur Gemässe an sich selbst zu wählen und das Entgegengesetzte zu verwerfen ist, so ist die erste Pflicht (denn das kathêkon nenne ich so), dass man sich in seinem natürlichen Zustand erhalte und ferner, dass man das der Natur Gemässe einhalte, und das Entgegengesetzte von sich weise. Ist diese Wahl und diese Abweisung gefunden, so folgt die pflichtmässige Auswahl und demnächst die beharrliche Auswahl, welche bis zum Aeussersten beständig und der Natur gemäss bleibt. In dieser beginnt zuerst das wahrhaft Gute sich zu entwickeln und seine Natur erkannt zu werden.

§ 21. Denn das Erste ist die Befreundung des Menschen mit dem Naturgemässen; sobald er aber die Einsicht oder vielmehr den Begriff erlangt hat, den die Stoiker ennoian nennen, und sobald er die Ordnung und so zu sagen die Eintracht der zu vollführenden Handlungen erkannt hat, so schätzt er diese noch viel höher als Alles, was er früher geliebt hatte, und so schliesst er durch seine Kenntniss und Vernunft, dass hierin das höchste, an sich lobenswerthe und zu begehrende Gut für den Menschen enthalten sei. Somit liegt dasselbe in dem, was die Stoiker homologian und wir, wenn es beliebt, Uebereinstimmung nennen; auf dieses darin enthaltene höchste Gut ist Alles zu beziehen, das sittliche Handeln und die Sittlichkeit selbst, die allein als ein Gut gilt, und wenngleich sie erst später entsteht, so ist doch sie allein ihrer Kraft und Würde wegen zu erstreben, und von dem, was die Anfänge der Natur sind, ist nichts au sich zu begehren.

§ 22. Allein da das, was ich die Pflichten genannt habe, von diesen Anfängen der Natur ausgebt, so muss man die Pflichten auf diese Anfänge beziehn, damit man richtig sagen kann, wie alle Pflichten sich darauf beziehn, dass man die Anfänge der Natur verlange; allein deshalb sind sie nicht das höchste Gut, denn in den ersten Anregungen der Natur ist das sittliche Handeln noch nicht enthalten, vielmehr ist es, wie gesagt, nur die Folge und entsteht erst später. Indess ist das sittliche Handeln der Natur gemäss und fordert uns viel mehr auf, es zu erstreben, als alles Vorhergehende. Doch muss hier zunächst der Irrthum beseitigt werden, als könnte man meinen, es ergäben sich hieraus zwei höchste Güter. Wir nennen dasjenige das höchste der Güter, wie wenn Jemand sich zur Aufgabe setzt, mit einem Speere oder einem Pfeile wohin zu treffen; ebenso verlegen wir das Endziel in das Gute. So wie Jener, um bei diesem Gleichnisse zu bleiben, Alles thun muss, um das Ziel zu treffen, so bleibt doch, wenn er auch Alles thun muss, um dies zu erreichen, dieses Zielen das Höchste. Dasselbe gilt für das, was wir als das höchste Gut für das Leben erklären; man hat danach zu zielen, aber das Treffen ist nur zu wählen, nicht zu begehren.

KAPITEL VII.

§ 23. Wenn nun alle Pflichten von den Anfängen der Natur ausgehen, so muss dies auch für die Weisheit gelten. So wie es aber sich häufig trifft, dass wenn Jemand an einen Andern empfohlen ist, er diesen werther hält als Den, welcher ihn empfohlen hat, so kann es auch nicht auffallen, dass wir zuerst von den Anfängen der Natur an die Weisheit empfohlen werden und dass später die Weisheit uns doch theurer wird als das, von dem aus wir zu ihr gelangt sind. Und so wie die Glieder uns in der Weise gegeben sind, dass sie für bestimmte Thätigkeiten im Leben dienen sollen, so ist auch das Begehren der Seele, was griechisch hormê heisst, nicht für jede Art des Lebens, sondern zu gewissen bestimmten Weisen des Lebens nach meiner Meinung gegeben, und dasselbe gilt für die Vernunft und für die vollkommene Vernunft.

§ 24. So wie dem Schauspieler nicht jede Stellung, dem Tänzer nicht jeder Sprung, sondern ein bestimmter vorgeschrieben ist, so muss auch das Leben nach einer gewissen Weise geführt werden und nicht auf jede beliebige Weise; jene heisst die übereinstimmende und gemässe. Nach unsrer Ansicht ist die Weisheit nicht der Steuermannskunst und nicht der ärztlichen Kunst ähnlich, sondern mehr jener erwähnten Kunst des Schauspielers und Tänzers, so dass in ihr selbst die Wirksamkeit der Kunst enthalten ist und ihr Zweck nicht von Aussen entlehnt wird. Indess ist auch von diesen Künsten die Weisheit dadurch unterschieden, dass das richtige Handeln bei jenen nicht alle Theile umfasst, aus denen diese Künste bestehn; dagegen enthalten die Handlungen, die wir rechte oder recht geschehen, wenn's gefällt, nennen wollen und die bei den Griechen katorthômata heissen, alle Bestandtheile der Tugend. Denn nur die Weisheit ist ganz in sich beschlossen, was bei den andern Künsten nicht der Fall ist.

§ 25. Nur aus Unverstand wird das Ziel der Arznei- oder Steuermannskunst mit dem Ziel der Weisheit verglichen; denn die Weisheit befasst auch die Seelengrösse und die Gerechtigkeit, und sie meint, dass Alles, was den Menschen treffen könne, unter ihr stehe, was bei den übrigen Künsten nicht Statt hat. Niemand kann aber die erwähnten Tugenden festhalten, wenn er nicht annimmt, dass zwischen allen sonstigen Dingen, mit Ausnahme des Sittlichen und des Schlechten, kein Unterschied stattfindet.

§ 26. Sehen wir nun, welche bedeutenden Folgen sich aus diesen Sätzen ergeben. Wenn es nämlich das Höchste ist (Du wirst nämlich bemerkt haben, dass ich das, was die Griechen telos nennen, bald als das Höchste, bald als das Aeusserste, bald als das Ziel bezeichne, denn man kann wohl auch das Aeusserste und Letzte das Ziel nennen), wenn es also das Höchste ist, der Natur gemäss und mit ihr übereinstimmend zu bleiben, so folgt nothwendig, dass alle Weisen immer glücklich, unabhängig und zufrieden leben, durch nichts gehemmt oder gehindert werden und nichts entbehren. Was nun nicht blos diese Lehre, über welche ich spreche, sondern auch unser Leben und unser Glück befasst, der Satz nämlich, dass wir das Sittliche für das alleinige Gut anerkennen, dies kann zwar breit und ausführlich dargelegt werden und in den gewähltesten Ausdrücken und gewichtigsten Aussprüchen rednerisch ausgeschmückt und umständlicher dargestellt werden, allein mir gefallen die kurzen und scharfen Folgesätze der Stoiker besser.

KAPITEL VIII.

§ 27. Ihre Beweisführung geht also kurz dahin: Alles Gute ist lobenswerth und alles Lobenswerthe ist sittlich, daher ist das Gute auch sittlich. Scheint Dir dieser Schluss nicht richtig? Offenbar ist er es, denn das, was aus jenen beiden ersten aufgestellten Sätzen folgt, das bildet, wie Du siehst, den Schlusssatz. Man pflegt indess gegen den ersten von diesen beiden Sätzen, aus denen dieser Schluss abgeleitet worden ist, zu sagen, dass nicht jedes Gut lobenswerth sei; dagegen erkennt man an, dass alles Lobenswerthe sittlich sei. Allein es wäre sehr widersinnig, dass ein Gut nicht begehrenswerth sein sollte und dass das Begehrenswerthe nicht gefallen sollte, und wenn dies der Fall, dass es nicht geliebt werden sollte. Deshalb muss es auch gebilligt werden und ist daher auch lobenswerth, und dies ist das Sittliche. So erhellt, dass, was ein Gut ist, auch sittlich ist.

§ 28. Dann frage ich, wer kann wohl eines elenden oder eines unglücklichen Lebens sich rühmen? Nur von einem Glücklichen kann dies geschehen. Daraus folgt, dass das glückliche Leben so zu sagen des Rühmens werth ist, und dies kann mit Recht nur bei einem sittlichen Leben zutreffen. So ergiebt sich, dass das sittliche Leben auch glücklich ist. Da nun der mit Recht Gelobte in Bezug auf Zierde und Ruhm etwas Ausgezeichnetes besitzt, so dass er deshalb mit Recht glücklich genannt werden kann, so kann man dies auch mit Recht von einem solchen Manne sagen. Wenn so das glückliche Leben in der Sittlichkeit befasst ist, so muss das Sittliche auch für das einzige Gut gelten.

§ 29. Wie aber? Kann man wohl leugnen, dass ein Mann von beharrlicher, fester und grosser Gesinnung, den man einen tapfern nennt, unmöglich ist, wenn nicht feststeht, dass der Schmerz kein Uebel ist? Denn so wie Der, welcher den Tod zu den Uebeln rechnet, ihn fürchten muss, so kann auch Niemand das, was er für ein Uebel erklärt, verachten und sich nicht darum kümmern. Aus diesem von Jedermann gebilligten Satze folgt dann, dass ein Mensch von grossem und tapferem Gemüth Alles, was den Menschen treffen kann, verachten und für Nichts halten muss. Und ist dem so, dann ist auch erwiesen, dass nur das Sittlich-Schlechte ein Uebel ist. Der erhabene und ausgezeichnete Mann von grosser Seele, der wahrhaft tapfer ist, wird alles Menschliche unter sich stellen; er, den wir suchen und verwirklichen wollen, wird auf sich selbst und auf sein vergangenes und künftiges Leben vertrauen; er wird über sich selbst richtig urtheilen und annehmen, dass einen Weisen kein Uebel treffen könne. Auch daraus erhellt dasselbe, nämlich dass nur das Sittliche das höchste Gut ist und dass das glückliche Leben in einem sittlichen Leben und in der Tugend besteht.

KAPITEL IX.

§ 30. Ich weiss indess wohl, dass bei den Philosophen hierüber verschiedene Ansichten geherrscht haben; ich meine bei denen, welche das höchste Gut, was ich das äusserste nenne, in die Seele verlegten. Wenn nun auch Manche hier fehlgegriffen haben, so kann ich doch jenen drei Philosophen, wel che die Tugend von dem höchsten. Gut getrennt haben, indem sie entweder die Lust, oder die Schmerzlosigkeit, oder das erste Naturgemässe für das höchste Gut erklärten, so wenig wie jenen anderen dreien, welche die Tugend ohne Zusatz für unzureichend hielten und deshalb von den obgenannten drei Dingen eines damit verbanden, beitreten, sondern ich stelle über sie alle Die, welche, wie auch sonst ihre Lehre beschaffen sein möge, das höchste Gut in die Seele und in die Tugend verlegt haben.

§ 31. Allein auch Jene haben verkehrte Ansichten, welche das Leben in der Wissenschaft für das höchste Gut erklären, ebenso Die, welche keinen Unterschied in den Dingen anerkennen wollen. Nach Diesen ist der Weise glücklich, indem er keinen Gegenstand einem andern in irgend einer Beziehung vorzieht, und einige Akademiker sollen ausgesprochen haben, dass das höchste Gut und die höchste Aufgabe des Weisen darin bestehe, von dem Geschehenen sich nicht erschüttern zu lassen und seine Zustimmung mit Festigkeit zurückzuhalten. Man pflegt diese verschiedenen Ansichten ausführlich zu widerlegen, allein das Klare darf nicht lang sein, und es ist doch nichts klarer, als dass jene gesuchte und gerühmte Klugheit aufhört, wenn zwischen den Dingen, die gegen die Natur sind, und denen, die ihr gemäss sind, keine Auswahl stattfindet. Wenn man also diese hier erwähnten Ansichten und andere ähnliche bei Seite lässt, so bleibt nur als höchstes Gut ein Leben übrig, was die Wissenschaft von den Dingen und den Vorgängen in der Natur benutzt und das Naturgemässe wählt, das Naturwidrige aber abweist, d.h. ein naturgemässes Leben.

§ 32. Wenn in den übrigen Künsten und Wissenschaften der Ausdruck »kunstgemäss« vorkommt, so ist darunter etwas gewissermaassen Späteres und erst Nachfolgendes zu verstehen, was die Stoiker epigennêmatikon nennen. Wo wir aber das Wort »weise« brauchen, da gilt es gleich von dem Ersten durchaus richtig; denn Alles, was von dem Weisen ausgeht, das muss sofort in allen seinen Theilen vollendet sein, denn darin liegt das Begehrenswerthe desselben. So wie es schlecht ist, sein Vaterland zu verrathen, die Eltern zu verletzen, die Tempel zu plündern, wo das Schlechte in der That liegt, so ist es auch schlecht, sich zu fürchten, zu trauern, wollüstige Gedanken zu hegen, auch wenn keine entsprechende That nachfolgt. So wie Alles dies sittlich-schlecht, nicht durch das Spätere und seine Folgen ist, sondern gleich im Beginn, ebenso ist das von der Tugend Ausgehende mit dem ersten Beginn auch ohne die Vollendung für recht zu halten.

KAPITEL X.

§ 33. Das im Vorstehenden so oft erwähnte Gut wird auch durch eine Definition erklärt. Ihre Definitionen weichen zwar ein wenig stark von einander ab, allein sie zielen doch alle auf dasselbe hin. Ich selbst trete dem Diogenes bei, nach welchem das Gut das von Natur Vollendete ist. Das, was aus diesem ebenfalls folgt, was nützt (denn so nennen wir die ôphelêma), das nannte er eine Bewegung oder einen Zustand au dem von Natur Vollendeten. Da ferner die Begriffe der Dinge in der Seele sich bilden, wenn etwas durch Gebrauch oder vermöge der Verbindung, oder Aehnlichkeit, oder vermöge Vergleichung durch die Vernunft bekannt geworden, so ist aus diesem Vierten, was ich zuletzt genannt habe, die Kenntniss des Guten erlangt worden. Denn wenn die Seele von den Dingen, die der Natur gemäss sind, durch vernünftige Vergleichung aufsteigt, so gelangt sie zu dem Begriff des Guts.

§ 34. Dieses Gut empfinden und nennen wir nicht deshalb so, weil etwas Anderes hinzutritt, oder wegen eines Zunehmens, oder einer Vergleichung mit Anderem, sondern auf Grund seiner eigenen Kraft. So wie der Honig, obgleich das Süsseste, doch nur durch seine eigene Art von Geschmack und nicht durch die Vergleichung mit Anderem als süss empfunden wird, so ist das Gut, worüber wir verhandeln, zwar als das Höchste zu schätzen, aber diese Schätzung beruht auf seiner Eigenart und nicht auf seiner Grösse; denn da jene Schätzung, welche axia heisst, weder zu den Gütern noch zu den Uebeln gerechnet wird, so bleibt sie in ihrer Art unverändert, so viel man sie auch vermehrt. Die Tugend hat daher ihre eigene Werthschätzung, die auf ihrer Eigenart und nicht auf einem Mehr beruht.

§ 35. Auch könnte ich die Gemüthsbewegungen, welche das Leben der Thoren elend und bitter machen und welche die Griechen pathê nennen, in wörtlicher Uebersetzung könnte ich sie Krankheiten nennen, allein dieser Name würde nicht überall passen; denn wer wurde wohl das Mitleiden oder selbst den Zorn eine Krankheit nennen? Aber ein pathos werden sie von Jenen genannt; sie mögen also Leidenschaften heissen, wo schon der Name ihre Fehlerhaftigkeit anzudeuten scheint, und es giebt von ihnen vier Gattungen, die in mehrere Arten zerfallen, wie der Kummer, die Furcht, die Ausgelassenheit und das, was die Stoiker mit einem für Körper und Seele zugleich geltenden Namen hêdonên nennen und ich lieber Fröhlichkeit nenne, gleichsam eine freudige Erhebung der sich aufblähenden Seele. Diese Leidenschaften werden nicht durch die Kraft der Natur erweckt, sondern sind lediglich leichtsinnige Meinungen und Urtheile; der Weise wird deshalb immer frei von ihnen sein.

KAPITEL XI.

§ 36. Der Satz, dass alles Sittliche um sein selbst willen zu erstreben sei, ist uns mit vielen andern Philosophen gemeinsam; denn mit Ausnahme dreier Systeme, welche die Tugend ganz von dem höchsten Gut ausschliessen, halten alle anderen Philosophen an diesem Satze fest, insbesondere die Stoiker, die nur das Sittliche allein als ein Gut anerkennen wollen. Der Beweis dafür ist leicht und schnell zu geben; denn wo gab es und wo giebt es jetzt Jemanden von so brennendem Geiz oder so ungezügelten Leidenschaften, dass er eine Sache, die er sich durch irgend ein Verbrechen verschaffen will, nicht zehnmal lieber, selbst bei angenommener völliger Straflosigkeit ohne Unthat, als auf jene Weise erlangen mag?

§ 37. Und welchen Nutzen und Vortheil hätte man wohl vor Augen, wenn man das Verborgene zu erforschen strebt, und die Art, in welcher, und die Ursachen, durch welche die Himmelskörper sich bewegen? Wer ist so in seine bäurischen Beschäftigungen versunken oder so gegen die Erforschung der Natur verhärtet, dass er von den wissenswerthen Dingen sich wegwendet und sie, so weit sie keine Lust oder keinen Nutzen gewähren, nicht mag und für Nichts achtet? Und wer freut sich nicht in seiner Seele, wenn er von den Thaten, Reden, Plänen solcher Vorfahren, wie der mit dem Beinamen der Afrikaner geehrten Männer oder meines Urgrossvaters, den Du immer, im Munde führst, und anderer tapferer und in jeder Tugend hervorragender Männer hört?

§ 38. Und wer wird umgekehrt, wenn er in einer braven Familie unterrichtet und wie ein freier Mann erzogen worden ist, nicht durch die Schlechtigkeit an sich verletzt, selbst wenn er keinen Schaden davon hat; wer kann mit ruhiger Miene Den sehen, der eine schmutzige und lasterhafte Lebensweise führt? Wer hasst nicht die Schmutzigen, die Eitlen, die Leichtfertigen, die Unzuverlässigen? Wer kann, wenn die Schlechtigkeit nicht um ihrer selbst willen gemieden werden soll, behaupten, dass die Menschen in der Einsamkeit und Finsterniss nicht alle Schandthaten begehen werden, wenn das Schändliche nicht durch seine eigene Hässlichkeit sie abschreckt? Man kann Unzähliges hierüber sagen, es ist aber nicht nöthig, denn nichts ist zweifelloser, als dass das Sittliche um sein selbst willen zu suchen und ebenso das Schlechte um sein selbst willen zu fliehen ist.

§ 39. Nachdem somit der vorher besprochene Satz feststeht, dass das Sittliche allein ein Gut ist, so erhellt, dass das Sittliche auch höher steht als jene Mitteldinge, die erst durch dasselbe erlangt werden. Wenn wir aber sagen, dass die Thorheit und Furchtsamkeit oder Ungerechtigkeit wegen der aus ihnen hervorgehenden Folgen vermieden werden müssen, so ist damit nichts behauptet, was dem früher aufgestellten Satze, wonach nur das Schlechte das alleinige Uebel ist, widerspräche; denn diese Folgen sind nicht von dem körperlich Unangenehmen, sondern von den schlechten Handlungen zu verstehen, welche aus den Lastern hervorgehn; denn das, was die Griechen kakias nennen, möchte ich eher Laster als Bosheiten übersetzen.

KAPITEL XII.

§ 40. Du gebrauchst, mein Cato, sagte ich, vortreffliche Worte, welche das, was Du im Sinne hast, genau ausdrücken. Du scheinst mir daher die Philosophie schon lateinisch zu lehren und ihr gleichsam das Bürgerrecht bei uns zu geben. Bisher war sie nur ein Fremdling in Rom, der sich nicht in unsere Unterhaltungen mischte; namentlich gilt dies für die Philosophie der Stoiker wegen der gefeilten Schärfe ihrer Begriffe und Ausdrücke. Ich kenne allerdings Leute, die in jeder Sprache philosophiren zu können meinen, denn sie gebrauchen weder Eintheilungen, noch Definitionen und erklären, dass sie nur das gelten lassen, dem die Natur von selbst zustimme. Daher machen ihnen in klaren Dingen ihre Ausführungen wenig Mühe. Ich gebe deshalb eifrig auf Dich Acht und ich merke mir Namen, mit denen Du die hier besprochenen Gegenstände bezeichnest, da ich vielleicht auch davon Gebrauch machen werde. So scheinst Du mir auch die Laster ganz richtig als Gegensatz der Tugenden, unserm Sprachgebrauch gemäss, aufgestellt zu haben; denn was an sich Lästerung verdient, wird deshalb auch ein Laster genannt worden sein oder es kann auch vom Laster das Lästern abstammen. Hättest Du die kakia Bosheit genannt, so hätte dieses Wort uns nur zu einem einzelnen bestimmten Laster nach unserm Sprachgebrauch geführt. Jetzt ist aber das Laster das Wort, was das Gegentheil von allen Tugenden bezeichnet.

§ 41. Cato fuhr hierauf fort: Nachdem wir dies so festgestellt haben, folgt nun eine grosse Streitfrage, welche die Peripatetiker zu leicht behandelt haben (da sie sich nicht sehr bestimmt auszusprechen pflegen, weil ihnen die Kenntniss der Dialektik abgeht); allein Dein Karneades hat bei seiner ausgezeichneten Gewandtheit in der Dialektik und grossen Beredsamkeit die Sache in grosse Gefahr gebracht; denn er behauptet fortwährend, dass in dieser ganzen Frage die Stoiker mit den Peripatetikern sachlich einig und nur in den Worten uneinig wären. Ich finde dagegen nichts so klar, als dass die Ansichten dieser beiden Schulen mehr in der Sache, als in den Worten auseinandergehn; ich sage, die Stoiker und Peripatetiker sind weit mehr in der Sache, als in den Worten uneinig, weil die Peripatetiker Alles, was sie ein Gut nennen, auf das glückliche Leben beziehn, während wir nicht annehmen, dass Alles, was einigermaassen schätzenswerth ist, mit zu dem glücklichen Leben gehöre.

KAPITEL XIII.

§ 42. Kann wohl etwas sicherer sein, als dass nach dem Grundsatz Derer, welche den Schmerz zu den Uebeln rechnen, der Weise nicht glücklich sein kann, wenn er mit der Pferdemaschine gefoltert wird? Dagegen ergiebt die Lehre Jener, welche den Schmerz nicht zu den Uebeln rechnen, dass der Weise in allen Qualen sich ein glückliches Leben bewahren kann; denn wenn dieselben Schmerzen erträglicher werden, sofern man sie für das Vaterland erträgt statt für eine geringere Sache, so ist es nicht die Natur, sondern die Meinung, welche den Schmerz stärker oder schwächer macht.

§ 43. Auch ist es nicht richtig, dass, wenn es drei Arten von Gütern giebt, wie die Peripatetiker annehmen, mithin Jemand um so glücklicher wäre, je mehr er an Gütern des Leibes und äusserlichen Gütern besässe, auch wir dem beitreten müssten, dass Der glücklicher sei, welcher mehr von dem hat, was in Bezug auf den Körper schätzenswerth gilt. Jene nehmen allerdings an, dass das Glück des Lebens erst durch die körperlichen Annehmlichkeiten vollständig werde, aber nicht wir. Denn wir nehmen nicht einmal an, dass durch die Menge dessen, was wir wirklich als Güter anerkennen, das Leben glücklicher, oder begehrenswerther, oder schätzenswerther werde, und deshalb kann um so weniger die Menge von körperlichen Annehmlichkeiten zum Glück des Lebens beitragen.

§ 44. Allerdings würden, wenn die Weisheit und die Gesundheit begehrenswerth wären, beide zusammen es mehr als die Weisheit allein sein; aber insofern beide nur zu den schätzenswerthen Dingen gehören sollten, sind beide zusammen doch nicht schätzenswerther, als die Weisheit allein. Wir rechnen allerdings die Gesundheit zu den schätzenswerthen Dingen, aber doch nicht zu den Gütern, und ebenso kann es kernen so schätzenswerthen Gegenstand geben, dass er über die Tugend gesetzt werden könnte. Aber die Peripatetiker nehmen dies nicht, vielmehr müssen sie eine sittliche und zugleich schmerzfreie Handlung derselben Handlung mit Schmerzen vorziehn. Wir sind anderer Ansicht; ob mit Recht oder nicht, wird nachher zur Untersuchung kommen, aber der Unterschied in den Meinungen beider Schulen kann gewiss nicht grösser sein.

KAPITEL XIV.

§ 45. So wie das Licht einer Laterne von dem Lichte der Sonne verdunkelt wird und verschwindet; so wie ein Tropfen Honig in dem Aegeischen Meere durch dessen Grösse verschwindet, und wie in dem Reichthum des Crösus ein Pfennig mehr und auf dem Wege von hier nach Indien ein Schritt weiter nicht bemerkt wird, so muss, wenn das als höchstes Gut gilt, was die Stoiker dafür erklären, jene ganze Schätzung der körperlichen Dinge durch den Glanz und die Grösse der Tugend verdunkelt werden, zusammenbrechen und verschwinden. Wie die rechte Zeit, womit ich die eukairia ausdrücken möchte, durch die Verlängerung der Zeit nicht rechter wird, denn solche Gelegenheit hat ihr Maass, so kann das rechte Handeln, wie ich die katorthôsis nenne, da katorthôma, die einzelne rechte That bezeichnet, so kann also das rechte Handeln und ebenso die Harmonie und das Gute selbst, was in der Uebereinstimmung des Naturgemässen besteht, durch Zuwachs keine Steigerung erleiden.

§ 46. Wie jene Rechtzeitigkeit, so werden auch die eben genannten Dinge durch die zeitliche Verlängerung nicht grösser, und deshalb gilt den Stoikern ein langes glückliches Leben nicht wünschenswerther und mehr zu erstreben als ein kurzes; sie benutzen hier das Gleichniss mit dem Schuh; wenn sein Werth darin liegt, dass er zum Fusse richtig passe, so können weder die vielen Schuhe den wenigen, noch die grossen Schuhe den kleinen vorgezogen werden, ebenso können auch Die, für welche alles Gute nur in der Harmonie und in der Rechtzeitigkeit bestellt, das Viele nicht dem Wenigen und das zeitlich Längere nicht dem Kürzern vorziehn.

§ 47. Es ist nicht scharfsinnig, wenn man einwendet, ein langes Wohlsein sei höher zu schätzen, als ein kurzes, und deshalb sei auch ein lang dauernder Besitz der Weisheit mehr werth. Man bemerkt dabei nicht, dass die Schätzung des Wohlseins sich nach der Dauer bestimmt, die der Tugend aber nach dem Rechtzeitigen; wer so etwas behauptet, müsste folgerecht auch von einem guten Tod und einer guten Niederkunft behaupten, sie würden durch die Dauer besser. Man übersieht, dass Manches nach seiner Kürze, Anderes nach seiner langen Dauer geschätzt wird.

§ 48. Nach der Lehre Derer, welche annehmen, das höchste Gut, welches wir auch das äusserste und oberste nennen, könne zunehmen, muss dann in Uebereinstimmung mit dem eben Gesagten auch angenommen werden, dass der Eine weiser sein könne als der Andere und dass der Eine mehr schlecht oder mehr recht handeln könne als der Andere, während wir dies nicht sagen können, da das höchste Gut für uns keiner Zunahme fähig ist. So wenig ein Mensch unter dem Wasser besser Athem holen kann, wenn er der Oberfläche schon so nahe ist, dass er bald auftauchen wird, als wenn er noch in der Tiefe ist, und so wenig ein junger Hund, der bald wird sehen können, mehr sieht als ein neugeborner, so bleibt auch Der, welcher dem Zustande der Tugend sich bereits genähert hat, ebenso im Elend, wie Der, welcher noch keinen Schritt dahin gethan hat.

KAPITEL XV.

Dies klingt allerdings sonderbar, allein da das Vorhergehende unzweifelhaft gewiss und wahr ist und das Obige nur daraus folgt und damit übereinstimmt, so kann man auch an der Wahrheit dieses Letztern nicht zweifeln. Wenn wir indessen auch leugnen, dass die Tugenden oder die Laster wachsen können, so glauben wir doch, dass beide in gewisser Weise sich ausdehnen und gleichsam verbreitern können.

§ 49. Der Reichthum hat nach Diogenes nicht blos die Kraft, dass er gleichsam zur Lust und zum Wohlbefinden hinführe, sondern dass er Beides auch schon selbst enthalte; in Bezug auf die Tugend und die übrigen Künste finde dies aber bei dem Reichthum nicht statt, hier könne das Geld wohl den Führer abgeben, aber sie nicht selbst in sich enthalten. Wenn daher die Lust und das Wohlbefinden zu den Gütern gehörten, so gehöre auch der Reichthum dazu; wenn aber die Weisheit ein Gut sei, so folge noch nicht, dass dies auch von dem Reichthum gelte. Ueberhaupt könne kein Gegenstand, der nicht selbst zu den Gütern gehöre, etwas zu den Gütern Gehörendes in sich enthalten, und eben deshalb könne, weil dies Vorstellungen und Begriffe der Dinge, aus denen die Wissenschaften hervorgehen, das Begehren erwecken, und weil der Reichthum nicht zu den Gütern gehöre, auch keine Wissenschaft im Reichthum enthalten sein.

§ 50. Man kann dies für die Wissenschaften zugeben, allein für die Tugend passt dieser Grund nicht, weil sie vieles Nachdenkens und vieler Hebung bedarf, was bei den Wissenschaften nicht nöthig ist, und weil die Tugend Festigkeit, Standhaftigkeit und Beharrlichkeit während des ganzen Lebens fordert, was bei den Wissenschaften ebenfalls nicht der Fall ist.

Es wird demnächst von uns der Unterschied der Dinge erklärt. Wollten wir denselben ganz leugnen, wie von Aristo geschehen ist, so würde das ganze Leben in Verwirrung gerathen; man könnte dann keine Geschäfte und kein Werk für die Weisheit ausfindig machen, wenn unter den Dingen, welche zur Führung des Lebens gehören, kein Unterschied bestände und keine Auswahl stattzufinden brauchte. Nachdem man also genügend festgestellt hatte, dass nur das Sittliche ein Gut und das Unsittliche ein Uebel sei, wollte man doch in den Dingen, welche für das glückliche oder unglückliche Leben nichts beitragen, einigen Unterschied zulassen, so dass einige schätzenswerth, andere das Gegentheil und andere wieder keines von Beiden seien.

§ 51. Unter den schätzenswerthen Dingen haben manche in sich den zureichenden Grund, weshalb sie vorgezogen werden; so die Gesundheit, die unversehrten Sinne, die Schmerzlosigkeit, der Ruhm, der Reichthum und Aehnliches; andere sind nicht der Art; ebenso haben manche von den nicht schätzenswerthen Dingen den zureichenden Grund in sich, weshalb man sie verabscheut, so der Schmerz, die Krankheiten, der Verlust der Sinne, die Armuth, die Schande und Aehnliches; andere haben den Grund nicht in sich. Dies ist der Ursprung von dem, was Zeno proêgmena und dessen Gegentheil apoproêgmena nennt. Trotz der reichen Sprache, in der er lehrte, bildete er doch neue Worte, was man uns bei unsrer ärmern Sprache nicht gestatten will, wiewohl Du die unsrige für die reichere erklärst. Um den Sinn dieser Ausdrücke besser zu verstehn, wird es gut sein, den Grund, weshalb Zeno sie gebildet hat, darzulegen.

KAPITEL XVI.

§ 52. Niemand, so lauten seine Worte, sagt, dass am königlichen Hofe der König selbst gleichsam bevorzugt sei zur königlichen Würde (denn dies liegt in dem proêgmenon), sondern man sagt es nur von Denen, die in einem Ehrenamte sich befinden und deren Stand der königlichen Würde am nächsten kommt. Ebenso werden auch im Leben nicht die Dinge, welche die erste Stelle einnehmen, sondern die an zweiter Stelle proêgmena, d.h. bevorzugte genannt. Man nennt sie entweder so, wenn man das griechische Wort wörtlich übersetzt, oder auch Vorangestellte oder Zurückgestellte, oder wie ich vorher sagte, vorzügliche und verwerfliche. Wenn nämlich die Sache gefasst ist, so dürfen wir in den Worten nicht zu peinlich sein.

§ 53. Weil nun Alles, was ein Gut ist, nach unsrer Ansicht die erste Stelle einnimmt, so kann es deshalb kein Gut und kein Uebel geben, was man bevorzugt oder vorgehend nennen könnte; wir definiren daher das Bevorzugte als das Gleichgültige von einiger Werthschätzung. (Was nämlich die Stoiker adiaphoron nennen, möchte ich mit »gleichgültig« übersetzen.) Es musste nothwendig unter diesen in der Mitte bleibenden Dingen Manches der Natur gemäss, Anderes entgegen sein, und wenn dies der Fall war, so musste es zu dem gehören, was der Schätzung fähig ist, und wenn dies der Fall, so musste Einzelnes davon zu dem Bevorzugten gehören.

§ 54. Deshalb hat diese Unterscheidung ihre Richtigkeit, und um sie verständlicher zu machen, wird folgendes Gleichniss aufgestellt: Wenn man nämlich als Ziel und Höchstes annehme, dass der Würfel so liege, dass die rechte Zahl oben auf sei, so wird ein Würfel, der so geworfen wird, dass er so zu liegen komme, zwar einen Vorzug in Bezug auf das Ziel haben und der anders geworfene nicht, aber dieser Vorzug des Würfels wird doch nicht das gestellte Ziel selbst sein; in derselben Weise werden die bevorzugten Dinge zwar auf das Ziel bezogen, aber gehören doch nicht zu dessen Begriff und Natur.

§ 55. Es folgt dann die Eintheilung, dass einige von den Gütern zu jenem Höchsten gehören (denn so nenne ich die, welche telika heissen; ich habe die Bezeichnung durch mehrere Worte vorgezogen, um die Sache verständlicher zu machen, da mit einem Worte dies nicht anging); andere sind bewirkende, welche die Griechen poiêtika nennen, und andere sind Beides. Von den zum Höchsten gehörenden ist nichts ein Gut ausser den sittlichen Handlungen; von den Bewirkenden nur der Freund, aber die Weisheit soll sowohl zu dem Höchsten gehörig wie bewirkend sein. Denn die Weisheit ist ein naturgemässes Handeln und deshalb in der Gattung von Dingen enthalten, welche zu den höchsten gehören. Gleichzeitig führt sie aber herbei und bewirkt sittliche Handlungen, und deshalb kann sie auch bewirkend genannt werden.

KAPITEL XVII.

§ 56. Das, was ich bevorzugt nenne ist theils an sich selbst ein Bevorzugtes, theils bewirkt es etwas Bevorzugtes, theils findet Beides zugleich statt. Zu der erstern Art gehören gewisse Mienen und Gesichtszüge, Stellungen und Bewegungen, bei denen Manches bevorzugt, Anderes verwerflich ist; Anderes heisst bevorzugt, weil es durch sich etwas der Art bewirkt, wie das Geld; Anderes heisst so aus beiderlei Gründen, wie gesunde Sinne und das Wohlbefinden.

§ 57. Was dagegen den guten Ruf anlangt (denn das, was die Stoiker eudoxian nennen, ist hier besser mit gutem Ruf, als mit Ruhm zu bezeichnen), so meinten Chrysipp und Diogenes, dass, abgesehen von seiner Nützlichkeit, er nicht des Fingeraufhebens werth sei, und dem stimme ich von ganzer Seele bei. Allein spätere Stoiker, die sich gegen Karneadas nicht genügend wehren konnten, nahmen an, dass dieser gute Ruf seiner selbst willen vorzuziehn und zu suchen sei; jeder freie und freisinnig erzogene Mann wolle, dass seine Eltern, seine Angehörigen und alle guten Leute Gutes von ihm sprächen und zwar am der Sache selbst willen und nicht wegen des daraus hervorgehenden Nutzens. So wie man, sagen sie, für seine Kinder sorgen wolle, auch wenn sie erst nach dem Tode geboren werden sollten, und zwar der Kinder wegen, so wolle man auch seinen Ruf selbst nach dem Tode der Sache selbst wegen, abgesehn von allem Nutzen bewahrt wissen.

§ 58. Wenn wir indess auch nur das Sittliche für ein Gut anerkennen, so ist es doch angemessen, seine Pflichten zu erfüllen, wenn diese auch weder zu den Gütern noch zu den Uebeln gehören. Denn in dergleichen Dingen ist etwas, was Billigung verdient und zwar der Art, dass man den Grund dafür angeben kann; man kann deshalb auch von einer demgemässen Handlung einen Grund angeben, und die Pflicht befasst gerade ein Handeln, für welches ein zu billigender Grund angegeben wurden kann. Hieraus erhellt, dass die Pflichten ein Mittleres sind, was weder zu den Gütern, noch zu den Uebeln gerechnet werden kann, und da in solchen Dingen, die weder zu den Tugenden noch zu den Lastern gehören. Etwas enthalten ist, was nützlich werden kann, so sind sie nicht zu verwerfen. Von dieser Art giebt es nun auch eine Handlungsweise und zwar eine solche, dass die Vernunft verlangt, sie zu thun und zu vollbringen, und diese mit Vernunft gethane Handlung nennen wir Pflicht. Sonach gehören die Pflichten zu den Dingen, die weder unter die Güter noch deren Gegentheil fallen.

KAPITEL XVIII.

§ 59. Es ist auch klar, dass in dergleichen mittlern Dingen von dem Weisen Manches geschieht, und wenn dies der Fall ist, so hält er dafür, dass es seine Pflicht sei. Weil er aber niemals in seinem Urtheil sich irrt, so wird die Pflicht zu den mittlern Dingen geboren. Das ergiebt sich auch aus folgendem Vernunftschluss: Wir sehn, dass es Einiges giebt, was man eine rechte Handlang nennt, und das ist die vollkommne Pflicht, also muss es auch eine unvollkommne Pflicht geben. Wenn z.B. die rechte Rückgabe einer in Verwahrung erhaltenen Sache zu den rechten Handlungen gehört, so gehört es zu den Pflichten, das zur Verwahrung Erhaltene zurückzugeben; durch jenen Zusatz: »recht« wird es eine rechte Handlung; an sich gehört das Zurückgeben zu den Pflichten. Da es nun nicht zweifelhaft ist, dass unter den sogenannten mittlern Dingen Manches zu wählen, Anderes zu verwerfen ist, so gehören alle demgemässe Handlungen und Reden zu den Pflichten. Dies er hellt auch daraus, dass Alle sich selbst lieben; deshalb wird der Thor wie der Weise das Naturgemässe ergreifen und das Gegentheilige zurückweisen; mithin sind die Pflichten etwas, was dem Weisen und Thoren gemeinsam ist, und daraus folgt, dass sie zu dem gehören, was wir das Mittlere nennen.

§ 60. Da nun aus diesem Mittlern alle Pflichten hervorgehn, so sagt man nicht ohne Grund, dass alle unsre Gedanken sich auf es beziehn; und darunter gehört auch der Austritt aus dem Leben oder das Bleiben darin. Der Mensch, in welchem das Naturgemässe überwiegt, hat die Pflicht, im Leben zu bleiben; bei wem aber das Naturwidrige überwiegt öder dies später zu erwarten ist, dessen Pflicht ist es, aus dem Leben zu scheiden. Daraus erhellt, dass auch der Weise mitunter die Pflicht hat, aus dem Leben zu scheiden, obgleich er glücklich ist, und der Thor die Pflicht, im Leben zu bleiben, obgleich er elend ist.

§ 61. Denn das schon oft genannte Gute und Ueble folgt erst nach, während jene Anfange der Natur, mögen sie gemäss oder entgegengesetzt sein, unter das Urtheil und die Auswahl des Weisen fallen und gleichsam den Stoff der Weisheit bilden. Hiernach ist die Entscheidung, ob man im Leben bleiben oder aus demselben austreten solle, nach allen den oben erwähnten Dingen zu bemessen. Deshalb wird nicht Jeder durch die Tugend im Leben festgehalten; auch haben Die, welchen die Tugend ab geht, den Tod zu suchen. Es ist oft die Pflicht des Weisen, aus dem Leben zu scheiden, wenn er am Glücklichsten ist, sofern dies die Lage der Verhältnisse verlangt, d.h. sofern es einem naturgemässen Verhalten entspricht. So wird von den Stoikern das Rechtzeitige des glücklichen Lebens aufgefasst. Deshalb gebietet die Weisheit, dass der Weise eh selbst, wenn es dient, verlasse, Wenn daher die Laster ihrer Natur nach keinen Grund zum freiwilligem Tode abgeben können, so erhellt, dass auch die Thoren, obgleich sie elend sind, im Leben zu verharren verpflichtet sind, sobald sie nur den grössern Theil der naturgemässen Dinge besitzen. Ueberdem ist der aus dem Leben Scheidende und der darin Bleibende gleich elend, und das längere Leben kann ihn nicht bestimmen, es mehr zu fliehn; deshalb kann man mit Recht Denen, welchen überwiegend das Naturgemässe zu Gebote steht, sagen, dass sie im Leben bleiben müssen.

KAPITEL XIX.

§ 62. Nach der Meinung der Stoiker ist es wesentlich, dass man die Liebe der Eltern zu den Kindern als eine natürliche Einrichtung ansehe. Von diesem Anfang gebt die allgemeine Verbindung des menschlichen Geschlechts aus, der wir nachgehn. Dies erkenne man zunächst aus der Gestalt und den Gliedern des menschlichen Körpers, welche selbst zeigen, dass die Natur dabei auf die Fortpflanzung Rücksicht genommen habe, und wenn die Natur die Fortpflanzung wollte, aber für die Liebe des Erzeugten nicht gesorgt hätte, so würde dies nicht mit einander übereinstimmen. Auch an den Thieren könne man die Kraft der Natur erkennen; wenn man sehe, welche Mühe sie bei der Geburt und bei dem Aufziehen der Jungen ertragen, so meine man die Stimme der Natur selbst zu vernehmen. So offenbar wie daher die Natur uns den Schmerz fliehen lässt, so treibt sie uns auch, die Kinder, welche wir erzeugt haben, zu lieben.

§ 63. Daraus schreibt sich auch jene allgemeine natürliche Zuneigung unter den Menschen als solchen her, so dass jeder Mensch dem Andern, schon weil er ein Mensch ist, nicht als etwas gilt, was ihn nichts anginge. Schon unter den Gliedern erscheinen manche nur für sich gemacht: so die Augen, die Ohren; andere unterstützen auch andere Glieder, wie es die Beine und die Hände thun; in gleicher Weise sind manche wilde Thiere nur für sich selbst geschaffen, während andere Thiere, wie das Thier, was bei der Muschel die Stockmuschel heisst, und das Thier, was aus der Muschel herausschwimmt, und weil es jenes bewacht, Stockmuschelhüter heisst, und von jener, wenn es sich dahin zurückgezogen hat, eingeschlossen wird, gleichsam als hätte es zur Vorsicht ermahnen wollen, ferner die Ameisen, Bienen, die Grashüpfer, Mancherlei auch für andere Thiere vorrichten. Um viel grösser ist diese Verbindung bei dem Menschen, und deshalb sind wir schon von Natur zum Zusammenkommen, zur Vereinigung und zum Staate geeignet.

§ 64. Die Stoiker nehmen ferner an, dass die Welt durch den Willen der Götter regiert werde; die Welt sei gleichsam die gemeinsame Stadt und der gemeinsame Staat der Menschen und Götter; jeder Einzelne sei ein Theil dieser Welt, und daraus ergebe sich als natürlich, dass man den gemeinsamen Vortheil dem eignen voranstellen müsse. So wie die Gesetze das Wohl Aller dem Wohle Einzelner voranstellen, so sorge ein guter und weiser Mann, der den Gesetzen gehorche und seine bürgerlichen Pflichten kenne, für den allgemeinern Nutzen mehr als für den Nutzen des Einzelnen oder seiner selbst. Der Vaterlandsverräther sei nicht tadelnswerther als Der, welcher das allgemeine Wohl und Heil seinem besondern Wohle und Vortheile opfere. Deshalb sei Der zu loben, welcher dem Tode für den Staat entgegengeht; denn das Vaterland soll uns theurer sein, als wir uns selbst. Mit Recht gilt der Ausspruch Jener für unmenschlich und verbrecherisch, welche sagen, es sei ihnen gleich, ob nach ihrem Tode die Welt und alle Länder in Flammen aufgehen; worüber man einen bekannten griechischen Vers hat. Deshalb ist es sicherlich richtig, dass man auch für die Nachkommen um derer selbst willen zu sorgen habe.

KAPITEL XX.

§ 65. Ans diesen Gefühlen sind die Testamente und die Empfehlungen der Sterbenden hervorgegangen. Niemand mag in völliger Einsamkeit sein Leben verbringen, selbst wenn eine Lust ohne Ende damit verbunden wäre, und daraus erhellt deutlich, dass die Menschen zur Verbindung und Gesellschaft mit einander und zum natürlichen Verkehr geschaffen sind. Die Natur treibt uns, möglichst Vielen zu nützen, vorzugsweise durch Belehrung und durch Mittheilung der Gebote der Klugheit.

§ 66. Deshalb findet man nicht leicht Jemand, der sein Wissen nicht dem Andern mittheilen möchte, und wir neigen nicht minder zum Lehren, wie zum Lernen. So wie die Stiere von Natur für ihre Jungen mit den Löwen auf das Heftigste und Angestrengteste kämpfen, so haben die an Macht und Geschick Hervorragenden, wie dies von Hercules und Bachus berichtet wird, von Natur den Trieb, das menschliche Geschlecht zu vertheidigen. Wenn man den Jupiter den Besten und Grössten nennt und ebenso den Heilbringenden, den Beschützer der Fremden und den Erhalter des Staats, so will man damit sagen, dass das Wohl der Menschen unter seinem Schutze steht. Am wenigsten passt es dann, wenn wir unter einander uns niedrig benehmen, uns um einander nicht kümmern, aber von den himmlischen Göttern verlangen, dass sie uns lieben und werthhalten sollen. So wie man die Glieder eher gebraucht, als man weiss, zu welchem Zweck man sie empfangen hat, so hat auch die Natur uns zu einer bürgerlichen Gesellschaft verbunden und vereinigt. Wäre dem nicht so, so gäbe es weder eine Gerechtigkeit, noch eine Wohlthätigkeit.

§ 67. Aber so wie die Stoiker annehmen, dass zwischen den Menschen gegenseitig Bande des Rechts bestehn, so halten sie dafür, dass zwischen den Menschen und Thieren kein Recht besteht Schön, sagt Chrysipp, dass alles Andere um der Menschen und Götter willen geworden sei, aber diese seien der Gemeinschaft und der Gesellschaft unter einander wegen da, und so könnten sie die Thiere ohne Unrecht zu ihrem Vortheil benutzen. Wenn die menschliche Natur sonach von der Art sei, dass unter dem menschlichen Geschlecht gleichsam ein bürgerliches Recht gelte, so werde Der, welcher dasselbe inne halte, der Gerechte, und wer davon abweiche, der Ungerechte sein. So wie aber das Theater zwar ein gemeinsames sei, aber dennoch Jeder den Platz, welchen er inne habe, mit Recht den seinigen nennen könne, so hindere auch in der gemeinsamen Stadt und Welt das Recht nicht, dass Jedem Etwas ausschliesslich als sein gehöre.

§ 68. Wenn man so sehe, dass die Menschen zur gegenseitigen Beschützung und Erhaltung geboren seien, so stimme es mit dieser Natur, dass der Weise bereit sei, den Staat zu verwalten und dass er nach der Natur lebt, eine Frau nimmt und Kinder von ihr verlangt. Selbst die sittsame Knabenliebe verträgt sich nach den Stoikern mit dem Weisen; und Einzelne unter ihnen meinen, dass der Weise auch ein Leben nach der Lehre der Cyniker führen dürfe, wenn die Umstände ihn dazu nöthigen; Andere halten dies jedoch niemals für gestattet.

KAPITEL XXI.

§ 69. Um die menschliche Gesellschaft, Verbindung und die gegenseitige Liebe zu erhalten, verlangen wir, dass die sittlichen Vortheile und Nachtheile, welche ôphelêmata und blammata heissen, gemeinsam seien, jene nützen, diese schaden. Nicht blos gemeinsam, sondern auch einander gleich sollen sie sein. Dagegen solle das Nützliche und das Schädliche, wie ich die euchrêstêmata und die dyschrêstêmata übersetze, zwar gemeinsam, aber nicht einander gleich sein. Denn jene, die sittlich nützen oder schaden, sind entweder Güter oder Uebel, die nothwendig gleich sein müssen; dagegen ist das blos Nützliche und Schädliche von der Art, dass bei demselben ein Vorziehn und Verwerfen statt hat, mithin kann es nicht gleich sein. Wenn aber auch das Sittlich-Nützliche gemeinsam ist, so kann doch das recht und unrecht Handeln nicht gemeinsam sein.

§ 70. Die Freundschaft hat der Mensch, nach unsrer Ansicht, mit zu suchen, denn sie gehört zu dem sittlich Nützlichen. Nach einer Ansicht ist dem Weisen bei der Freundschaft das Wohl seiner Freunde ebenso werth wie sein eigenes; nach einer andern soll letzteres höher stehn; allein auch hier hat man später anerkannt, dass es der Gerechtigkeit widerstreite, zu der wir von Natur bestimmt sind, einem Andern etwas zu entziehn, um es für sich zu behalten. Am wenigsten wird von den Anhängern dieser Lehre gebilligt, dass die Gerechtigkeit und die Freundschaft nur des Nutzens wegen zu suchen und zu loben sei; denn dieser Nutzen könne auch zur Schwächung und Zerstörung beider führen, und es bestehe überhaupt keine Gerechtigkeit und Freundschaft, wenn sie nicht um ihrer selbst willen gesucht werde.

§ 71. Das Recht aber, das man so nennen und bezeichnen kann, besteht nach der Stoiker Ansicht von Natur, und der Weise wird deshalb Niemandem Unrecht thun oder ihm schaden. Es ist aber nicht recht, mit Freunden und Solchen, denen man Dank schuldet, sich zum Unrecht zu verbinden und zu vereinen, und sehr richtig und nachdrücklich wird gelehrt, dass die Gerechtigkeit von dem Nutzen nicht getrennt werden könne und dass das Billige und Gerechte auch sittlich, und umgekehrt das Sittliche auch gerecht und billig sei.

§ 72. Zu den besprochenen Tugenden fügen die Stoiker auch die Dialektik und die Naturwissenschaft; beide heissen bei ihnen Tugenden, weil die erstere sorgt, dass man dem Falschen nicht zustimme und durch eine trügerische Wahrscheinlichkeit sich nicht täuschen lasse; auch werde durch sie das über die Güter und Uebel Erkannte festgehalten und vertheidigt. Ohne diese Kunst kann nach ihrer Meinung man leicht von dem Wahren abgeführt und getäuscht werden. Deshalb werde mit Recht, wenn das dreiste Behaupten und die Unwissenheit überall ein Fehler sei, die Kunst, welche diese Fehler beseitigt, eine Tugend genannt.

KAPITEL XXII.

§ 73. Der Naturwissenschaft ist die gleiche Ehre und nicht ohne Grund zugesprochen worden, weil Der, welcher naturgemäss leben will, von der ganzen Welt und ihrer Verwaltung ausgehen muss. Niemand kann über die Güter und Uebel ohne Kenntniss der Verhältnisse der Natur, des Lebens und selbst der Götter richtig urtheilen, und ob die Natur des Menschen mit der allgemeinen übereinstimmt oder nicht. Die alten Vorschriften weiser Männer, welche verlangen, »der Zeit sich zu fügen«, »der Gottheit zu folgen«, »sich selbst zu erkennen« und »ja nichts zu viel zu thun«, kann Niemand ohne die Naturkenntniss in ihrer vollen Bedeutung (und diese ist eine sehr weit reichende) erfassen. Auch kann nur diese Wissenschaft lehren, was die Natur vermag zur Pflege der Freundschaft und andern Verbindungen der Liebe und zur Pflege der Gerechtigkeit. Ebenso wenig kann man ohne Verständniss der Natur einsehn, welche Verehrung und welchen grossen Dank man den Göttern schuldet.

§ 74. Doch ich sehe, dass ich weiter gegangen bin, als mein Plan verlangte; aber die wunderbare Zusammenstellung dieser Lehre und dieunglaubliche Ordnung ihres Inhaltes hat mich fortgerissen und bei den unsterblichen Göttern! sicherlich wirst auch Du diese Ordnung bewundern. Weder in der Natur, welche in Ordnung und Bestimmtheit Alles übertrifft, noch in den Werken von Menschenhänden findet sich eine gleiche Zusammenstellung, Verbindung und Fortführung. Wo stimmte nicht darin das Spätere zu dem Früheren? welche Folge entspräche nicht ihrem Vordersatze? Was wäre sonst wohl so mit einander verknüpft, dass, wenn man an einem Buchstaben rüttelt, das Ganze zusammenbricht? Doch es giebt nichts darin, woran man rütteln könnte.

§ 75. Wie ernst, wie grossartig, wie fest wird Euch die Person des Weisen darin dargestellt? Nachdem die Lehre dargelegt hat, dass nur das Sittliche ein Gut sei, muss dieser Weise immer glücklich sein, und er verdient in Wahrheit alle jene Namen, welche nur die Unwissenden verlachen. Er kann mit mehr Recht wie Tarquinius König genannt werden; denn Jener konnte weder sich noch die Seinigen beherrschen; er kann mit mehr Recht Meister des Volkes (denn das ist der Dictator) genannt werden, als Sylla, der nur der Meister in drei verpestenden Lastern, in der Schwelgerei, dem Geize und der Grausamkeit war; mit mehr Recht reicher als Crassus, der, wenn er nicht Mangel gelitten hätte, niemals den Euphrat ohne allen Anlass zum Kriege überschritten haben würde. Mit Recht nennt man Alles das Seinige, denn nur der Weise allein versteht, Alles zu benutzen; mit Recht nennt man ihn schön, denn die Züge der Seele sind schöner als die des Körpers; mit Recht allein frei, denn er ist weder der Herrschaft eines Andern unterworfen, noch fröhnt er seinen Begierden.

§ 76. Mit Recht heisst er unüberwindlich, denn wenn auch sein Leib in Fesseln geschlagen wird, so können doch seinem Geiste keine angelegt werden. Der Weise wartet auch nicht bis in sein hohes Alter, um erst dann zu entscheiden, ob er glücklich gewesen, wenn er seinen letzten Tag mit dem Tode beschliesst, wie Einer von den sieben Weisen, aber nicht weise, dem Crösus gebot; denn wäre Crösus überhaupt glücklich gewesen, so hätte sein glückliches Leben auch bis zu dem von Cyrus für ihn aufgerichteten Scheiterhaufen angedauert. Wenn es sich also so verhält, dass nur der gute Mann, aber auch alle guten Männer glücklich sind, was ist da mehr zu pflegen als die Philosophie, und was ist göttlicher als die Tugend?

VIERTES BUCH

KAPITEL I.

§ 1. Mit diesen Worten schloss Cato seine Rede und ich sagte: Wie hast Du doch von Deiner Auseinandersetzung das Viele mit so gutem Gedächtniss und das Dunkle so klar geboten! Wir müssen daher überhaupt es aufgeben, dagegen etwas zu sagen, oder wir brauchen Zeit, es zu überdenken; denn eine so sorgfältig und wenn auch vielleicht weniger wahr (denn darüber wage ich noch nicht zu entscheiden), aber doch genau begründete und entwickelte Lehre kann man nicht leicht erfassen. – Darauf sagte Cato: Wie so! habe ich doch nach dem neuen Gesetze Dich gleich denselben Tag dem Ankläger antworten und drei Stunden sprechen hören, und in meiner Sache hältst Du Aufschub nöthig? Und doch ist die, welche Du hier behandeln willst, nicht besser als die, bei denen Du bisweilen gewinnst. Deshalb greife auch hier gleich zur Sache, sie ist ja sowohl von Andern, wie von Dir so viel behandelt, dass die Antwort Dir nicht fehlen kann.

§ 2. Darauf erwiderte ich: Ich wage wahrhaftig nicht leichtsinnig mich gegen die Stoiker heraus; nicht deshalb, weil ich ihnen so sehr beistimme, sondern aus Scham, denn Vieles in ihren Reden kann ich kaum verstehn. – Ich gebe zu, sagte Cato, dass Manches dunkel ist; allein sie sprechen nicht absichtlich so, sondern die Dunkelheit liegt in der Sache. – Aber weshalb versteht man bei den Peripatetikern, wenn sie dieselben Dinge behandeln, jedes Wort? – Dieselben Dinge? entgegnete Cato; habe ich nicht ausführlich dargelegt, dass die Stoiker von den Peripatetikern nicht blos in den Worten, sondern auch in der Sache und in der ganzen Auffassung abweichen? – Ja, mein Cato, sagte ich, wenn Du dies erreicht hättest, so sollst Du mich ganz zu Dir hinüberziehn dürfen. – Ich glaube allerdings, sagte er, dies hinreichend dargelegt zu haben. Lass uns daher hiermit beginnen, wenn Du damit einverstanden bist, und das, was Du sagen willst, bring später vor. – Ich möchte doch, sagte ich, dies an dem Orte behandeln, der nach meiner Ansicht, der beste ist, wenn Du dies nicht unbillig findest. – Mache es, wie es Dir beliebt, antwortete er; wenn auch mein Vorschlag passender gewesen ist, so ist es doch billig, Jedem seine Freiheit zu lassen.

KAPITEL II.

§ 3. Ich glaube also, mein Cato, sagte ich, dass jene alten Schüler Plato's, wie Speusipp, Aristoteles und Xenokrates, und die Schüler von diesen, wie Polemo, Theophrast, ihre Lehre so vollständig und schön ausgebildet gehabt hatten, dass für Zeno kein Grund vorlag, als Schüler des Polemo, von diesem und den Aeltern sich zu trennen. Ich werde ihre Lehre vortragen und ich bitte Dich, das, was Du dagegen einzuwenden hast, zu sagen, und nicht zu erwarten, dass ich auf alles von Dir Dargelegte eingehe, weil ich vorziehe, mit der ganzen Lehre Jener die Eurige zu bekämpfen.

§ 4. Jene erkannten, dass wir von Natur Alle der Tugenden fähig seien, die bekannt und viel gerühmt sind; ich meine die Gerechtigkeit, Mässigkeit und die andern dieser Art, welche sämmtlich den übrigen Wissenschaften gleichstehn und nur durch ihren Stoff und ihre Behandlungsart als die bessern hervortreten. Sie erkannten, dass wir nach diesen Tugenden mächtiger und hastiger als nach den andern verlangen, und dass wir auch eine uns eingepflanzte oder vielmehr angeborne Begierde nach dem Wissen haben, und dass der Mensch zur Vereinigung mit seines Gleichen und zur Gesellschaft und Gemeinschaft des menschlichen Geschlechts geboren ist, und dass dies bei den grössten Geistern sich am meisten zeigt. Sie theilten daher die Philosophie in drei Theile, welche Eintheilung auch Zeno beibehalten hat.

§ 5. Durch den einen Theil wird nach ihrer Ansicht die Sittlichkeit bewirkt; indess verschiebe ich diesen, der gleichsam der Stamm für unsere Verhandlung ist, und werde bald sagen, was das höchste Gut ist; jetzt bemerke ich nur, dass die alten Peripatetiker und Akademiker, die in der Sache einig und nur in den Worten sich unterschieden, jenen Theil, welchen wir am besten den bürgerlichen nennen können und den die Griechen den politikon nennen, eingehend und ausführlich behandelt haben.

KAPITEL III.

Wie viel haben sie nicht über den Staat und die Gesetze geschrieben! Wie viele Lehren in den Wissenschaften und wie viele Beispiele eines guten Vertrages in ihren Reden hinterlassen. Zunächst haben sie die schwierigeren Fragen fein und treffend hingestellt; theils durch Definitionen, theils durch Eintheilungen; auch die Eurigen sind so verfahren, aber schmuckloser, während die Rede Jener glänzt.

§ 6. Dann haben sie die Gegenstände, welche eine geschmückte und ernste Darstellung verlangten, auch vortrefflich und glänzend behandelt; so die Gerechtigkeit, die Tapferkeit, die Freundschaft, die Führung des Lebens, die Philosophie, die Verhältnisse des Staats. Es ist nicht nach der Weise Derer geschehn, welche nach den Dornen suchen, wie die Stoiker, und die Knochen bloslegen, sondern wie Männer, die das Grosse schön und das Kleine deutlich darlegen. Deshalb haben wir von ihnen so viele Trostschreiben, so viele Ermahnungen, so viele Erinnerungen und Rathschläge, die sie in ihren Schriften an die höchsten Personen gerichtet haben. Es bestand bei ihnen eine zwiefache Art der Behandlung, wie es auch der zwiefachen Natur der Gegenstände entsprach. Denn jede Frage ist entweder an sich selbst, ohne Beziehung auf die Personen und Zeiten, oder in Verbindung mit diesen in thatsächlicher oder in rechtlicher Hinsicht oder in ihrer Fassung zweifelhaft. Sie behandelten sie deshalb nach beiden Gesichtspunkten, und durch dieses Verfahren erreichten sie nach beiden Richtungen ihre Gewandtheit der Darstellung.

§ 7. Diese ganze Methode haben Zeno und seine Anhänger entweder nicht einhalten gekonnt oder gewollt; jedenfalls haben sie sie verlassen. Allerdings haben Cleanthes und selbst Chrysipp eine Rednerkunst geschrieben; aber sie ist der Art, dass, wenn Jemand schweigen zu lernen wünscht, er sie lesen muss. So siehst Du, wie sie verfahren; sie bilden neue Worte und geben die gebräuchlichen auf. Und wie Grosses unternehmen sie! Die ganze Welt soll unsre Wohnstätte sein. Das begeistert die Zuhörer. Du siehst die Wichtigkeit solchen Vertrages; wer in Circeji wohnt, soll die ganze Welt für seine Vaterstadt halten. Aber soll das entzünden? Eher wird es abkühlen, wenn ein Brennender sich einfindet. Selbst das, was Du kurz und gerundet zusammenfasstest, dass der Weise allein der König, Meister und Reicher sei, das hast Du freilich von den Lehrern der Redekunst gelernt; aber wie mager wird selbst die Kraft der Tugend von ihnen dargestellt, die doch so gross sein soll, dass sie durch sich allein glücklich machen kann. Durch ihre kleinen verschränkten Vernunftschlüsse stechen sie wie mit Nadeln, und selbst bei Denen, die ihnen zustimmen, wird die Gesinnung damit nicht gebessert; diese gehen so fort, wie sie gekommen sind; denn die Gegenstände sind vielleicht wahr, jedenfalls von Bedeutung; aber sie werden von ihnen nicht, wie es sich gehört, sondern zu kleinlich behandelt.

KAPITEL IV.

§ 8. Es folgen nun die Regeln über das Erörtern und über die Lehre von der Natur; denn auf das höchste Glück werde ich, wie gesagt, bald kommen und die ganze Ausführung zu dessen Erläuterung benutzen. In jenen beiden Theilen hat Zeno keine Veränderung beabsichtigt. Alles verhielt sich hier bereits und zwar in beiden Theilen vortrefflich; denn die Alten haben über die Regeln, nach welchen eine Erörterung stattzufinden hat, Alles erschöpft; sie haben das Meiste definirt und die Kunst des Definirens gelehrt; ebenso haben sie die Eintheilungen gegeben, welche zu den Definitionen gehören, und gelehrt, wie hier zu verfahren sei. Dasselbe gilt von den Gegensätzen, von denen sie dann zu den Gattungen und Arten übergehen. Bei den Beweisführungen beginnen sie mit dem, was ihnen als selbstverständlich gilt; dann gehen sie der Reihe nach weiter und das Wahre der einzelnen Vordersätze führt zu der letzten Schlussfolgerung.

§ 9. Die Mannichfaltigkeit ihrer Beweise und Schlussfolgerungen ist gross und deren Unterschied von den verfänglichen Fragen und Scheinbeweisen wird dargelegt. Sie warnen wiederholt, den Sinnen ohne die Vernunft oder der Vernunft ohne die Sinne zu vertrauen; keiner soll von dem andern getrennt werden. Das, was die Dialektiker jetzt aufstellen und lehren, ist von ihnen bereits dargelegt und aufgefunden worden. Chrysipp hat diese Gegenstände zwar sehr ausführlich behandelt, allein Zeno viel weniger als die Alten; und was Jener hierüber sagt, ist nicht besser als bei den Alten, ja, Manches hat er ganz übergangen.

§ 10. Wenn es zwei wissenschaftliche Fertigkeiten giebt, durch welche jede Lehre und ihre Darstellung die Vollendung erhält, eine, welche erfindet, und eine, welche erörtert und begründet, so haben die letztere Kunst sowohl die Stoiker wie die Peripatetiker vortrefflich gelehrt, die erstere aber nur die Peripatetiker, während die Stoiker sie nicht einmal berührt haben. Aus welchen Orten, gleich Schätzen, der Inhalt zu entnehmen ist, haben die Eurigen kaum geahnt, während die Alten es kunstgemäss und folgerecht gelehrt haben. Damit haben sie erreicht, dass sie nicht immer über dieselben Dinge die gleichsam vorgesagten Sätze abzuleiern und an ihren nachgeschriebenen Heften festzuhalten brauchten. Denn wenn man weiss, wo jedwedes zu suchen ist und auf welchem Wege man dazu gelangen kann, so wird man es auch, selbst wenn es verschüttet ist, auffinden und deshalb bei den Verhandlungen immer auf eignen Füssen stehen können. Allerdings steht den mit grossem Geistbegabten Männern für ihre Darstellung ein reicher Inhalt auch ohne wissenschaftliche Anleitung zu Gebote; allein die Kunst bleibt doch hier immer eine zuverlässigere Führerin, als die Natur. Denn ein Ausschütten von Worten nach Art der Dichter ist noch kein begründetes und kunstgemässes Unterscheiden in dem, was man sagt.

KAPITEL V.

§ 11. Das Gleiche gilt von der Erkenntniss der Natur, mit der sowohl diese Männer wie die Stoiker sich beschäftigen. Auch geschieht dies nicht blos, wie Epikur meint, aus den zwei Gründen, dass die Furcht vor dem Tode und vor der Religion vertrieben werden solle, vielmehr führt die Kenntniss der Gegenstände des Himmels auch zu einer gewissen Bescheidenheit, wenn man die grosse Mässigung der Götter, ihre hohe Ordnung erkennt und aus den Werken und Thaten derselben ihre Seelengrösse ersieht. Dasselbe gilt für die Gerechtigkeit, wenn man das Wesen des höchsten Leiters und Herrn, seine Absichten und seinen Willen erfasst hat. Seine mit der Natur übereinstimmende Vernunft wird von den Philosophen für das wahre und höchste Gesetz erklärt.

§ 12. Diese Erklärung der Natur gewährt eine unerschöpfliche Lust in Erforschung der einzelnen Dinge, und schon sie allein gewährt, wenn für die Nothdurft des Lebens gesorgt ist, dem von den Geschäften freien Mann eine anständige und gebildete Beschäftigung. Hieraus erhellt, dass die Stoiker in dieser ganzen Lehre bei den wichtigsten Punkten nur Jenen gefolgt sind; daher erkennen sie das Dasein der Götter an und lassen Alles aus den vier Elementen bestehen. Bei der weitern, allerdings schwierigen Frage, ob es noch ein fünftes Element gebe, aus dem die Vernunft und die Einsicht entstehe, wohin auch die Untersuchung über die Seele und ihre Natur gehört, erklärte Zeno das Feuer für dies Element. Einiges, aber im Ganzen nur Weniges, trug er dann etwas anders vor; in der Hauptsache stimmte er aber bei, dass die ganze Welt und ihre wichtigsten Theile durch den göttlichen Geist und seine Natur regiert werden. Im Uebrigen ist der Inhalt und die Menge desselben bei den Stoikern hier dürftig, bei jenen aber höchst reichhaltig.

§ 13. Wie Vieles ist nicht von ihnen beschafft und gesammelt worden über die Gattungen, die Entstehung, die Glieder und das Lebensalter der Thiere; wie Vieles über die Erzeugnisse der Erde. Sie haben eine Menge Untersuchungen angestellt über die mannichfachsten Gegenstände, über die Ursachen der Vorgänge in der Natur und über die Gesetze, nach denen sie geschehen, und man kann aus diesem reichen Vorrath den zureichenden und sichern Anhalt für die Erkenntniss der Natur der einzelnen Dinge entnehmen. Deshalb war, so viel ich einsehe, auch kein Grund zur Veränderung des Namens vorhanden; selbst wenn Zeno nicht in Allem nachfolgte, so ist er doch von dort ausgegangen. Auch den Epikur halte ich nur für einen Anhänger des Demokrit; wenigstens in der Naturwissenschaft. Einzelnes, ja vielleicht auch Mehreres ändert er wohl; allein bei den meisten Dingen sagt er dasselbe und sicherlich bei den wichtigsten, und wenn die Eurigen dasselbe thun, so sind sie doch den Erfindern dafür nicht dankbar genug.

KAPITEL VI.

§ 14. Soviel hiervon; jetzt wende ich mich, wenn es Dir Recht ist, zu dem höchsten Gute, was die ganze Philosophie in sich enthält, um zu sehen, was Zeno hier beigebracht hat, und weshalb er von den ersten Urhebern und gleichsam seinen Eltern abgewichen ist. Ich möchte also hier, obgleich Du, mein Cato, dies höchste Gut sorgfältig erklärt und gezeigt hast, was die Stoiker darunter verstehen und wie sie es näher bestimmen, doch auch meinerseits darüber mich auslassen, um wo möglich zu sehen, was Zeno hier Neues geboten hat. Die Frühere, insbesondere Polemo, hatten am deutlichsten ausgesprochen, dass ein naturgemässes Leben das höchste Gut sei; damit, sagten die Stoiker, werde dreierlei gemeint. Einmal ein Leben mit Anwendung der Kenntniss der Dinge, die sich natürlicherweise zutragen. Dies soll das höchste Gut für Zeno, wie man sagt, gewesen sein, indem er das von Dir genannte naturgemässe Leben so erklärte.

§ 15. Zweitens bedeute es ein Leben, was alle mittlern Pflichten oder doch die meisten davon einhalte. So aufgefasst, weicht es von dem ersten ab; jenes erste bezeichnet das Rechte, was Du katorthoma nanntest und nur von dem Weisen erreicht wird, während dieses zweite die niedern und noch nicht vollkommnen Pflichten befasst, und dies kann auch bei manchem Unweisen vorkommen. Drittens soll das höchste Gut ein Leben bezeichnen, wo man sich aller oder der meisten Dinge erfreut, die der Natur gemäss sind. Ein solches Leben hängt nicht von unserm Handeln ab; es ist erst erreicht, wenn die Tugend geübt und es mit den naturgemässen Dingen versehen ist, die aber nicht in unsrer Macht stehn. – Das höchste Gut in dieser dritten Bedeutung und ein Leben, was dies höchste Gut enthält, ist, weil die Tugend mit ihm verbunden ist, nur bei dem Weisen vorhanden und dieses höchste Gut haben, wie die Stoiker selbst in ihren Schriften anerkannt haben. Xenokrates und Aristoteles aufgestellt. Von diesen wird die Feststellung des ersten Naturgemässen, womit auch Du begonnen hast, ungefähr mit folgenden Worten gegeben:

KAPITEL VII.

§ 16. Jedes Wesen hat den Trieb, sich zu erhalten, unverletzt zu bestehen und sich in seiner Art zu erhalten. Dazu sind nach ihrer Ansicht auch Kunstthätigkeiten erforderlich, welche der Natur zu Hülfe kommen; insbesondere die Kunst des Lebens, welche das von der Natur Gegebene beschützt und das Fehlende erwirbt. Sie haben auch das Wesen des Menschen in Körper und Seele eingetheilt. Da nun beide um ihrer selbst willen begehrenswerth sind, so gilt dies auch von den Tugenden beider, und da sie die Seele in unbegrenztem Lobe über den Körperstellen, so stellten sie auch die Tugenden der Seele über die Güter des Körpers.

§ 17. Die Weisheit gilt ihnen als die Wächterin und Versorgerin des ganzen Menschen, sie begleitet und unterstützt die Natur. Deshalb ist es die Aufgabe der Weisheit, wenn sie Den schützen solle, der aus Leib und Seele bestehe, auch beides ihm zu erhalten und in beiden zu helfen. Nachdem sie die Sache zunächst so einfach festgestellt haben, führen sie das Weitere mit Scharfsinn aus. Die Lehre über die Güter des Leibes ist nach ihrer Ansicht nicht schwierig; dagegen sind sie genauer in der Untersuchung der Güter der Seele, und sie waren die Ersten, welche fanden, dass die Keime der Gerechtigkeit in ihnen enthalten seien und welche zuerst von allen Philosophen lehrten, die Natur habe es so eingerichtet, dass das Erzeugte von den Erzeugern geliebt werde und dass die Ehe des Mannes mit der Frau, die der Zeit noch vorhergeht, eine von der Natur eingerichtete Verbindung sei; aus dieser Wurzel entspringe die gegenseitige Liebe der Verwandten. Von diesen Anfängen aus haben sie den Ursprung und die Entwickelung aller Tugenden verfolgt. Auch die Seelengrösse leiteten sie davon her, durch welche man die Schicksalsschläge, da die wichtigsten Dinge in der Gewalt des Weisen stehen, leicht abwehren und ihnen entgegentreten könne. Ein nach den Lehren der alten Philosophen geführtes Leben überwindet leicht die Unbill und den Wechsel des Schicksals.

§ 18. Auf diesen von der Natur gegebenen Grundlagen entwickeln sich gewisse Erweiterungen in den Gütern, die zunächst aus der Betrachtung verborgener Dinge hervorgehen, da der Seele die Liebe zum Wissen angeboren ist, woraus denn auch die Neigung folgt, die Gründe der Dinge aufzusuchen und sie zu erörtern. Ferner geht diese Erweiterung in den Gütern daraus hervor, dass der Mensch das einzige Geschöpf ist, was der Scham und Sittsamkeit fähig ist, was das Zusammenleben und die Gesellschaft der Menschen sucht und überall darauf achtet, dass es weder in seinen Handlungen noch Worten den Anstand und die Sittsamkeit verletze. Aus diesen Anfängen und erwähnten Keimen, welche von der Natur gelegt sind, hat sich die Mässigkeit, die Bescheidenheit, die Gerechtigkeit und alles sittliche Handeln zur Vollkommenheit entwickelt und abgeschlossen.

KAPITEL VIII.

§ 19. Hiermit hast Du, mein Cato, sagte ich, einen Abriss der Lehre jener Philosophen, von denen ich gesprochen habe; und nun möchte ich wissen, weshalb Zeno von dieser alten Lehre abgefallen ist und was er nicht davon gebilligt hat. Haben sie denn nicht anerkannt, dass alle Naturen sich zu erhalten streben und dass jedes Wesen für sich selbst sorgt, um sich in seiner Art gesund und unverletzt zu erhalten? Haben sie denn nicht auch anerkannt, dass das Ziel aller Künste und Wissenschaften in dem, was die Natur am meisten aufsucht, bestehe und dass dies auch von der Kunst des ganzen Lebens gelte; und haben sie nicht auch anerkannt, dass wir aus Leib und Seele bestehen und dass diese und ihre Tugenden um ihrer selbst willen zu nehmen seien. Oder hat es Zeno missfallen, dass den Tugenden der Seele ein so grosser Vorzug gegeben worden ist? Oder haben ihm ihre Aussprüche über die Klugheit, die Erkenntniss der Dinge, über die Verbindungen des menschlichen Geschlechts, so wie über die Mässigkeit, Bescheidenheit, über die Seelengrösse und die Sittlichkeit überhaupt missfallen? Die Stoiker werden eingestehen müssen, dass all diese Lehren vortrefflich sind und dass Zeno deshalb keinen Grund gehabt, sich zu trennen.

§ 20. Sie werden wahrscheinlich sagen, dass andere grosse Irrthümer bei den Alten bestehen, welche Zeno bei seiner Begierde nach Wahrheit nicht habe ertragen können. So sei es ganz verkehrt, unzulässig und thöricht gewesen, die gute Gesundheit, die Freiheit von allem Schmerz, die Unversehrtheit der äussern Sinne zu den Gütern zu rechnen, statt zu sagen, dass zwischen diesen Dingen und ihren Gegentheilen kein Unterschied stattfinde. Alles was jene Alten für Güter erklärt hätten, seien blos vorzuziehende Dinge, aber keine Güter. Ebenso sei es thöricht, ausgezeichnete körperliche Eigenschaften zu dem zu rechnen, was um seiner selbst willen zu suchen sei; man könne sie wohl hinnehmen, aber nicht aufsuchen, und ebenso sei gegen das Leben, was nur in der einen Tugend bestehe, das Leben, was auch an den übrigen naturgemässen Dingen Ueberfluss habe, nicht zu suchen, sondern nur anzunehmen. Denn die Tugend allein bewirke schon ein so glückliches Leben, dass es nicht glücklicher werden könne. Dennoch solle aber den Weisen, obgleich sie die Glücklichsten sind, noch Manches fehlen, und deshalb suchten sie sich gegen Schmerzen, Krankheiten und Hinfälligkeit zu schützen.

KAPITEL IX.

§ 21. O! welche grosse Geisteskraft und welcher gerechte Grund zur Aufstellung einer neuen Lehre! Aber weiter! Es folgt nun, was Du so geschickt zusammengefasst hast, dass alle Unwissenheit, Ungerechtigkeit und ähnliche Laster einander gleichstünden, und dass Die, welche durch ihre Natur und durch Lehre schon der Tugend sich sehr genähert hätten, dennoch vor deren völliger Gewinnung höchst elend seien und dass zwischen deren Leben und dem der gottlosesten Menschen kein Unterschied bestehe; so dass Plato, jener grosse Mann, wenn er nicht weise gewesen wäre, weder besser noch glücklicher als der schlechteste Mensch gelebt haben würde. Dies ist also des Zeno Berichtigung und Verbesserung der alten Philosophie. Aber sie kann weder in der Stadt, noch bei den Gerichten, noch in der Rathsversammlung zugelassen werden; denn wie könnte man ein Gerede ertragen, wo der Sprecher sich öffentlich für den Lehrer eines ernsten und weisen Lebens erklärt, aber dabei nur die Worte ändert, während er denkt und empfindet wie alle Andern, und wo er den Dingen dieselbe Natur zuspricht und nur ihnen andere Namen giebt, an den Ansichten selbst nichts ändert, aber die Worte verändert.

§ 22. Soll hiernach der Vertheidiger eines Angeklagten in seiner Schlussrede behaupten, die Verbannung und die Einziehung aller Güter sei kein Uebel, und man könne dergleichen wohl ablehnen, aber dürfe dergleichen nicht fliehen? Soll er behaupten, der Richter dürfe nicht mitleidig sein? Und soll man etwa, wenn Hannibal vor die Thore gerückt wäre und seinen Speer gegen die Mauern geworfen hätte; vor dem Volke erklären, die Gefangenschaft, der Verkauf in die Sklaverei, der Tod, der Untergang des Vaterlandes sei kein Uebel? Hätte der Senat, als er dem Scipio Africanus den Triumph zuerkannte, dessen Tugend und Glück als Grund anführen dürfen, wenn die Tugend und die Tapferkeit in Wahrheit nur von dem Weisen ausgesagt werden kann? Was ist dies also für eine Philosophie, die auf dem Markte wie alle Andern spricht, aber in ihren Büchern ihre eigne Sprache redet? Zumal mit diesen neuen Worten doch nur die alten Dinge bezeichnet werden und es trotz der Neuerung doch bei dem Alten bleibt.

§ 23. Was will es sagen, ob Du den Reichthum, die Macht, die Gesundheit Güter oder blos Vorgezogenes nennest, da Der, welcher sie Güter nennt, sie doch nicht höher stellt, als Der, welcher sie Vorgezogenes nennet? Deshalb hat Panätius, jener unabhängige und ernste Mann, der würdige Freund und Genosse des Scipio und Lälius, in seiner an Q. Tubero gerichteten Schrift über Ertragung des Schmerzes nirgends behauptet, dass der Schmerz kein Uebel sei, obgleich dies, wenn er es hätte beweisen können, die Hauptsache gewesen sein würde; sondern er hat nur die Natur des Schmerzes und seine Beschaffenheit erörtert und gezeigt, wie viel Fremdes darin enthalten sei, und die Mittel, um den Schmerz zu ertragen, dargelegt. Da er ein Stoiker war, so scheint mir durch dessen Ausspruch die Rohheit ihrer Ausdrücke verurtheilt zu sein.

KAPITEL X.

§ 24. Um indess Deinen Anführungen, mein Cato, näher zu treten und schärfer auf die Sache einzugehen, so wollen wir das von Dir eben Gesagte mit dem vergleichen, was ich über das Deinige stelle. Das, was Ihr mit den Alten gemein habt, wollen wir als zugestanden annehmen und, wenn es Dir recht ist, nur die Punkte erörtern, wo Ihr abweicht. – Ich bin ganz damit einverstanden, sagte er, dass diese Punkte schärfer und eindringender verhandelt werden; denn das, was Du bisher gesagt, ist zwar gemeinverständlich; ich möchte aber von Dir auch Scharfsinnigeres hören. – Du von mir? sagte ich; indess will ich es versuchen, und wenn mir nicht viel davon beifallen sollte, so werde ich auch das Gemeinverständliche nicht von mir weisen.

§ 25. Ich stelle zunächst den Satz auf, dass ein Jeder für sich selbst sorgt und von der Natur vor Allem den Trieb empfangen hat, sich selbst zu erhalten. Bis hier sind wir einverstanden; es folgt nun, dass wir untersuchen, wer wir selbst sind, um uns so, wie wir sein sollen, zu erhalten. Wir sind nun Menschen und bestehen aus Leib und Seele, welche ihre besondere Beschaffenheit haben, und wir müssen, wie der erste natürliche Trieb verlangt, beides lieben und aus ihnen das höchste Gut und Uebel ableiten. Sind diese Hauptsätze richtig, so muss das höchste Gut so bestimmt werden, dass es in der Erlangung der meisten und grössten naturgemässen Dinge besteht. Dieses Ziel haben die Alten festgehalten; ich habe es mit mehr Worten ausgedrückt; Jene haben es kurz das naturgemässe Leben genannt und darin das höchste Gut gesetzt.

KAPITEL XI.

Aber nun zeige mir, wie die Stoiker oder vielmehr Du, (denn wer könnte es wohl besser als Du?) obgleich sie von diesen selbigen Grundlagen ausgegangen sind, dahin gelangen, dass das sittliche Leben, d.h. ein tugendhaftes oder naturgemässes Leben, das höchste Gut sein soll, und wie und wo Ihr plötzlich den Leib und Alles, was zwar naturgemäss ist, aber nicht in unsrer Macht steht, ja sogar die Pflichten habt fallen lassen. Ich frage also, wie ist es gekommen, dass so Vieles von der Natur Empfohlenes plötzlich von der Weisheit im Stich gelassen worden ist?

§ 27. Selbst wenn man nicht nach dem höchsten Gut für den Menschen suchte, sondern für ein Wesen, was nur ein Geist ohne Körper wäre (es mag diese Annahme erlaubt sein, um die Wahrheit um so leichter zu entdecken), so würde selbst für diesen Geist Euer Ziel nicht gelten. Er würde nach Gesundheit und Schmerzlosigkeit verlangen und die Erhaltung seiner und die Bewahrung alles Dessen begehren und ein naturgemässes Leben sich als Höchstes setzen, d.h. ein Leben, wobei man alles Naturgemässe oder das Meiste und Bedeutendste davon besitzt.

§ 28. Denn man mag sich ein lebendes Wesen denken, wie man will, selbst wenn es ohne Körper angenommen wird, so muss es doch in seiner Seele Aehnliches haben, wie in dem Körper, und deshalb kann das höchste Gut in keiner andern Weise gebildet werden, als es von mir geschehen ist. Chrysipp sagt bei Darlegung des Unterschieds unter den Geschöpfen, dass Manche durch ihren Körper, Andere durch ihren Geist sich hervorthun; Manche wären auch stark in Beiden, und hiernach erörtert er das jeder dieser Gattungen entsprechende höchste Gut. Den Menschen hat er in die Klasse der durch Geist hervorragenden Geschöpfe gestellt und er bestimmt als dessen höchstes Gut nicht etwa ein geistiges Hervorragen, sondern einen Zustand, als wenn er weiter nichts als Geist wäre.

KAPITEL XII.

Nur unter der einen Bedingung könnte man das höchste Gut in die Tugend allein setzen, wenn nämlich ein Wesen nur ein Geist ohne Körper wäre und zwar so, dass dieser Geist nichts Naturgemässes an sich hätte, also z.B. keine Gesundheit.

§ 29. Ein solches Wesen kann man sich aber nicht ein mal näher vorstellen, ohne in Widersprüche zu gerathen. – Wenn Chrysipp sagt, dass Manches verdunkelt und nicht bemerkt werde, wenn es sehr klein sei, so trete ich dem bei, namentlich wenn Epikur in Bezug auf die Lust sagt, dass sehr schwache Lustgefühle oft verdeckt und verhüllt werden; aber in diese Klasse gehören nicht die bedeutenderen Annehmlichkeiten des Körpers, die oft lange Zeit anhalten und deren es eine grosse Anzahl giebt. Also kann nur bei solchen Lustgefühlen, die wegen ihrer Schwäche nicht hervortreten, es häufiger vorkommen, dass es uns geständlich gleich ist, ob sie da sind oder nicht; so ist in Deinen Beispielen es gleichgültig, ob noch eine Laterne zu dem Sonnenschein hinzukommt, oder ein Pfennig zu den Schätzen des Crösus.

§ 30. Wo aber eine solche Abschwächung nicht eintritt, da kann doch das betreffende Gefühl schwach sein, ohne dass es uns gleichgültig wird. So ist es für Den, der zehn Jahre angenehm gelobt hat, erheblich, ob dieses Leben noch einen Monat länger dauert; es ist dieser Zusatz des Angenehmen von Gewicht, also ein Gut; aber deshalb wird, wenn dieser Zusatz nicht eintritt, das glückliche Leben nicht sofort vernichtet. Damit haben nun die Güter des Körpers grosse Aehnlichkeit; bei ihnen kann eine Vermehrung stattfinden, um welche man sich müht. Deshalb möchte ich es beinah für einen Scherz halten, wenn die Stoiker sagen, dass, im Fall zu dem tugendhaft geführten Leben noch ein Salbenfläschchen oder eine Badestriegel hinzukomme, der Weise ein Leben mit diesem Zusatz wohl lieber nehmen werde, allein glücklicher werde er dadurch nicht.

§ 31. Passt denn dieses Gleichniss? Verdient es nicht mehr Gelächter als Widerlegung? Mag ein Salbenfläschchen sein oder nicht, so wird man mit Recht ausgelacht, wenn man darum sich müht! Aber wenn Jemand die Schwere der Glieder oder die Pein von Schmerzen damit vertreibt, so verdient er grossen Dank, und wenn ein Weiser von dem Tyrannen gezwungen wird, zur Folter oder an die Pferdemaschine zu gehen, so hat er nicht die Miene, als wenn er ein Salbenfläschchen verloren hätte, sondern die eines Mannes, der einem grossen und schweren Kampf entgegen geht, den er mit seinem Hauptgegner, dem Schmerz, auszufechten hat. Er hält sich dann alle Gründe für ein tapferes und geduldiges Ausharren vor, mit deren Hülfe er diesen schweren und, wie gesagt, grossen Kampf, beginnen soll. Auch handelt es sich nicht darum, ob etwas seiner Kleinheit wegen zurücktritt oder verschwindet, sondern um Dinge, die mitgezählt werden müssen und die Summe voll machen. In einem schwelgerischen Leben verschwindet die einzelne Lust gegen die vielen andern; aber wenn jene auch nur klein ist, so bildet sie doch einen Theil des Lebens, dessen Wesen in die Lust gesetzt worden ist. Auch das einzelne Geldstück verschwindet in den Schätzen des Crösus, aber es ist doch ein Theil davon. Deshalb mögen immer die einzelnen Dinge, die man das Naturgemässe nennt, in einem glücklichen Leben nicht hervortreten, so bleiben sie doch immer Theile des glücklichen Lebens.

KAPITEL XIII.

§ 32. Wenn also, wie wir eingestehen müssen, ein natürliches Begehren nach den naturgemässen Dingen besteht, so muss man all diese Dinge gleichsam in eine Summe zusammenrechnen. Erst wenn dies geschehen ist, mag man gemächlich über die Grösse der Dinge und ihre Vortrefflichkeit verhandeln und ermitteln, wie viel ein jedes zum glücklichen Leben beitragt, und mag dies selbst auf jene Verdunkelungen ausdehnen, welche einzelne Dinge wegen ihrer Kleinheit erleiden, so dass sie kaum oder gar nicht bemerkt werden. Und wie steht es mit dem, worüber keine Meinungsverschiedenheit herrscht? Denn Niemand wird bestreiten, dass bei allen Naturen das, worauf Alles bezogen wird, ein Aehnliches ist, und zwar das Höchste von allem Begehrenswerthen. Denn jede Natur liebt sich selbst; keine lässt sich, oder einen Theil seiner, oder den Zustand und die Kraft, oder die Bewegung und den Zustand eines seiner Theile oder der naturgemässen Dinge im Stich. Welche Natur hätte wohl auf ihre Grundeinrichtung keine Rücksicht genommen? Und giebt es eine, die dieses ihr Wesen nicht vom Anfang bis zum Ende bewahrt?

§ 33. Wie sollte daher die menschliche Natur die einzige sein, die sich selbst, d.h. den Menschen, verliesse, seines Körpers vergässe und das höchste Gut nicht in den ganzen Menschen, sondern nur in einen Theil desselben verlegte? Wie wird man es da erreichen, dass für alle Naturen das höchste Gut, um das es sich handelt, das Gleiche sei, was doch die Stoiker selbst wollen und bei Allen feststeht? Es wäre dies nur dann der Fall, wenn auch bei den übrigen Naturen nur das Vorzüglichste in jeder auch das Höchste für jede wäre, wie die Stoiker das höchste Gut bestimmt haben.

§ 34. Was zögerst Du somit, die Gesetze der Natur zu ändern? Wozu sagst Du, jedes Geschöpf sei von seiner Geburt ab bestrebt, sich zu lieben und mit seiner Erhaltung beschäftiget? weshalb sagst Du nicht vielmehr, jedes Geschöpf sei mit dem, was das Beste in ihm ist, beschäftiget und sorge für dessen Erhaltung allein, und ebenso thäten auch die andern Geschöpfe nichts, als das zu erhalten, was in jedem das Beste ist? Wie kann es aber ein Bestes geben, wo kein Gutes weiter besteht? Wenn aber auch noch Anderes zu erstreben ist, weshalb wird das höchste Ziel nicht als das bestimmt, was alle diese Dinge befasst, oder die meisten und besten? So wie Phidias selbstständig eine Bildsäule beginnen und vollenden kann, aber auch eine von einem Andern begonnene Bildsäule übernehmen und vollenden kann, so verhält es sich auch mit der Weisheit; denn sie hat nicht selbst den Menschen gemacht, sondern hat den angefangenen von der Natur übernommen. Auf diese blickend hat sie das von dieser begonnene Werk, gleich einer Bildsäule, zu vollenden.

§ 35. Wie hat nun die Natur den Menschen begonnen? Und was ist die Aufgabe und die Arbeit der Weisheit? Was hat sie zu beenden und zu vollenden? Wenn nur eine gewisse Bewegung des Geistes zu vollenden ist, d.h. die Vernunft, so muss für Den, der dies annimmt, das tugendhafte Handeln als das Höchste gelten; denn die Tugend ist die Vollendung der Vernunft. Wenn aber die Vollendung nur auf den Körper zu richten ist, so ist das Höchste die Gesundheit, die Schmerzlosigkeit, die Schönheit u.s.w. Jetzt handelt es sich aber um das höchste Gut des Menschen.

KAPITEL XIV.

§ 36. Weshalb zögern wir also, in seiner ganzen Natur Das zu finden, was als Ziel gelten soll? Denn Alle sind einverstanden, dass die Aufgabe und das Amt der Weisheit in der Pflege des Menschen besteht; aber Einige (damit Du nicht denkst, ich spreche blos gegen die Stoiker) stellen Ansichten auf, wonach das höchste Gut in Etwas ausserhalb der Macht des Menschen verlegt wird, als wenn es sich um ein Ding ohne Seele handelte; Andere richten, als wenn der Mensch keinen Körper hätte, ihr Augenmerk nur auf die Seele, obgleich doch die Seele selbst kein solches leeres Etwas ist (ich weiss nicht, was, denn es ist mir unverständlich), sondern eine Art Körper ist, weshalb auch die Seele mit der Tugend allein nicht zufrieden ist, sondern noch die Freiheit von Schmerzen verlangt. Die Vertreter dieser beiden Ansichten gleichen Einem, der die linke Seite des Körpers vernachlässigt und nur die rechte beschützt; oder sie lassen sich, wie Herillus, das Erkenntnissvermögen der Seele angelegen sein, vernachlässigen aber ihr Handeln. Sie lassen Alle Vieles bei Seite und suchen nur Eines hervor, was sie eifrig verfolgen, als wenn ihre Lehre beschnitten worden wäre. Vielmehr kann nur die Ansicht Derer für vollständig und vollendet gelten, welche bei Ermittelung des höchsten Gutes für den Menschen keinen Theil, weder in seiner Seele noch in seinem Körper ohne Fürsorge gelassen haben.

§ 37. Ihr, mein Cato, habt, weil die Tugend, wie Alle einverstanden sind, die oberste und ausgezeichnetste Stelle bei dem Menschen einnimmt, und weil die Weisen für vollendet und vollkommen gelten, die Schärfe unsres Geistes durch den Glanz der Tugend verdunkelt. Bei jedem Geschöpf giebt es ein Höchstes und Bestes, wie bei den Pferden und Hunden; allein trotzdem wollen sie auch vom Schmerze frei und gesund sein. Ebenso wird auch bei dem Menschen seine Vollkommenheit in dem, was das Beste an ihm ist, nämlich in der Tugend, am meisten gelobt.

Daher scheint Ihr mir den Weg der Natur und ihre Entwickelung nicht gehörig zu beachten. Wenn sie bei dem Getreide den Halm, nachdem das Korn gereift ist, verlässt und nicht weiter beachtet, so thut sie doch nicht das Gleiche bei dem Menschen, nachdem sie ihn zu dem Gebrauch der Vernunft geleitet hat. Das Neue tritt bei ihm immer nur in der Weise hinzu; dass das Frühere, was sie gewährt hat, nicht aufgegeben wird.

§ 38. So fügt sie den Sinnen später die Vernunft bei, aber wenn dies geschehen ist, verlässt sie die Sinne nicht. Wenn z.B. der Weinbau, dem es obliegt, den Weinstock in allen seinen Theilen aufs Beste herzustellen und zu erhalten, wenn man also sich vorstellte (da auch uns eine Erdichtung, wie Euch, zur Belehrung gestattet sein wird), dass dieser Weinbau in dem Weinstock selbst enthalten wäre, so wird er, ebenso wie vorher, für Alles sorgen, was zur Entwickelung des Weinstocks nöthig ist; aber er wird sich selbst über alle Theile des Weinstocks stellen und sich selbst für das Beste in demselben halten; ebenso werden die Sinne, wenn sie der menschlichen Natur hinzutreten, zwar diese, aber auch sich selbst beschützen, und wenn die Vernunft dann noch hinzugetreten ist, so wird ihr eine solche Herrschaft eingeräumt werden, dass alle ersten Triebe der Natur ihrem Schutze untergeben werden.

§ 39. Sie wird also von deren Pflege nicht ablassen, wenn sie als die Vorgesetzte das ganze Leben leiten soll. Ich kann mich deshalb über die Widersprüche Derer nicht genug verwundern, die das eine Mal anerkennen, dass die Triebe, welche sie hormê nennen, ferner die Pflichten und die Tugenden selbst zu dem Naturgemässen gehören, aber dann bei Aufsuchung des höchsten Guts dies Alles überspringen und uns zwei Aufgaben statt einer setzen; Einiges soll man annehmen, Anderes begehren, während sie vielmehr Beides in ein Ziel hätten zusammenfassen sollen.

KAPITEL XV.

§ 40. Ihr sagt indess, dass die Tugend nicht fest begründet werden könne, wenn das ausserhalb der Tugend Liegende auch zum glücklichen Leben gehören solle. Allein dies ist durchaus verkehrt; man kann die Tugend nicht einführen, wenn nicht Alles, was sie erwählen und was sie verwerfen soll, auf ein Höchstes bezogen wird. Wollten wir uns selbst ganz vernachlässigen, so würden wir in die Fehler und Laster des Aristo verfallen und vergessen, welche Grundsätze wir selbst für die Tugend aufgestellt haben; wollten wir aber diese Dinge zwar nicht vernachlässigen, aber doch nicht zu dem Höchsten mit rechnen, so würden wir so ziemlich der Leichtfertigkeit Herill's uns nähern, und wir hätten dann die Einrichtung für zwei Leben zu treffen. Herill stellt nämlich zweierlei höchste Güter auf; wäre dies richtig, so hätten sie vereinigt werden müssen; jetzt werden sie aber getrennt hingestellt; eines oder das andere, was durchaus verkehrt ist.

§ 41. Deshalb verhält es sich umgekehrt und die Tugend kann nicht begründet werden, wenn sie nicht die ersten Triebe der Natur als zum Höchsten mit gehörig festhält. Man sucht nach einer Tugend, welche die Natur nicht verlässt, sondern sie beschützt; aber die Eure schützt nur einen Theil und vernachlässigt das Uebrige. Die menschliche Natur würde, wenn sie sprechen könnte, sagen, dass ihre ersten gleichsam Griffe im Begehren auf Erhaltung dessen gerichtet gewesen, womit sie auf die Welt gekommen sei. Indess habe ich noch nicht erklärt, was die Natur am meisten verlangt, und ich will es deshalb nachholen. Es ist offenbar nichts Anderes, als dass kein Theil der Natur vernachlässigt werde. Besteht sie nun blos aus Vernunft, so mag das höchste Gut lediglich in der Tugend bestehn; gehört aber auch ein Leib dazu, sollte da wohl die Entwickelung der Natur dahin führen, dass man das vernachlässigt, was man vor dieser Entwickelung besass? Wäre dann das naturgemässe Leben nicht vielmehr ein Abweichen von der Natur?

§ 42. So wie einige Philosophen, die von den Sinnen ausgehend später Grösseres und Göttlicheres geschaut haben und dann die Sinne verlassen haben, so verfahren auch Die, welche, von dem Begehren nach den Dingen ausgehend, dann die Schönheit der Tugend erblickt haben; sie werfen alles ausser der Tugend Gesehene bei Seite und vergessen, dass jede Natur in ihrem Begehren sich so entwickelt, dass sie von den Anfängen zu den Zielen fortgeht und sie übersehen, dass sie diesen schönen und bewundernswerthen Dingen die Grundlage entziehen.

KAPITEL XVI.

§ 43. Mir scheinen daher Alle sich geirrt zu haben, welche das höchste Gut in das sittliche Leben setzten; indess der Eine mehr als der Andere; am meisten Pyrrho, welcher nach Aufstellung der Tugend durchaus nichts Begehrenswerthes daneben gelten lässt; dann Aristo, der nicht so weit ging, sondern Dinge anerkannte, welche den Weisen erregen, so dass er sie begehrt, wenn sie ihm in den Sinn kommen, oder gleichsam begegnen. Er steht über Pyrrho, weil er noch andere Dinge neben der Tugend als begehrenswerth anerkennt, aber er steht hinter den Uebrigen zurück, weil er ganz von der Natur abgewichen ist. Die Stoiker stehen Beiden in so weit gleich, als sie in die Tugend allein das höchste Gut setzen; indem sie aber auch eine Grundlage für die Pflichten suchen, stehen sie über Pyrrho, und indem sie kein solches Entgegenkommendes sich ausdenken, auch höher als Aristo; indem sie aber das von ihnen als naturgemäss Anerkannte und um sein selbst willen zu Suchende nicht in das höchste Gut einschliessen, fallen sie von der Natur ab und gleichen gewissermassen dem Aristo. Dieser stellt entgegenkommende Dinge auf, ich weiss nicht welche; die Stoiker stellen nun zwar ein erstes Naturgemässe auf, aber trennen es vom Endziele und vom höchsten Gute; soweit sie nun jenes zu einem bevorzugten machen, um damit eine Auswahl zu ermöglichen, folgen sie der Natur; indem sie aber bestreiten, dass es zu dem höchsten Gute gehöre, weichen sie wieder von der Natur ab.

§ 44. Bis hierher habe ich ausgeführt, dass Zeno keinen Grund hatte, von den anerkannten Lehren der Aeltern abzuweichen; ich gehe nun zu dem Uebrigen fort, wenn Du, mein Cato, nicht auf das Bisherige Etwas erwidern willst oder ich nicht schon zu lange gesprochen habe. – Keines von Beiden, sagte er; vielmehr möchte ich, dass Du Deine Ausführung vollendetest, und Deine Rede wird mir nicht zu lang werden. – Sehr gut, sagte ich; was kann mir lieber sein, als mit Cato, dem Muster aller Tugenden, über die Tugend mich zu unterhalten.

§ 45. Ich bitte Dich, zunächst zu beachten, dass Euer oberster Grundsatz, der alles Andere nach sich zieht und wonach nur das Sittliche allein das Gut und ein sittliches Leben das höchste Gut ist, Euch mit allen Denen gemeinsam ist, welche in der Tugend allein das höchste Gut finden, und wenn Ihr sagt, dass man sich von der Tugend keinen Begriff machen könne, wenn noch etwas Anderes als das Sittliche dazu gerechnet werde, so wird auch dies von Denen behauptet, die ich eben genannt habe. Mir hätte es nun richtiger geschienen, wenn Zeno bei seinem Streit mit Polemo, von dem er die ersten Naturtriebe übernommen hatte und mit dem er die Grundlagen, von Denen sie ausgingen, gemeinsam hatte, den Punkt beachtet hätte, wo er zuerst einzuhalten habe, und bei welchem Punkte der Anlass zu seinen abweichenden Ansichten zuerst hervortrete; und wenn er sich nicht Denen zugesellt hätte, welche gar nicht behaupteten, dass ihr höchstes Gut von der Natur ausgehe, während er doch dieselben Beweisgründe und Aussprüche, welche diese aufgestellt hatten, benutzte.

KAPITEL XVII.

§ 46. Ich kann es nicht billigen, dass, nachdem Ihr nur in das Sittliche das höchste Gut verlegt habt, denn doch wieder es für nothwendig anerkennt, Anfänge, die der Natur angemessen und entsprechend sind, aufzustellen und die Tugend in der Auswahl unter diesen bestehen zu lassen. Ihr durftet die Tugend nicht in eine solche Auswahl setzen, und so dem höchsten Gute noch etwas Anderes anfügen; vielmehr muss Alles, was man ergreifen, auswählen und wünschen soll, in dem höchsten Gute selbst enthalten sein, damit Dem, welcher es erreicht hat, nichts abgehe. Siehst Du nicht, wie klar für Die, welche das höchste Gut in die Lust setzen, vorliegt, was sie zu thun und zu unterlassen haben? Bei diesen zweifelt Niemand, wohin all ihre Pflichten abzielen, was er aufsuchen und vermeiden solle. Und wenn das von mir vertheidigte als das höchste Gut anerkannt wird, so erhellt auch hier sofort, welche Pflichten bestehen und was zu thun ist. Bei Euch dagegen, die Ihr nur das Rechte und Sittliche als höchstes Gut anerkennt, sucht man vergebens die Grundlage für die Pflichten und die Handlungen.

§ 47. Um diese Grundlage zu gewinnen, müssen Alle, sowohl Die, welche sagen, dass sie nur dem nachgehen, was ihnen einfällt oder in dem Sinn kommt, als auch Ihr, zur Natur zurückkehren; und die Natur wird Euch und Jenen mit Recht antworten, dass es falsch sei, wenn man das Endziel des glücklichen Lebens wo anders suche, aber doch die Grundsätze des Handelns von der Natur entnehme; vielmehr müsse dieselbe Grundlage sowohl die Grundsätze des Handelns, wie das höchste Gut befassen. So wie die Ansicht Aristo's schon beseitigt ist, wonach kein Unterschied in den Dingen bestehn, und es neben den Tugenden und Lastern nichts geben soll, wobei eines mehr werth sei als das andere, so irrt auch Zeno, wenn er nur in der Tugend oder dem Laster und in sonst keinem Dinge die geringste Bedeutung für die Erlangung des höchsten Gutes findet. So soll also alles Andere für das glückliche Leben keine Bedeutung haben, aber dennoch soll unter demselben Einzelnes das Begehren bestimmen; als ob dieses Begehren in keiner Beziehung zu dem höchsten Gute stehe.

§ 48. Was ist widersprechender, als wenn die Stoiker nach Erkenntniss des höchsten Guts zur Natur sich zurückwenden, um aus ihr die Grundlagen für das Handeln, d.h. für die Pflichten zu gewinnen? Nicht das Handeln oder die Pflicht treibt zu dem Begehr des Naturgemässen, vielmehr wird von diesem das Begehren und das Handeln erweckt.

KAPITEL XVIII.

Ich komme nun zu den kurzen Aussprüchen, welche Du als Folgesätze bezeichnetest; zunächst zum kürzesten von allen: Alle Güter sind lobenswerth und alles Lobenswerthe ist sittlich, mithin sind alle Güter sittlich. Oh! welch bleierner Dolch! wer wird Dir den ersten Satz zugeben; denn dann bedürfte es nicht des zweiten; da, wenn alle Güter lobenswerth sind, sie auch alle sittlich sind.

§ 49. Niemand, mit Ausnahme des Pyrrho, Aristo und seiner Gesangsgenossen, wird Dir dies zugestehen, und deren Ansichten theilst Du nicht; dagegen wird Aristoteles, Xenokrates mit all ihren Anhängern es nicht einräumen, da ihnen auch die Gesundheit, die Kräfte, der Reichthum, der Rahm und vieles Andere als ein Gut gilt, ohne dass sie sie für lobenswerth halten. Wenn schon diese Männer so verfahren, welche das höchste Gut nicht ausschliesslich in die Tugend setzten, aber die Tugend doch allem Andern voranstellten, was kann man da erst von Denen erwarten, welche die Tugend überhaupt von dem höchsten Gute ausschliessen, wie Epikur, Hieronymus und selbst Jene, die an dem höchsten Gut des Carneades festhalten?

§ 50. Selbst Callipho und Diodor könnten Dir dies nicht zugestehen, da sie mit der Sittlichkeit noch etwas Anderes, davon Verschiedenes, verbinden. Wirst Du aber, mein Cato, aus nicht zugestandenen Vordersätzen das ableiten wollen, was Du brauchst? – Aber nun kommen wir zu jenem Kettenschluss, obwohl Ihr diese Art von Schlüssen für fehlerhaft haltet. Er lautet: Was ein Gut ist, das ist auch wünschenswerth, und was wünschenswerth ist, das ist zu erstreben, was zu erstreben ist, das ist löblich, und so weiter die übrigen Glieder. Auch hier kann ich nicht nachgeben. Denn in dieser Weise wird Niemand Dir zugestehen, dass das zu Erstrebende löblich sei. Am wenigsten folgerecht, sondern besonders fehlerhaft ist ferner der Schluss, wo Jene, nicht Du, sagen, dass ein ruhmwürdiges Leben auch ein glückliches sei, weil ohne Sittlichkeit Niemand mit Recht gerühmt werden könne.

§ 51. Polemo wird das dem Zeno zugestehen; ebenso sein Lehrer und seine Anhänger und die Uebrigen, welche die Tugend zwar Allem weit voranstellen, aber ihr doch bei Bestimmung des höchsten Guts noch Etwas beifügen. Aber wenn es auch richtig ist, dass die Tugend des Rühmens werth ist und in unbesiegbarer Weise allem Anderen voransteht, und Jemand auch mit der Tugend allein und ohne sonst etwas glücklich sein kann, so kann man Dir doch nicht zugestehen, dass nur die Tugend und sonst Nichts zu den Gütern zu rechnen sei. Dagegen werden Die, für welche das höchste Gut die Tugend nicht enthält, wahrscheinlich nicht zugestehen, dass Der ein glückliches Leben habe, welcher mit Recht gerühmt werden kann, obgleich auch Diese den Ruhm mitunter zu der Lust rechnen.

KAPITEL XIX.

§ 52. Du siehst also, dass Du entweder Sätze benutzest, die man nicht zugesteht, oder dass Sätze, die man zugesteht, Dir nichts nützen. Ich möchte vielmehr annehmen, dass bei allen diesen Schlussfolgerungen es uns und der Philosophie am Besten anstünde, namentlich bei Aufsuchung des höchsten Guts, unser Leben, unsere Absichten und Pläne zu verbessern und nicht blos die Worte. Wer kann, wenn er jene kurzen und scharfsinnigen Sätze hört, die Dir so gefallen, seine eignen Ansichten aufgeben? Man erwartet und horcht, zu vernehmen, weshalb der Schmerz kein Uebel sei? Man hört zwar, dass der Schmerz hart, lästig, verhasst, unnatürlich, kaum erträglich sei, aber trotzdem sei er kein Uebel, weil er keinen Betrug, keine Unredlichkeit noch Bosheit, noch Schuld oder Schlechtigkeit enthalte. Wer dies hört, wird, wenn er auch nicht lachen sollte, doch bei seinem Fortgehen nicht fester in Ertragung des Schmerzes geworden sein, als er gekommen ist.

§ 53. Du dagegen bestreitest, dass Jemand tapfer sein könne, wenn er den Schmerz für ein Uebel halte. Warum soll er aber tapferer sein, wenn er doch, wie Du zugiebst, den Schmerz für hart und kaum erträglich hält? Die Feigheit entspringt doch aus der Sache und nicht aus den Worten. Du sagst ferner, dass das ganze Lehrgebäude zusammenfalle, wenn man auch nur an einem Buchstaben rüttle. Aber meinst Du, dass ich nur Buchstaben und nicht ganze Seiten wankend mache? Es mag sein, wie Du lobend hervorhobst, dass bei den Stoikern die Dinge in guter Ordnung vorgetragen werden und Alles zu einander passt und unter sich verknüpft ist (wie Du sagtest), aber man darf doch sich dem nicht anschliessen, wenn die Sätze zwar zu einander passen und der Gang richtig eingehalten worden, aber wenn sie von falschen Obersätzen abgeleitet sind.

§ 54. So wich Dein Zeno schon bei seinem ersten Grundsatze von der Natur ab, wenn er das höchste Gut in die Vortrefflichkeit des Verstandes, die wir Tugend nennen, setzte und nichts Anderes für ein Gut gelten lassen wollte, als das Sittliche, und wenn er behauptete, die Tugend könne nicht bestehen, wenn bei den übrigen Dingen irgend ein Unterschied nach Gut oder Schlecht stattfinde. Aus diesen Vordersätzen hat er die Folgesätze richtig abgeleitet; dies muss ich anerkennen; allein diese Folgesätze sind doch in sich so unwahr, dass die Sätze, aus denen sie abgeleitet sind, nicht wahr sein können.

§ 55. Denn die Dialektiker lehren, wie Du weisst, dass, wenn die aus einem Satz sich ergebenden Folgen falsch seien, auch der Satz selbst, aus dem sie folgen, falsch sei. Darauf beruht der nicht blos wichtige, sondern auch klare Schluss, von dem die Dialektiker jede Rechtfertigung für überflüssig halten, nämlich der Schluss: Wenn Jenes ist, so ist auch Dieses; wenn aber Dieses nicht ist, so ist auch Jenes nicht. Daher fallen mit Beseitigung Eurer Folgesätze auch Eure Vordersätze. Was sind nun Eure Folgesätze ? Alle, die nicht weise sind, sollen gleich elend sein; alle Weisen sollen höchst glücklich sein; alle rechten Handlungen sollen sich gleich stehn und ebenso alle Uebelthaten. Dies klang im Anfange grossartig, aber als man es genauer betrachtete, konnte man nicht beitreten. Denn die Sinne eines Jeden und die Beschaffenheit der Dinge und die Wahrheit selbst schrien gleichsam laut auf, wie es nicht angehe, dass unter den Dingen, die Zeno gleich machen wollte, kein Unterschied bestehe.

KAPITEL XX.

§ 56. Später hat Dein feiner Punier (denn Du weisst ja, dass die Einwohner von Citium, Deine Klienten, aus Phönizien stammen), ein scharfsinniger Kopf, da er sah, dass er in der Sache nicht obsiegen könne und die Natur dem widerstreite, angefangen, die Worte zu verdrehen; zunächst gab er zu, dass die Dinge, welche wir für Güter halten, angemessen, passend und unsrer Natur entsprechend seien, und er begann einzuräumen, dass für den Weisen, d.h. für den höchst Glücklichen es doch angenehmer sei, wenn er das besitze, was er zwar Güter zu nennen nicht wagte, aber als naturgemäss anerkannte. Er behauptete daher nicht, dass Plato, sofern er nicht als Weiser gelten könne, in demselben Zustande wie der Tyrann Dionysius sich befunden habe; denn für Diesen sei das Sterben das Beste gewesen, weil an seiner Weisheit verzweifelt werden musste, während für Jenen das Leben besser gewesen, da er noch die Hoffnung auf Erlangung der Weisheit hatte. Ebenso erkannte er an, dass manche Fehler erträglich seien, andere nicht; weil manche mehr, andere weniger Pflichten verletzen, und dass unter den Unwissenden Manche der Art wären, dass sie die Weisheit niemals erlangen könnten, während Andere, wenn sie entsprechend gehandelt hätten, dies vermocht haben würden.

§ 57. Dieser Mann sprach allerdings anders wie die übrigen Stoiker, allein innerlich dachte er doch wie sie. Indess schätzte er das, was er selbst als Güter nicht anerkennen wollte, nicht geringer als Die, welche es für Güter erklärten. Was hat er daher mit dieser Veränderung der Worte bezweckt? Er hätte wenigstens etwas von dem Gewichte bei diesen Dingen abnehmen und sie ein wenig geringer als die Peripatetiker schätzen sollen, damit man gesehen, er spreche nicht blos anders, sondern habe auch eine andere Meinung. Aber was sagt Ihr nun über das glückliche Leben, auf welches Alles bezogen wird? Ihr bestreitet, dass es jenes sei, was im Besitz Alles dessen ist, was die menschliche Natur begehrt; vielmehr setzt ihr es in die Tugend allein. Wenn nun aller Streit entweder über die Sache oder über deren Namen geführt wird, so entsteht ein solcher nach beiden Beziehungen, wenn man entweder die Sache nicht kennt oder in deren Namen sich irrt; ist keines von beiden der Fall, so soll man sich sorgfältig derjenigen Worte bedienen, welche die gebräuchlichsten und passendsten sind, d.h. welche die Sache selbst am besten bezeichnen.

§ 58. Vielleicht kann man aber zweifeln, ob nicht die Alten, wenn sie auch in der Sache nichts versehen haben, doch in den Worten sich passender hätten ausdrücken können; wir wollen also zunächst ihre Ansichten untersuchen und dann auf die Worte zurückkommen.

KAPITEL XXI.

Nach ihnen wird das Begehren in der Seele erweckt, wenn ihr Etwas als naturgemäss erscheint; alles Naturgemässe sei aber schätzenswerth und zwar jedes nach seiner Bedeutung. Von dem Naturgemässen habe ein Theil nichts von dem oft genannten Verlangen in sich; und es gelte weder als sittlich noch als löblich; ein anderer Theil errege in allem Lebendigen die Lust und bei dem Menschen auch die Vernunft. Von Letzterem werde das Passende sittlich, schön und lobenswerth genannt; das Andere heisse das Natürliche, und dieser Theil, verbunden mit dem Sittlichen, vollende das glückliche Leben.

§ 59. Von allen jenen angenehmen Dingen, die sie zwar Güter nennen, aber die sie nicht höher stellen, als Zeno, welcher leugnet, dass sie zu den Gütern gehören, ist das Sittliche und Löbliche bei Weitem das vorzüglichere; wenn aber ein zwiefaches Sittliche vorliege, von denen das eine mit Gesundheit, das andere mit Krankheit verbunden ist, so könne man zwar darüber nicht zweifeln, zu welchem von beiden die Natur selbst uns führen werde; allein trotzdem sei die Macht der Sittlichkeit so gross und sie übertreffe alles Andere so sehr, dass der Mensch sich durch keine Strafe und keinen Lohn von dem abbringen lassen werde, was er als recht erkannt habe; vielmehr könnten alle Schwierigkeiten, Widerwärtigkeiten und Unfälle durch die Tugenden, mit welchen die Natur uns geschmückt habe, zu nichte gemacht werden. Dies sei zwar nicht so leicht und jene Dinge seien von Bedeutung; denn was hätte man sonst so Grosses an der Tugend; aber unser Urtheil müsse immer dahin gehen, dass in diesen Dingen nicht die Hauptsache für das glückliche oder unglückliche Leben enthalten sei.

§ 60. Kurz, die Dinge, welche Zeno schätzbar, annehmbar und naturgemäss genannt hat, nennen Jene Güter, und das glückliche Leben besteht nach ihnen aus den genannten Dingen, oder wenigstens aus den meisten und wichtigsten davon. Zeno nennt dagegen nur das ein Gut, was wegen seiner eigenthümlichen Schönheit zu erstreben ist, und nur das ein glückliches Leben, was tugendhaft verlebt wird.

KAPITEL XXII.

In der Sache selbst wird zwischen mir und Dir, mein Cato, keine Meinungsverschiedenheit bestehen; in der Sache sind wir überall einig; nur geben wir den Dingen verschiedene Namen. Auch Zeno hat dies wohl gewusst, allein er ergötzte sich an glänzenden und hochklingenden Worten; denn wenn er es so meinte, wie er sprach, so bliebe kein unterschied zwischen ihm und dem Pyrrho und Aristo. Wenn er aber mit Diesen nicht einer Meinung war, wozu nutzte es da, sich von Denen, mit welchen er in der Sache einig war, in den Worten zu trennen?

§ 61. Wenn nun die Schüler des Plato und deren Zuhörer wieder lebendig würden und zu Dir sprächen: Wir hören, mein Cato, dass Du der Philosophie eifrig ergeben, ein Mann voll Rechtlichkeit, der beste Richter, der gewissenhafteste Zeuge seiest und wundern uns deshalb, weshalb Du uns den Stoiker nachsetzest, die über die Güter und Uebel ganz so denken, wie Zeno es von dem Polemo gelernt hatte, und nur sich solcher Ausdrücke bedienen, die zwar beim ersten Hören Bewunderung erwecken, aber wenn man ihren Sinn erkannt hat, nur das Lachen erregen. Wenn Du diese Ansichten billigst, weshalb hältst Du sie nicht mit den richtigen Worten fest? Wenn das Ansehn der Person Dich bestimmt hat, so ziehst Du also uns Allen und selbst dem Plato Einen, ich weiss nicht, wie ich ihn nennen soll, vor? Zumal da Du im Staate Dich auszeichnen willst, hättest Du von uns am besten ausgerüstet und belehrt werden können, um den Staat mit Deiner ganzen Würde zu schützen. Denn wir haben dies untersucht, beschrieben, verzeichnet und gelehrt, und über die Leitung der öffentlichen Angelegenheiten und über die Arten, Zustände, Veränderungen, Gesetze, Einrichtungen und Sitten der Staaten ausführliche Bücher verfasst. Ebenso hättest Du für die Beredsamkeit, welche auch den vornehmsten Männern zur grossen Zierde gereicht und in welcher Du ein Meister sein sollst, aus den Denkmälern unsres Geistes Vieles lernen können. – Wenn jene Männer so zu Dir gesprochen hätten, was hättest Du ihnen wohl antworten können?

§ 62. Thue Du dies lieber für mich, sagte er, da Du ja auch für Jene gesprochen hast; oder ich möchte Dich um ein wenig Zeit für meine Antwort bitten, wenn ich nicht vorzöge, jetzt nur Dich zu hören und die Antwort für jene auf eine andere Zeit zu versparen, wo ich Dir antworten werde.

KAPITEL XXIII.

Nun, mein Cato, wenn Du die Wahrheit ihnen in Deiner Antwort sagen wolltest, so müsstest Du folgendermassen sprechen: Diese Männer von so grossem Geiste und bedeutendem Ansehn hätten Dir zwar nicht misfallen; aber Du hättest bemerkt, dass die Dinge, welche sie wegen der alten Zeiten noch wenig erkannt hatten, von den Stoikern durchschaut worden seien; diese hätten sie scharfsinniger untersucht und sie ernster und eindringender aufgefasst; denn sie hätten zuerst es ausgesprochen, dass die Gesundheit nicht zu erstreben, sondern nur zu wählen sei und dass sie nicht als Gut einen Werth habe, sondern weil sie nicht für nichts zu achten sei; obgleich auch die Männer, welche sie zu den Guten rechnen, sie deshalb nicht höher stellen. Du hättest es nicht ertragen können, dass jene Alten, jene Langbärte, wie wir von den Unsrigen zu sagen pflegen, ein Leben für wünschenswerther und besser und erstrebenswerther gehalten hätten, wo mit dem sittlichen Verhalten auch eine gute Gesundheit, ein guter Ruf und Vermögen verbunden sei, als ein Leben, wo man zwar auch ein rechtschaffener Mann aber »in vielerlei Weise« wie der Alcmäon bei Ennius

». . . . . von Krankheit geplagt sei, verbannt und in Elend.«

§ 63. Jene Alten hätten ein solches Leben weniger scharfsinnig ein wünschenswerthes, vorzüglicheres und glücklicheres genannt; dagegen hätten die Stoiker es nur als ein solches bezeichnet, was man bei der Wahl vorzuziehen habe, nicht weil es glücklicher, sondern naturgemässer sei; auch hätten ihnen alle Menschen, die nicht weise wären, für gleich elend gegolten. Die Stoiker hätten es nämlich bemerkt, die Aeltern aber übersehen, dass Menschen befleckt mit Vatermord und allen Verbrechen keineswegs elender seien als die, welche bei einem züchtigen und rechtschaffenen Lebenswandel nur jene vollendete Weisheit noch nicht erreicht hätten.

§ 64. Und hier hast Du jene ganz unpassenden Gleichnisse vorgebracht, die man von den Stoikern zu hören bekommt; denn das weiss allerdings Jeder, dass, wenn Mehrere aus der Tiefe des Meeres sich erheben, die, welche der Oberfläche des Wassers schon nahe sind, dem Athem holen zwar näher sind, als die noch in der Tiefe befindlichen, aber trotzdem so wenig wie diese schon Athem holen können. Also soll es nichts helfen, wenn man in der Tugend vorschreitet, und soll man vor der Erlangung der Tugend immer gleich unglücklich sein, weil bei dem Wasser dies nichts nützt, und weil die kleinen Hündchen, die bald sehen werden, ebenso blind sind als die nur erst gebornen? Dann müsste auch Plato, weil er die Weisheit noch nicht sah, geistig so blind gewesen sein, wie Phalaris.

KAPITEL XXIV.

§ 65. Jene Gleichnisse, mein Cato, passen hier nicht, weil in den Fällen dieser Gleichnisse, wenn man auch schon grosse Fortschritte gemacht hat, doch noch die Lage dieselbe bleibt, der man entgehen will, so lange man nicht völlig herausgekommen ist; denn der im Wasser kann nicht eher Athem holen, bis er aufgetaucht ist, und die Hündchen sind, ehe ihre Augen sich geöffnet haben, ebenso blind, als wenn sie immer blind bleiben würden. Dagegen kann man als Gleichniss setzen, dass Jemand schwache Augen hat oder dass ein Anderer körperlich siecht; diese bessern sich durch ihre Kur von Tag zu Tag und der Eine wird täglich wohler und der Andere lernt täglich besser sehen. Diesen gleichen Alle, welche nach der Tugend streben; ihre Fehler, ihre Irrthümer nehmen ab; Du müsstest denn meinen, dass T. Gracchus der Vater, nicht glücklicher als sein Sohn gewesen sei, da Jener den Freistaat befestigen und Dieser ihn umstürzen wollte. Trotzdem war der Vater kein Weiser (denn wo und wenn giebt es einen solchen; woher kommt er, oder wo ist er?), vielmehr war er glücklicher, weil er dem Lobe und der Ehrenhaftigkeit nachstrebte, und in der Tugend schon weit vorgerückt war.

§ 66. Lass uns Deinen Grossvater Drusus mit G. Gracchus vergleichen, der beinah sein Zeitgenosse war. Die Wunden, welche Letztrer dem Freistaate schlug, heilte Jener. Wenn nichts so elend macht, als Gottlosigkeit und Verbrechen, so kann man zwar zugeben, dass alle unwissende elend seien, wie dies auch richtig ist; allein das Elend Dessen, der dem Vaterland beisteht, und Dessen, der es vernichten will, ist nicht gleich gross. Deshalb ist eine grosse Erleichterung der Fehler bei Denen vorhanden, welche einige Fortschritte zur Tugend gemacht haben.

§ 67. Ihr erkennt an, dass ein Fortschritt zur Tugend statthaben, könne, aber bestreitet, dass eine Minderung der Fehler möglich sei. Indess verlohnt es sich der Mühe, den Grund, womit diese scharfsinnigen Männer dies beweisen wollen, näher zu betrachten. Sie sagen, dass in Wissenschaften und Künsten, wo das Höchste noch wachsen könne, auch das entgegengesetzte Höchste noch zunehmen könne; aber zum Höchsten der Tugend, könne nichts hinzukommen und deshalb könnten auch die Fehler nicht wachsen, da sie nur das Gegentheil der Tugenden seien. Aber soll denn das Klare durch das Zweifelhafte beseitigt, oder nicht vielmehr das Zweifelhafte durch das Klare gelöst werden? Es ist doch klar, dass der eine Fehler grösser ist als der andere; dagegen ist es zweifelhaft, ob bei dem höchsten Gut, wie Ihr es fasst, noch eine Steigerung eintreten kann, und Ihr versucht somit das Klare durch das Zweifelhafte aufzuheben, anstatt dass Ihr durch das Klare die Zweifel aufhellen solltet.

§ 68. Ihr werdet deshalb hier wieder von demselben Einwand getroffen, dessen ich mich schon vorher bedient habe. Wenn nämlich die mancherlei Fehler deshalb in der Grösse nicht verschieden sein können, weil bei dem höchsten Gute, wie Ihr es bildet, keine Vermehrung eintreten könne, so muss vielmehr, da es klar ist, dass die Fehler aller Menschen nicht gleich sind, Euer höchstes Gut eine Aenderung erleiden; denn wir müssen festhalten, dass, wenn eine Folge sich als falsch ergiebt, nothwendig der Satz, aus dem die Folge hervorgeht, falsch sein muss.

KAPITEL XXV.

Was ist nun die Ursache von all diesen Verlegenheiten? Nur eine ruhmsüchtige Prahlerei bei Bildung des höchsten Gutes. Denn wenn nur das Sittliche das alleinige Gut sein soll, so fällt damit die Sorge für die Gesundheit fort, so wie die Thätigkeit in den eignen Angelegenheiten, die Theilnahme an den Staatsgeschäften, die Ordnung in der Führung der Geschäfte und alle Pflichten am Leben; ja, jenes Sittliche selbst muss aufgegeben werden, in welches Ihr Alles verlegt. Chrysipp hat dies am sorgfältigsten gegen Aristo dargelegt. Aus dieser Schwierigkeit sind nur jene »irreführenden Bosheiten«, wie Accius sagt, entstanden.

§ 69. Denn die Weisheit wüsste nicht, wohin sie den Fuss setzen sollte, wenn alle Pflichten aufgehoben würden, und dies geschah, wenn alle Auswahl und aller Unterschied beseitigt wurden, welche nicht bestehen konnten, sobald alle Dinge einander so gleich gemacht wurden, dass eines nicht mehr, als das andere anzog. Aus dieser Verlegenheit gingen jene Spitzfindigkeiten hervor, die schlimmer waren als die des Aristo; denn dessen Sätze waren noch einfach, die Eurigen sind aber hinterlistig. Denn wenn Du den Aristo fragst, ob er die Schmerzlosigkeit, den Reichthum, die Gesundheit, zu den Gütern rechne, so wird er es verneinen, und auf die Frage, ob deren Gegentheile nicht Uebel seien, wird er auch dies bestreiten. Fragt man aber den Zeno, so wird er zwar mit denselben Worten antworten, aber, wenn man verwundert Beide fragt, wie wir unser Leben führen können, wenn wir es für gleichgültig halten sollen, ob wir gesund oder krank seien, ob wir von Schmerzen frei oder davon gepeinigt werden und ob wir uns gegen Kälte und Hunger schützen können oder nicht, so wird Aristo sagen, dass man grossartig und herrlich lebe, wenn man thue, was Einem beliebe, sich niemals ängstige, niemals begehre und niemals sich fürchte.

§ 70. Was sagt aber Zeno? Er sagt, das seien Missgeburten des Denkens und man könne unter diesen Bedingungen nicht leben; indess sei der Unterschied zwischen dem Sittlichen und Unsittlichen ein ungeheurer, ich weiss nicht wie grosser, aber unter den übrigen Dingen besteht kein Unterschied.

§ 71. So weit sagt er dasselbe; aber nun höre und lache nicht, wenn Du es vermagst. Diese mittlern Dinge, sagt er, zwischen denen kein Unterschied bestehe, sind aber doch so beschaffen, dass Einzelnes davon zu wählen. Anderes zu verwerfen und vieles Andere für gleichgültig zu halten ist; d.h. man soll Einzelnes wollen. Anderes nicht wollen und um wieder Anderes sich nicht kümmern. Aber, erwidert man, Du hattest doch eben gesagt, dass in diesen Dingen kein Unterschied bestehe; darauf wird dann Zeno sagen, dass er auch noch jetzt dabei bleibe, denn in den Tugenden und Fehlern bestehe auch kein Unterschied.

KAPITEL XXVI.

§ 72. Ich frage, wer hat dies nicht gewusst? Indess höre man weiter. Er sagt, die Gesundheit, der Reichthum, die Schmerzlosigkeit, welche Du genannt hast, nenne ich nicht Güter, sondern auf Griechisch proêgmena, d.h. in Eurer Sprache wörtlich: Vorgezogene; doch möchte ich sie Vorangestellte oder Vorzügliche nennen, da dies erträglicher und gelinder klingt. Ebenso nenne ich die Krankheiten, die Armuth, den Schmerz, nicht Uebel, sondern wenn es gefällt, Zurückgestossene. Deshalb sage ich nicht, dass ich jene Dinge begehre, sondern nur wähle; ich wünsche sie mir nicht, sondern nehme sie nur, und ebenso fliehe ich ihre Gegentheile nicht, vielmehr sondere ich sie nur gleichsam ab. – Was sagt aber Aristoteles und die andern Schüler des Plato? dass sie alles Naturgemässe Güter nennen, und ihre Gegentheile Uebel. Siehst Du nun nicht, dass Dein Zeno in den Worten mit Aristo zusammentrifft, in der Sache aber von ihm abgeht, dagegen mit Aristoteles und den Andern in der Sache übereinstimmt und nur in den Worten abweicht? Aber weshalb will man, wenn man in der Sache einig ist, nicht in den gewohnten Worten sprechen? Oder werde ich lernen, bereitwilliger das Geld zu verachten, wenn ich es zu den vorgezogenen Dingen und nicht zu den Gütern rechne, und tapferer den Schmerz zu ertragen, wenn ich ihn hart, schwer erträglich und naturwidrig nenne, als wenn ich ihn zu den Uebeln rechne.

§ 73. M. Piso, unser vertrauter Freund, hat neben vielem Anderen auch diese Meinung der Stoiker in seiner Weise verspottet. Wie, sagte er, Du leugnest, dass der Reichthum ein Gut sei und nennst ihn ein Vorgezogenes; aber was hilft dies? Wird der Geiz deshalb abnehmen? Wie sollte dies kommen? Hält man sich an die Worte, so ist zwar das Vorgezogene ein längeres Wort als das Gut. – Das thut nichts zur Sache, sagt Ihr. – Nun gut, aber sicherlich ist es bedeutungsvoller. Allerdings weiss ich nicht, woher der Name Gut kommt; aber das Vorgezogene kommt wohl daher, weil es andern vorgezogen wird. Dies scheint mir wahrhaftig von grosser Bedeutung. Also, sagte er, hat Zeno den Reichthum, indem er ihn zu dem Vorgezogenen rechnet, höher gestellt als Aristoteles, der ihn nur als ein Gut anerkennt, aber nicht als ein grosses Gut, vielmehr als ein solches, was dem Rechten und Sittlichen nachgesetzt werden müsse, und um dessen Erlangung man keine zu grosse Mühe aufwenden solle. Ebenso sprach er über alle jene andern Dinge, bei welchen Zeno den Namen verändert hatte; diese Dinge, die nach Zeno keine Güter und keine Uebel sein sollten, habe er danach, und zwar die Güter mit anziehenderen, und die Uebel mit abschreckenderen Namen, als wir, bezeichnet. So Piso, ein vortrefflicher Mann, der Dir, wie Du weisst, ganz ergeben war. Ich möchte nun, um endlich zum Schluss zu kommen, nur noch Einiges hinzufügen; denn es würde zu weit führen, wenn ich auf Alles antworten wollte, was Du gesagt hast.

KAPITEL XXVII.

§ 74. Mittelst derselben glänzenden Worte habt Ihr es zu Königreichen und Macht und so grossen Reichthümern gebracht, dass Ihr sagen könnt, Alles in der Welt gehöre dem Weisen. Er allein soll überdies schön, frei und ein Bürger sein; die Thoren sollen von alledem das Gegentheil sein; ja, Ihr lasst sie sogar verstandlos sein. Ihr nennt das paradoxa wir wollen es Wundersätze nennen. Allein wo bleibt das Wunderbare, wenn man näher hinzutritt? Ich will mit Dir die Dinge, die Du unter jedem dieser Worte begreifst, vergleichen, und es wird sich kein Meinungs-Unterschied herausstellen. Ihr sagt, dass alle Fehler gleich gross seien. Ich mag jetzt mit Dir nicht so scherzen, als es über dieselben Dinge von mir gesah, wie ich den Murena gegen Deine Anklage vertheidigte. Ich musste damals zu Ungelehrten sprechen, auch Etwas der Zuhörerschaft zum Besten geben; jetzt haben wir die Frage eindringender zu erörtern.

§ 75. Die Fehler sollen gleich sein, aber in welcher Weise? Ihr sagt, weil es über das Sittliche hinaus nicht noch ein mehr Sittliches geben könne. Allein ich bitte fortzufahren, denn hierüber herrscht grosse Meinungsverschiedenheit. Ich müsste die besondern Beweisgründe hören, weshalb alle Fehler gleich gross sein sollen. Ihr sagt: Wenn von mehreren Saiten einer Cither keine so gestimmt ist, dass sie zusammenstimmen, so sind alle gleich missgestimmt, und ebenso weichen alle Fehler gleich ab, eben weil sie abweichen; sie sind deshalb gleich. Allein wir werden hier durch eine Zweideutigkeit getäuscht. Allerdings kann es alle Saiten gleich treffen, dass sie verstimmt sind, aber deshalb sind sie nicht alle gleich verstimmt. Dies Gleichniss kann also nichts beweisen. Denn wenn mehrere Geizige als Geizige sich alle gleich sind, so ist doch ihr Geiz noch nicht bei allen der gleiche.

§ 76. Aber es kommt noch ein anderes unpassendes Gleichniss. Ihr sagt: Ein Steuermann fehle gleich sehr, mag er ein Schiff mit Spreu oder ein Schiff mit Gold umschlagen lassen; ebenso, fehlt auch Derjenige gleich, welcher seinen Vater und seinen Sclaven widerrechtlich schlägt. Aber seht Ihr nicht, dass es die Kunst des Steuermanns nichts angeht, welche Art von Gütern er geladen hat. – Deshalb hat es auf das gute oder schlechte Steuern keinen Einfluss, ob das Schiff mit Spreu oder mit Gold beladen ist; aber den Unterschied zwischen dem Verwandten und dem Sclaven kann man kennen und soll ihn kennen. Deshalb kommt bei dem Steuern nichts, bei den Pflichten aber viel darauf an, in welcher Art gefehlt wird. Und selbst bei dem Steuermann ist der Fehler, wenn das Schiff durch seine Nachlässigkeit untergegangen ist, grösser, wenn es Gold als wenn es Spreu geladen hatte; denn bei jedem Geschäft verlangt man die Anwendung der gewöhnlichen Klugheit und Vorsicht; Alle, welche ein Geschäft betreiben, müssen sie haben, und deshalb können selbst in diesem Sinne die Fehler nicht als gleich gelten.

KAPITEL XXVIII.

§ 77. Allein die Stoiker halten an dem Ausspruch trotzdem fest und wollen in Nichts nachgeben. Da alle Fehler, sagen sie, aus der Schwachheit und Unbeständigkeit hervorgehn und diese Mängel bei allen Thoren gleich gross sind, so müssen auch ihre Fehltritte gleich gross sein. Allein man kann nicht zugeben, dass bei allen Thoren die Mängel gleich gross seien und dass L. Tubulus keine grössere Schwachheit und Unbeständigkeit gezeigt habe, wie P. Scävola, auf dessen Antrag er verurtheilt worden ist. Sollten denn die Dinge, in welchen gefehlt wird, sich gleich stehn, und sollte nicht je nach der Grösse oder Kleinheit derselben auch die bei ihnen begangenen Fehler grösser oder kleiner werden?

§ 78. So scheinen mir denn, um zum Schluss zu kommen. Deine Stoiker hauptsächlich an dem einen Fehler zu leiden, dass sie glauben, zwei entgegengesetzte Ansichten aufrecht erhalten zu können. Denn kann es einen grössern Widerspruch geben, als wenn man sagt, das Sittliche sei allein ein Gut, und dabei anerkennt, dass die Natur uns das Verlangen nach den dem Leben zusagenden Dingen gegeben habe? Indem sie das festhalten wollen, was mit dem erstem Satze stimmt, treffen sie mit Aristo zusammen, und indem sie wieder dies vermeiden wollen, vertheidigen sie sachlich dasselbe, wie die Peripatetiker, aber verbeissen sich in die Worte. Und indem sie diese nicht aus der Ordnung sich herausnehmen lassen wollen, wird ihre Rede und ihr Benehmen noch abschreckender, rauher und härter.

§ 79. Panätius, den das Finstre und Rauhe in ihren Aussprüchen verletzte, billigte weder die Bitterkeit ihrer Lehrsätze, noch die Stacheln ihrer Erörterungen; er war dort milder und hier klarer; immer führte er den Plato, Aristoteles, Xenokrates, Theophrast und Dikäarch im Munde, wie seine Schriften ergeben. Ich empfehle Dir jene zum eifrigen, fleissigen und angestrengten Studium.

§ 80. Doch es naht der Abend, ich muss nach Hause zurückkehren; deshalb schliesse ich für heute, aber hoffe, dass wir unsere Besprechung öfter wiederholen werden. – Ich bin dabei, sagte Cato, denn was kann man Besseres thun? Zunächst erbitte ich mir von Dir die Gefälligkeit, dass Du dann meine Widerlegung gegen Deine heutigen Anführungen anhörest; aber bleibe eingedenk, dass Du Alles billigst, was wir wollen, nur dass wir uns andrer Worte bedienen, während ich von Euren Lehren nichts billigen kann. – Du giebst mir, sagte ich, da ein Bedenken auf den Weg; doch wir werden ja sehn. – Mit diesen Worten trennten wir uns.

FÜNFTES BUCH

KAPITEL I.

§ 1. Zu jener Zeit, mein Brutus, als ich mit M. Piso in dem Ptolemischen Gymnasium den Antiochus hörte und mit uns mein Bruder Quintus, T. Pomponius und Lucius Cicero, mein Vetter mütterlicher Seite, aber der Liebe nach mein leiblicher Bruder, verabredeten wir, den Nachmittag einen Spaziergang nach der Akademie zu machen, weil der Ort um diese Tageszeit am wenigsten von der Menschenmenge besucht ist. So versammelten wir uns Alle zur besprochenen Zeit bei Piso, wanderten in mancherlei Gespräch von Dipylus aus die sechs Stadien fort und fanden uns in der Akademie, jenen mit Recht berühmten Räumen, angekommen, so einsam, wie wir wünschten.

§ 2. Da sagte Piso: Ist es ein Geschenk der Natur oder eine Täuschung, dass man sich bei dem Anblick von Orten, wo merkwürdige Männer sich viel aufgehalten haben sollen, erregter fühlt, als wenn man nur von ihren Thaten hört oder ihre Schriften liest? Eben jetzt empfinde ich es; denn Plato tritt mir vor die Seele, der hier zuerst gelehrt haben soll; seine hier angrenzenden Gärten erinnern mich nicht blos an ihn, sondern stellen mir seine Gestalt selbst gleichsam vor Augen. Hier weilte Speusipp, Xenokrates und sein Schüler Polemo; wir sehen hier den Sessel, worauf er sass. Ebenso ging es mir beim Anblick unseres Versammlungssaals, des Hostilischen nämlich, nicht des neuen, der mir kleiner zu sein scheint, seitdem er vergrössert worden ist. Da gedachte ich des Scipio, Cato, Lälius und vor Allen unseres Grossvaters. Diese, die Erinnerung anregende Kraft solcher Orte ist so gross, dass man nicht ohne Grund die Gedächtnisskunst von ihr abgeleitet hat.

§ 3. Darauf sagte Quintus: Es ist so, wie Du sagst, mein Piso; denn auch mich zog jener Ort Kolonos, als ich hierher kam, zu sich, und sein ehemaliger Insasse, Sophokles, stand mir vor Augen, den ich, wie Du weist, so bewundere und an dem ich mich so ergötze. Mich erschütterte die Gestalt des Oedipus aus älterer Zeit, wie er hierher kommt, und in jenen gefühlvollen Versen fragt, welcher Ort es sei. Es war nur ein Schatten, aber dennoch erschütternd. – Darauf sprach Pomponius: Ihr pflegt mich als einen ergebenen Anhänger des Epikur zu verspotten, und ich bin auch viel bei Phädrus, den ich, wie Ihr wisst, hoch verehre, in den Gärten des Epikur, an welchen wir eben vorbei gegangen sind. Wenn ich nun auch nach einem alten Sprüchwort mich der Lebenden erinnere, so würde ich doch auch des Epikur nicht vergessen, selbst wenn ich wollte, da unsre Freunde dessen Bild nicht blos in Gemälden besitzen, sondern auch an den Bechern führen und an den Ringen tragen.

KAPITEL II.

§ 4. Darauf sagte ich: Unser Pomponius scheint nur zu scherzen und vielleicht für seine Person mit Recht; denn er hat sich in Athen so fest niedergelassen, dass er beinahe zu einem Attiker geworden ist und davon noch den Beinamen erhalten wird. Indess stimme ich Dir, mein Piso, bei; es geschieht häufig, dass die Orte unsre Gedanken lebhafter und genauer zu berühmten Männern zurückführen. Du weisst ja, wie ich auch einmal mit Dir nach Metapont gekommen und nicht eher zu dem Gastfreund gegangen bin, als bis ich den Ort, wo Pythagoras sein Leben beschlossen hat, und bis ich seine Wohnung gesehn hatte. Allerdings bietet Athen allerwärts durch seine Plätze Erinnerungen an grosse Männer; aber jetzt ist es dieser Sessel, welcher mich erregt. Karneades sass darauf und ich glaube ihn zu sehn; denn sein Bild ist bekannt und beinahe scheint es, als wenn dieser Sessel, nachdem dieser grosse Geist ihn verwaist gelassen hat, danach verlangte, seine Stimme zu hören.

§ 5. Hierauf sagte Piso: Alle haben gesprochen, aber was meint denn unser Lucius? Hat er gern den Ort geschaut, wo Demosthenes und Aeschines miteinander zu kämpfen pflegten? Denn Jeder wird hierbei am meisten durch seine eigene Lieblingsbeschäftigung bestimmt. – Hierauf sagte dieser erröthend: Frage mich nicht; bin ich doch sogar zu dem Hafen Phalaris herabgestiegen, wo Demothenes bei der Brandung zu sprechen pflegte und sich übte, das Getös der Wellen mit seiner Stimme zu überbieten. Auch war ich so eben ein wenig rechts ab des Weges gegangen, um das Grabmal des Perikles zu sehn, obgleich dies Schauen hier eigentlich kein Ende nimmt, denn wohin man den Fuss in dieser Stadt setzt, trifft man auf die Spuren früherer Ereignisse.

§ 6. Darauf sagte Piso: Soweit diesr Eifer, mein Cicero, Dich treibt, jenen grossen Männern nachzuahmen, ist er ein Zeichen von Geist; aber das blosse Sehen dieser Denkmäler alter Erinnerungen ist nichts als Neugierde; deshalb ermahnen wir Alle Dich, der, wie ich hoffe, vorwärts eilt, diese Männer nicht blos kennen zu lernen, sondern ihnen auch nachzuahmen. – Darauf sagte ich: Er handelt zwar, mein Piso, schon so, wie Du verlangst, aber trotzdem ist mir Deine Ermahnung willkommen. – Darauf erwiderte Piso mit seiner gewohnten Freundlichkeit: Wir Alle wollen das Mögliche für diesen Jüngling thun, namentlich soll er auch einen Theil seines Eifers der Philosophie zuwenden, sei es, um Dir nachzufolgen, den er liebt, oder sei es, um das, wonach er strebt, später vollbringen zu können. Aber sage uns, Lucius, bedarfst Du erst unsrer Ermahnungen oder hast Du nicht schon selbst die Neigung dazu? Wenigstens scheinst Du mir die Vorträge Deines Lehrers Antiochus sehr aufmerksam zu hören. – Darauf erwiderte dieser ängstlich oder vielmehr verschämt: Ich thue dies zwar, aber hörtest Du nicht eben vom Karneades reden? Zu diesem zieht es mich heftig hin; allein Antiochus holt mich zurück; auch ist kein Lehrer weiter hier vorhanden.

KAPITEL III.

§ 7. Darauf sagte Piso: Wenn es sich auch nicht so leicht wird machen lassen, da dieser hier ist (er meinte mich), so will ich doch versuchen, Dich von dieser neuen Akademie weg zu jener alten zu führen, zu welcher, wie Du von Antiochus gehört haben wirst, nicht blos die sogenannten Akademiker, wie Speusipp, Xenokrates, Polemo, Crantor mit den Uebrigen gehören, sondern auch die alten Peripatetiker, deren Erster Aristoteles ist, ein Mann, den ich, von Plato abgesehn, für den grössten Philosophen erklären möchte. Wende Dich also, ich rathe es Dir, zu diesen. Aus deren Schriften und Vorträgen können alle höhern Wissenschaften, alle Geschichte, aller Glanz im Vortrage geschöpft werden, und die Mannichfaltigkeit ihrer Anweisungen ist so gross, dass Niemand ohne diese Hülfe zu irgend einem bedeutenderen Unternehmen gehörig vorbereitet angesehn werden kann. Aus ihnen sind die Redner, die Feldherren, die grössten Staatsmänner hervorgegangen, und selbst, um Geringeres zu erwähnen, die Mathematiker, die Dichter, die Musiker, die Aerzte sind in dieser Schule aller Künste gebildet worden.

§ 8. Darauf sagte ich: Du weisst, Piso, dass ich ebenso denke, indess hast Du es zur rechten Zeit erwähnt. Mein Vetter Cicero möchte nämlich gern hören, welcher Ansicht die ältere Akademie und die Peripatetiker über das höchste Gut gewesen sind. Du wirst uns dies am besten auseinander setzen können, da Du den Neapolitaner Staseas viele Jahre bei Dir gehabt hast, und wir sehn, dass Du schon seit mehreren Monaten in Athen dasselbe von Antiochus zu erfahren suchst. – Piso antwortete lächelnd: Nun wohlan (denn Ihr habt es sehr geschickt eingerichtet, dass ich mit dem Vortrage beginnen muss), ich will diesem Jünglinge es, so viel ich vermag, auseinandersetzen. Unsere Einsamkeit hier ist die Veranlassung; denn wenn auch ein Gott es gesagt hätte, so würde ich nie geglaubt haben, dass ich in der Akademie als Philosoph je einen Vortrag halten würde. Aber wenn ich Euch nur nicht lästig falle, während ich dies ausführe? – Wie sollte bei mir dies möglich sein, sagte ich, da ich selbst Dich darum gebeten habe. Als Quintus und Pomponius sich ebenso ausgesprochen, begann Piso, und ich bitte Dich, mein Brutus, Acht zu haben, ob er die Lehre des Antiochus richtig darstellt; denn Du hast dessen Bruder Aristus oft gehört und wirst deshalb dieser Lehre am meisten zugethan sein.

KAPITEL IV.

§ 9. Er sprach folgendermassen: Welches grosse Rüstzeug für die Wissenschaften in der Lehre der Peripatetiker enthalten ist, habe ich genügend und so kurz als möglich vorhin dargelegt. Der Grundriss dieses Lehrgebäudes hat drei Theile, wie beinah überall; der eine behandelt die Natur, der zweite das Erörtern, der dritte das Leben. Die Natur haben sie so vollständig untersucht, dass kein Theil am Himmel, im Meere und auf der Erde, um mich dichterisch auszudrücken, übersehen worden ist. Ja, sie haben sogar bei Erörterung der Anfänge der Dinge und bei dem Weltall überhaupt nicht allein Vieles als wahrscheinlich dargelegt, sondern nach Art der Mathematiker aus nothwendigen Schlussfolgerungen abgeleitet und so aus den von ihnen erkannten Dingen Bedeutendes zur Erkenntniss des Verborgenen beigebracht.

§ 10. Aristoteles hat den Ursprung, die Nahrung, die Gestalt aller lebenden Geschöpfe erforscht und Theophrast die Natur der Pflanzen und die Ursachen und Verhältnisse beinah aller Erzeugnisse der Erde, und damit ist die Erforschung der verborgensten Dinge sehr erleichtert worden. Ebenso haben sie Regeln aufgestellt nicht blos für den dialektischen, sondern auch für den rednerischen Vortrag, und Aristoteles hat zuerst die Methode begründet, wonach man einzelne Fragen nach beiden Seiten hin behandelt; er bewegte sich nicht immer, wie Arcesilaus, im Widerlegen, sondern zeigte bei allen Dingen, was sich sowohl für, wie gegen sie sagen lasse.

§ 11. Im dritten Theile werden die Vorschriften für ein gutes Leben behandelt, und sie haben diese nicht blos für das Privatleben, sondern auch für die Leitung der öffentlichen Angelegenheiten aufgestellt. Aristoteles hat uns mit den Sitten, Einrichtungen und Vorschriften beinahe aller griechischen und ausländischen Staaten und Theophrast uns mit deren Gesetzen bekannt gemacht. Beide haben gelehrt, was dem Herrscher im Staate gezieme, und in mehreren Schriften die beste Form der Staatsverfassung erörtert. Theophrast hat noch ausserdem gelehrt, wie den Neigungen und Zeitverhältnissen im Staate Rechnung zu tragen sei, je nachdem es die Umstände erfordern. Sie hielten ein ruhiges, mit der Betrachtung und Erkenntniss der Dinge sich beschäftigendes Leben für das vorzüglichste; es sei dem Leben der Götter am ähnlichsten und deshalb für den Weisen das würdigste. Ihre Darstellung bei allen diesen Gegenständen ist glänzend und lichtvoll.

KAPITEL V.

§ 12. Ueber das höchste Gut haben sie zwei Arten von Büchern verfasst; die einen sind allgemein fasslich geschrieben und heissen exôterika, die andern sind gefeilter abgefasst und in Commentarien von ihnen hinterlassen worden. Dadurch entsteht der Schein, als wären die Einzelnen nicht immer einstimmig in ihren Ansichten; in der Hauptsache finden indess keine Unterschiede statt, wenigstens nicht bei den früher genannten; und es herrscht auch unter ihnen keine Uneinigkeit. Allein bei den Fragen über das glückliche Leben und ob das Eine, was die Philosophie im Auge behalten und verfolgen muss, ganz in der Macht des Weisen liege, oder ob es auch durch Widerwärtigkeiten gestört und vernichtet werden könne, zeigen sich bei ihnen allerdings mancherlei Zweifel und eine Verschiedenheit der Meinungen. Vorzüglich hat das Buch Theophrast's »Ueber das glückliche Leben« dies veranlasst, worin den äussern Verhältnissen viel Einfluss zuerkannt wird. Wäre dies richtig, so könnte die Weisheit das glückliche Leben nicht verbürgen, und diese Ansicht scheint mir nachgiebiger und ich möchte sagen weichlicher, als die Kraft und der Ernst der Tugend gestattet. Deshalb halten wir uns an Aristoteles und dessen Sohn Nicomachus. Des Letzteren sorgfältiges Werk über das Sittliche wird zwar dem Aristoteles zugeschrieben, allein ich sehe nicht ab, weshalb der Sohn dem Vater nicht hätte ähnlich werden können. Doch benutzen wir bei Vielem den Theophrast, nur halten wir bei der Tugend mehr als er auf Festigkeit und Stärke.

§ 13. Ich meine daher, dass wir mit diesen Männern zufrieden sein können; denn ihre Nachfolger sind zwar nach meiner Meinung immer noch besser, als die Philosophen aus den übrigen Schulen, aber sie sind doch so entartet, dass es scheint, als hätten sie ihre Lehre aus sich selbst entnommen. Strato, der Erste nach Theophrast, wollte für einen Naturforscher gelten; er war zwar hier bedeutend, indess brachte er hier sehr viele Neuerungen auf und war in der Ethik sehr dürftig. Sein Schüler Lyco zeigte eine reiche Darstellungsgabe, aber in den Dingen selbst ist er dürftig. Sein Nachfolger Aristo ist scharfsinnig und geschmackvoll, aber es fehlt ihm die Gründlichkeit eines grossen Philosophen. Er hat Vieles geschrieben; seine Sprache ist glatt, aber es macht, ich weiss nicht weshalb, keinen Eindruck.

§ 14. Ich übergehe Viele, auch den gelehrten und milden Hieronymus, bei dem ich kaum noch weiss, ob ich ihn zu den Peripatetikern zählen kann; denn er verlegte das höchste Gut in die Schmerzlosigkeit, und jede abweichende Meinung bei diesem Punkte muss sich auf die ganze Philosophie ausdehnen. Critolaus wollte die Alten nachahmen und kam ihnen in dem Ernst der Sache am nächsten, allein sein Ausdruck ist zu schwülstig. Trotzdem blieb er nicht innerhalb der alten Grundsätze. Sein Schüler, Diodor, verbindet mit der Sittlichkeit die Schmerzlosigkeit. Auch dieser geht seinen eigenen Weg und kann, da er über das höchste Gut eine abweichende Ansicht hat, kaum zu den Peripatetikern gerechnet werden. Unser Antiochus scheint mir die Ansicht der Alten hierüber am genauesten festzuhalten und zeigt, dass Aristoteles und Polemo hierin dasselbe gelehrt haben.

KAPITEL VI.

§ 15. Unser Lucius handelt daher ganz klug, wenn er vorzugsweise die Lehre über das höchste Gut hören will: denn wenn dieses festgestellt ist, so ist Alles in der Philosophie festgestellt; ist in neuern Dingen etwas übersehn oder unbekannt geblieben, so geht der Nachtheil nicht über die Bedeutung dieser Dinge selbst hinaus; kennt man aber das höchste Gut nicht, so fehlt aller Anhalt für das Leben überhaupt, und die Irrthümer, welche hieraus entstehn, sind so gross, dass man nicht mehr weiss, in welchem Hafen man Zuflucht suchen soll. Dagegen ist mit der Erkenntniss des Endzweckes der Dinge und des höchsten Gutes und Uebels der für das Leben einzuhaltende Weg und die Bestimmung aller Pflichten gefunden.

§ 16. Man hat dann das Ziel, auf das Alles bezogen werden kann und durch das man die Einrichtung eines glücklichen Lebens, nach dem Alle verlangen, auffinden und sich aneignen kann. Da hierin eine grosse Meinungsverschiedenheit besteht, so werde ich der Eintheilung des Karneades folgen, die auch unser Antiochus gern anwendet. Karneades legte nicht blos dar, was Alles von den Philosophen als höchstes Gut aufgestellt worden ist, sondern auch wie vielerlei Ansichten hier überhaupt aufgestellt werden können. Er bestritt, dass irgend eine Wissenschaft und Kunst aus sich selbst sich entwickeln könne; denn Alles, was von ihr erreicht werden solle, stehe ausserhalb ihrer. Ich brauche dies nicht durch Beispiele des Weitern auseinanderzusetzen; denn offenbar bewegt sich keine Kunst und Wissenschaft blos in sich selbst, sondern etwas Anderes ist sie selbst und etwas Anderes das Ziel, was sie sich vorgesetzt hat. So wie die Arzneikunst auf die Gesundheit, die Steuermannskunst auf die Schifffahrt abzweckt, so die Klugheit auf die Einrichtung des Lebens, und sie muss deshalb ebenfalls von etwas Anderem als Grundlage ausgehn.

§ 17. Es gilt aber beinah bei Allen für ausgemacht, dass der Inhalt und das Ziel der Klugheit der Natur entsprechend und angemessen sein müsse, so dass es von selbst zu sich ziehe und das Begehren seiner, was die Griechen hormên nennen, erwecke. Dagegen ist man über das, was so anreize und daher von der Natur von Anfang abverlangt werde, nicht einig und deshalb herrscht unter den Philosophen über das höchste Gut grosser Streit. Die Grundlage für die ganze Frage über das höchste Gut und Uebel, wobei es auf das Aeusserste und das Letzte ankommt, hängt davon ab, worin die Grundtriebe der menschlichen Natur gesucht werden sollen. Hat man dies gefunden, so kann davon, als der Hauptsache, die ganze Entwicklung des höchsten Gutes und Uebels abgeleitet werden.

KAPITEL VII.

Nach der einen Ansicht soll das Verlangen nach der Lust und die Beseitigung des Schmerzes der erste Trieb sein; nach einer andern soll es die Schmerzlosigkeit und die Abwendung jedes Schmerzes sein.

§ 18. Hiervon abweichend gehn Andere von dem aus, was sie das erste Naturgemässe nennen; dazu rechnen sie die Unversehrtheit und Erhaltung aller Theile des Körpers. Die Gesundheit, richtige Sinne, Schmerzlosigkeit, Kraft, Schönheit u.s.w., sollen als erstes Naturgemässe in der Seele sein und gleichsam den Funken und den Samen der Tugenden bilden. Eines von diesen dreien muss das sein, was zuerst die menschliche Natur zum Begehren oder Verabscheuen veranlagst, und da ausser diesen dreien es nichts weiter der Art geben kann, so folgt, dass alle Pflichten sich auf das Fliehen oder Verfolgen von Etwas dieser Art beziehn, und die Klugheit, welche ich die Kunst des Lebens genannt habe, muss eines von diesen dreien zum Gegenstande haben und davon den Anfang des ganzen Verhaltens ableiten.

§ 19. Aus dem nun, was als dasjenige angenommen wird, was die Natur zuerst erregt, geht die Lehre über das Rechte und Sittliche hervor, welche mit einem von diesen dreien so übereinstimmen muss, dass das Sittliche entweder in einem Handeln der Lust wegen besteht, selbst wenn man sie nicht erlangt, oder der Schmerzlosigkeit wegen, selbst wenn man sie nicht erreichen kann, oder des Naturgemässen wegen, selbst wenn es erfolglos bleibt. Daher kommt es, dass die Verschiedenheit, welche über die natürlichen Grundtriebe besteht, auch in gleichem Maasse sich auf die Ansichten über das höchste Gut und Uebel überträgt. Andere beziehen wieder von diesen Grundtrieben aus alle Pflichten auf die Erreichung der Lust, oder der Schmerzlosigkeit, oder des ersten Naturgemässen.

§ 20. Nachdem sich somit sechs verschiedene Ansichten über das höchste Gut herausgestellt haben, so sind die vornehmsten Vertheidiger der drei letztern Aristipp in Bezug auf die Lust, Hieronymus in Bezug auf die Schmerzlosigkeit, und in Bezug auf den Genuss dessen, was wir das erste Naturgemässe nennen, war Karneader zwar nicht der Begründer, aber der Vertheidiger, um die Dialektik zu üben. Die erstem drei Ansichten waren von Karneades nur als mögliche aufgestellt worden, und nur eine davon ist wirklich und zwar mit Entschiedenheit vertheidigt worden. Denn Niemand sagt, dass mau Alles um der Lust willen thun müsse, und dass schon diese Absicht, auch wenn die Lust nicht erlangt werde, die an sich richtige, sittliche und das alleinige Gute sei. Ebenso wenig hat Jener die Vermeidung jeden Schmerzes schon an sich zu dem Begehrenswerthen gerechnet, auch wenn der Schinerz nicht umgangen werden kann. Dagegen behaupten die Stoiker, dass das auf das Naturgemässe gerichtete Handeln, selbst wenn es dasselbe auch nicht erlange, das Sittliche, das allein Begehrenswerthe und das alleinige Gut sei.

KAPITEL VIII.

§ 21. Sonach giebt es sechs einfache Aussprüche über das höchste Gut und Uebel, von denen zwei keinen Schutzherrn, aber vier ihre Vertheidiger haben. Verbundene oder doppelte Bestimmungen des höchsten Guts giebt es überhaupt drei, und mehr konnte es, wenn man auf die Natur der Sache genau einging, auch nicht geben. Denn man konnte die Lust mit dem Sittlichen verbinden, wie Calliphon und Dinomachus thaten, oder die Schmerzlosigkeit konnte damit verbunden werden, wie von Diodor geschehn, oder das erste Naturgemässe, wie die Alten meinten, die man auch die Akademiker und Peripatetiker nennt. Da sich indess nicht Alles auf einmal sagen lässt, so mag jetzt als ausgemacht gelten, dass wir von der Lust abzusehn haben, wenn wir, wie sich gleich ergeben wird, zu Grösserem geboren sind. Ueber die Schmerzlosigkeit wird meist dasselbe gesagt, wie über die Lust. Da ich nun mit Torquatus über die Lust und mit Cato über das Sittliche, insofern es allein als das höchste Gut gelten soll, schon verhandelt habe, so gilt das früher zunächst über die Lust Gesagte beinah vollständig auch von der Schmerzlosigkeit;

§ 22 und es bedarf dann keiner weiteren Gründe gegen diese Ansicht des Karneades. Denn sowie das höchste Gut so aufgestellt wird, dass das Sittliche darin nicht enthalten ist, so können in einer solchen Lehre weder Pflichten, noch Tugenden, noch die Freundschaft bestehen. Ebenso macht jede Verbindung des Sittlichen mit der Lust oder mit der Schmerzlosigkeit das Sittliche, was man festhalten will, zu einem Schlechten. Denn wenn man seine Handlungen entweder mit auf die Schmerzlosigkeit, als das höchste Gut, oder auf den leichtesten Theil der Natur bezieht, so verdunkelt, um nicht zu sagen beschmutzt man allen Glanz der Sittlichkeit. So bleiben nur die Stoiker übrig, die aber Alles von den Peripatetikern und Akademikern übernommen haben und für dieselben Dinge nur andere Namen aufgestellt haben; es ist deshalb besser, sich gegen die einzelnen Männer dieser Schule zu richten. Dies soll zu einer andern uns passenden Zeit geschehen; jetzt fahre ich in meiner Aufgabe fort.

§ 23. Die »Sicherheit« des Demokrit, welche er euthymia nannte, also gewissermassen die Ruhe der Seele, habe ich deshalb in unsere Erörterung nicht hineingezogen, weil diese Seelenruhe das glückliche Leben selbst ist und wir nicht ermitteln wollen, welcher Art dasselbe ist, sondern woraus es hervorgeht. Die verrufenen und verworfenen Ansichten des Pyrrho, Aristo und Herillus können nicht mit unter einen der obigen möglichen Fälle gestellt werden und bedürfen deshalb keiner weitern Erwähnung. Denn die ganze Untersuchung über das Endziel und höchste Gut und Uebel hat das von mir als das »der Natur Entsprechende und Gemässe« bezeichnete, was als das Erste seiner selbst wegen begehrt wird, zur Grundlage. Diese Grundlage heben Diejenigen gänzlich auf, die für alle Dinge, mit Ausnahme des Sittlichen und des Schlechten, keinen Grund anerkennen, weshalb das eine dem andern vorzuziehen sei, und bei diesen Dingen überhaupt keinen Unterschied anerkennen. Auch Herillus hat, wenn er kein Gut neben der Erkenntniss anerkennt, damit jede Unterlage für die Fassung der Entschlüsse und für die Feststellung der Pflichten aufgehoben. Somit erhellt, dass die Ansicht der alten Philosophen, nachdem die Ansichten der übrigen beseitigt worden und weitere nicht möglich sind, die allein richtige sein muss. Deshalb beginne ich nach der Weise jener alten Philosophen, die auch die Stoiker befolgen, hiermit.

KAPITEL IX.

§ 24. Jedes lebende Wesen liebt sich selbst und sorgt von seiner Geburt ab für seine Erhaltung. Von der Natur hat es als ersten Trieb zum Schutz seines ganzen Lebens den empfangen, dass es sich selbst erhält, und zwar in dem möglichst besten naturgemässen Zustande. Im Beginn ist es so verworren und unsicher eingerichtet, dass es nur so, wie es beschaffen ist, sich schützen mag, ohne zu wissen, was es ist, was es vermag und wie seine eigene Natur beschaffen ist. Ist es jedoch ein wenig vorgeschritten und beginnt es zu bemerken, wie die einzelnen Dinge es betreffen und sich auf es beziehen, so beginnt es allmählich, sich weiter zu entwickeln, sich kennen zu lernen und einzusehen, weshalb es den erwähnten Trieb habe. Dann beginnt es das seiner Natur Gemässe zu begehren und das Gegentheilige zu verabscheuen. Sonach beruht bei jedem Geschöpfe das Begehren nach bestimmten Dingen darauf, dass diese Dinge seiner Natur angemessen sind, und das höchste Gut besteht daher in einem naturgemässen Leben und in einem möglichst besten und der Natur angemessensten Zustande.

§ 25. Da nun jedes Geschöpf seine eigenthümliche Natur hat, so muss auch für Alle als Ziel gelten, dass dieser Natur Genüge geleistet werde; denn es steht dem nicht entgegen, dass der Mensch mit den Thieren und diese unter einander etwas Gemeinsames haben, weil die Natur überhaupt Allen gemein ist, vielmehr wird jenes Höchste und Letzte, was wir aufsuchen, nach den verschiedenen Gattungen der Geschöpfe verschieden sein und jede Gattung wird etwas Besonderes, ihr Passendes haben, wie es ihre eigene Natur verlangt.

§ 26. Wenn ich daher sage, dass für alle lebende Wesen das Höchste in einem naturgemässen Leben bestehe, so darf man dies nicht so verstehn, als wenn für Alle ein und dasselbe als Höchstes gelten solle. Denn schon bei den Künsten lässt sich als etwas ihnen allen Gemeinsames angeben, dass es sich bei ihnen um die Erkenntniss überhaupt handelt, während jede einzelne Kunst auch ihre besondere Wissenschaft verlangt; ebenso haben auch die Geschöpfe ein Gemeinsames in ihrem naturgemässen Leben überhaupt; aber dabei sind doch ihre Naturen selbst verschieden. So ist sie bei dem Pferde eine andere, wie bei dem Ochsen und eine andere bei dem Menschen; aber dennoch haben auch Alle in der Hauptsache eine gemeinsame Natur, und dies gilt selbst über die lebenden Wesen hinaus für alle Dinge, welche die Natur ernährt, vermehrt und beschützt. So sieht man schon bei den Pflanzen, welche aus der Erde hervorsprossen, dass viele sich selbst das bereiten, was zu ihrem Bestehen und Wachsen erforderlich ist, damit sie ihr letztes Ziel erreichen, und deshalb kann man Alles dies zusammenfassen und unzweifelhaft behaupten, dass alle Naturen überhaupt sich selbst erhalten und als Ziel und Höchstes erstreben, sich in dem für ihre Gattung bessten Zustande zu erhalten. Somit kann man sagen, dass alle natürlichen Dinge ein ähnliches, wenn auch nicht genau dasselbe Ziel verfolgen. Hieraus ergiebt sich, dass das höchste Gut für den Menschen in seinem naturgemässen Leben enthalten ist, d.h. in einem Leben, was der durchaus vollkommnen und in Nichts mangelhaften Natur des Menschen entspricht.

§ 27. Dies habe ich also weiter zu untersuchen, und wenn es etwas ausführlicher und deutlicher geschieht, so werdet Ihr mich entschuldigen; da ich dabei auf das Alter unseres langen Freundes Rücksicht nehmen muss, der dies vielleicht das erste Mal zu hören bekommt. – Ganz recht so, sagte ich, obgleich das, was Du bisher gesprochen hast, für jedes Alter richtig dargelegt sein dürfte.

KAPITEL X.

Nachdem so, fuhr er fort, das zu erstrebende Ziel von mir auseinandergesetzt worden ist, habe ich nun zu zeigen, weshalb die Sache sich so verhält. Ich beginne deshalb wieder mit dem zuerst aufgestellten Satze, der auch sachlich der erste ist, wonach jedes Geschöpf sich selbst liebt. Wenn dieser Satz auch zweifellos ist, da diese Liebe in jeder Natur steckt und Jeder sie mit seinen Sinnen befasst, so dass kein Widerspruch dagegen zugelassen werden kann, so möchte ich doch, um nichts zu übergehen, einige Gründe dafür anführen.

§ 28. Wie könnte man wohl einsehen oder denken, dass ein Geschöpf sich selbst hasste; widersprechende Dinge träfen dann zusammen. Denn wenn jenes Begehren der Seele etwas ab sichtlich zu erreichen suchte, was ihm schädlich wäre, weil es sein eigener Feind wäre, so müsste es dies doch seinetwegen thun, und so hasste und liebte es sich zu gleicher Zeit, was unmöglich ist. Wollte ein Geschöpf sein eigener Feind sein, so müsste es die Güter für Uebel und umgekehrt die Uebel für Güter halten und das zu Begehrende fliehen und das zu Verabscheuende begehren, was unzweifelhaft eine Zerstörung des Lebens sein würde. Allerdings kommt es vor, dass Einzelne sich einen Strick oder ein anderes Mittel für den Tod suchen, wie Jener bei Terenz, der »meinte, seinem Sohne so lange weniger Unrecht zuzufügen, als er selbst elend sei«, aber deshalb sind doch solche Menschen nicht als ihre eignen Feinde anzusehn.

§ 29. Vielmehr treibt Manchen der Schmerz oder die Begierde, Viele auch der Zorn; sie stürzen sich selbst ins Unglück und meinen, damit doch am besten für sich zu sorgen. Deshalb sagt man ohne Zaudern:

»Es ist so einmal meine Gewohnheit; Du handle, wie Du selbst es für nöthig hältst.«

Wenn solche Menschen sich auch selbst den Krieg angekündigt hätten und sich Tag und Nacht kreuzigten und peinigten, so würden sie doch deshalb sich nicht selbst verklagen und zugestehn, dass sie sich selbst in Nachtheil gebracht. Man hört also solche Klagen nur von Denen, die sich selbst lieben und werth schätzen. Wenn man daher von Jemand sagt, dass er schlecht für sich sorge, dass er sein eigner Feind und Verfolger sei und sein Leben verabscheue, so ist immer eine Ursache vorhanden, welche erklärt, dass er dabei doch sich selbst liebt.

§ 30. Auch genügt es nicht, anzuerkennen, dass Niemand sich selbst hasse, vielmehr muss man auch einsehn, dass Niemandem es gleichgültig ist, in welchem Zustande er sich befinde. Denn sonst würde damit alles Begehren der Seele aufgehoben sein, und so wie wir bei Dingen, die sich in nichts unterscheiden, zu dem Einen nicht mehr neigen, wie zu dem Andern, so würden wir es auch dann für gleichgültig halten, wie wir selbst uns befänden.

KAPITEL XI.

Selbst wenn Jemand behaupten wollte, dass diese Liebe zu sich selbst wesentlich einem andern Gegenstande gelte, den man liebe, und nicht sich selbst, so würde dies durchaus verkehrt sein. Wenn man sich auch in Bezug auf die Freundschaft, auf die Pflichten und die Tugenden so ausdrückt, so weiss man doch, wie es auch gemeint sein mag, was dies heissen solle. In Bezug auf uns selbst aber kann man es nicht einmal verstehn, wenn Jemand sagt, dass er sich selbst wegen eines andern Dinges, z.B. wegen der Lust, liebe; da man vielmehr seiner selbst wegen die Lust liebt, aber nicht sich selbst ihrer wegen.

§ 31. Denn was ist wohl offenbarer, als dass Jeder sich selbst liebt und zwar in hohem Maasse? Giebt es wohl Einen oder unter wie Vielen Einen, dem nicht bei dem Herannahen des Todes

»die Furcht das Blut aus den Adern treibt
und ihn vor Angst erblassen macht?«

Es mag ein Fehler sein, wenn man seine eigne Auflösung so heftig fürchtet, und dasselbe gilt auch für den Schmerz; allein da dieser Abscheu doch bei ziemlich Allen sich findet, so zeigt dies deutlich, wie die Natur vor ihrem eignen Untergange sich scheut, und selbst wenn dies so weit geht, dass es gerechten Tadel verdient, so erhellt doch daraus um so mehr, dass selbst ein solches Uebermaass bei Einzelnen nicht eintreten könnte, wenn nicht ein massiger Abscheu dieser Art der menschlichen Natur überhaupt anhaftete. Ich spreche auch hier nicht blos von der Todesfurcht solcher Personen, welche sich von den Gütern dieses Lebens nicht trennen mögen oder welche mögliche Schrecknisse nach dem Tode fürchten, oder die aus Furcht vor Schmerzen den Tod scheuen; denn selbst Kinder, die an nichts der Art denken, erschrecken, wenn man ihnen scherzweise droht, sie irgendwo herabzustürzen. Ja selbst die wilden Thiere, denen, wie Pacuvius sagt:

»die kluge Einsicht fehlt, um sich vorzusehn«,

erschrecken, wenn sie mit dem Tode bedroht werden.

§ 32. Selbst von dem Weisen, der zu sterben beschlossen hat, muss man annehmen, dass ihn die Trennung von den Seinigen und der Abschied von dem Tageslicht erschüttert. Hauptsächlich erhellt aber die Macht der Natur hier daraus, dass Viele selbst ein Bettlerleben ertragen, nur um zu leben, und dass Menschen, die vom Alter niedergebeugt sind, sich über die Annäherung des Todesängstigen und es so machen wie Philoktet in der Dichtung, der trotz der Schmerzen, von denen er gefoltert wurde, doch sein Leben durch Vogelfang zu fristen suchte und »ein Langsamer die Schnellen und stehend die Fliegenden erlegte«, wie Accius sagt, und »aus dem Gewebe von Federn sich eine Decke für seinen Körper verfertigte«.

§ 33. Weshalb spreche ich aber hier von den Menschen und überhaupt von lebenden Wesen? Selbst bei den Bäumen und Sträuchern ist die Natur beinah die gleiche. Mag hier, wie weise Männer meinen, eine Höhere und göttlichere Ursache ihnen diese Kraft eingepflanzt haben oder mag es der Zufall so gemacht haben, immer bleibt es offenbar, dass diese Erzeugnisse der Erde sich durch ihre Rinden und Wurzeln ebenso kräftig erhalten, wie es die lebenden Wesen durch die empfangenen Sinne und die Zusammenfügung ihrer Glieder vermögen. Wenn ich auch hier Denen beistimme, welche annehmen, dass die Natur dies Alles leite und dass, wenn die Natur in dieser Sorge nachliesse, dies Alles nicht bestehn könne, so will ich doch Jedem hierbei seine eigene Ansicht lassen. Mögen sie, wenn ich von der menschlichen Natur spreche, immer den Menschen selbst darunter verstehn; denn Beides läuft auf dasselbe hinaus, so möchte wohl eher Jemand sich von sich selbst trennen können, als das Begehren nach dem, was ihm zuträglich ist, verlieren. Mit Recht haben deshalb die grössten Philosophen den Anfang des höchsten Gutes von der Natur selbst entnommen und gemeint, dass das Begehren nach den der Natur entsprechenden Dingen Allen angeboren sei, weil diese Dinge in der Empfehlung der Natur mit enthalten sind, vermöge deren sie sich selbst lieben.

KAPITEL XII.

§ 34. Nachdem so genügend dargelegt worden, dass Jeder von Natur sich liebt, so ist nun die menschliche Natur selbst näher zu untersuchen; denn sie ist das, was wir suchen. Es ist nun klar, dass der Mensch aus Leib und Seele besteht und dass die Bestandtheile der Seele die ersten, die des Körpers die zweiten sind. Auch ist unser Körper so gestaltet, dass er die anderer Geschöpfe übertrifft und dass die Seele theils mit Sinnen ausgerüstet ist, theils mit einem überlegenen Geiste, welchem die ganze Natur des Menschen gehorcht und in welchem eine wunderbare Kraft der Vernunft, des Denkens, der Wissenschaft und aller Tugenden enthalten ist. Die Bestandtheile des Körpers lassen sich in ihrer Bedeutsamkeit mit den Theilen der Seele nicht vergleichen, auch ist ihre Erkenntniss leichter; ich will deshalb mit ihnen beginnen.

§ 35. Hier erhellt, wie sehr die Theile unseres Körpers, sowie seine ganze Gestalt und Form und Haltung der Natur entspricht, und man erkennt sofort an der Stirn, den Augen und übrigen Theilen, dass sie so nur den Menschen eigenthümlich sind. Aber dabei ist erforderlich, dass sie gesund und kräftig seien und ihre natürlichen Bewegungen und Verrichtungen haben und dass kein Theil an ihnen fehle oder krank oder schwach sei; denn dies verlangt die Natur. Ebenso besitzt der Körper eine Thätigkeit, welche die naturgemässen Stellungen und Bewegungen festhält. Ist hier durch Verrenkung oder Verkümmerung oder durch eine hässliche Bewegung oder Stellung ein Fehler vorhanden, wie wenn Jemand auf den Händen gehn oder nicht vorwärts, sondern rückwärts schreiten wollte, so würde ein solcher Mensch gleichsam sich selbst zu fliehen, die Menschlichkeit abzulegen und die menschliche Natur zu hassen scheinen. Deshalb laufen manche Arten zu sitzen und manche Biegungen und Verdrehungen, wie man sie bei schamlosen oder verweichlichten Menschen findet, gegen die Natur. Selbst wenn ein Fehler in der Seele die Ursache davon ist, so scheint doch dann die menschliche Natur auch in dem Körper sich zu verändern.

§ 36. Umgekehrt entspricht eine ruhige, im Gleichgewicht, bleibende Haltung mit den daraus hervorgehenden Zuständen und Bewegungen des Körpers der Natur. Ferner muss die Seele nicht blos überhaupt da sein, sondern sie muss auch ihre besondere Beschaffenheit haben und alle ihre Bestandtheile müssen unverletzt sein und keiner von deren Vorzügen darf fehlen. Auch jeder Sinn hat seine eigenthümliche Güte, so dass jeder in seiner Weise wirken und schnell und leicht diejenigen Wahrnehmungen der Seele zuführen kann, für welche er eingerichtet ist.

KAPITEL XIII.

In der Seele und insbesondere in ihrem vorzüglichsten Theile, der Geist genannt wird, giebt es mehrere Tugenden und hauptsächlich zwei Arten derselben, von denen die einen angeboren sind und ihrer Natur nach von dem Willen nicht abhängen, die andern aber von dem Willen abhängig sind und ihren Namen mit grösserem Rechte führen; sie bilden den vorzüglichsten Theil bei dem Lobe der Seele. Zur ersten Art gehören die Gelehrigkeit, das Gedächtniss u.s.w.; man befasst sie mit dem einen Namen der guten Anlagen und sie gelten als die Vorzüge geistreicher Menschen. Zur zweiten Art gehören die grossen und wahrhaften Tugenden, die man freiwillige nennt; so die Klugheit, die Mässigkeit, die Tapferkeit, die Gerechtigkeit und andere dieser Art. – So viel war, kurz zusammengefasst, über Leib und Seele zu sagen und damit ist gleichsam dargelegt, was die menschliche Natur verlangt.

§ 37. Indem wir uns selbst lieben und Alles an unserm Leib und in unsrer Seele vollkommen haben wollen, so erhellt, dass alle diese Bestandtheile uns um ihrer selbst willen lieb sind und dass sie die wichtigsten Bestimmungsgründe für das gute Leben enthalten. Denn wenn Jemand sich erhalten will, so muss er auch die einzelnen Bestandtheile seiner selbst lieben und um so mehr lieben, je vollkommner und in ihrer Art lobenswerther sie sind. Denn man verlangt nach einem Leben, was die vollen guten Eigenschaften des Leibes und der Seele besitzt, und hierin muss das höchste Gut gefunden werden, weil es das sein soll, was man als das höchste von allen Dingen begehrt. Aus dieser Erkenntniss ergiebt sich unzweifelhaft, dass, da die Menschen sich um ihrer selbst willen und von selbst lieben, sie auch die einzelnen Bestandtheile ihres Körpers und ihrer Seele, sowie alle Dinge, die zu den Zuständen und Bewegungen gehören, in ihrer Selbstliebe mit befassen und nm deren selbst willen begehren sollen.

§ 38. Aus diesen Darlegungen ergiebt sich leicht, dass das an uns selbst, was den meisten Werth hat, auch am meisten zu begehren ist, und dass die guten Eigenschaften unserer besten und um ihrer selbst begehrenswerthen Theile auch am meisten erstrebt werden müssen. Deshalb müssen die guten Eigenschaften der Seele denen des Körpers vorgezogen werden und die von dem Willen abhängenden Tugenden der Seele müssen den natürlichen guten Anlagen derselben vorgehn. Jene heissen deshalb vorzugsweise die Tugenden und stehn höher, weil sie aus der Vernunft hervorgehn, welche das Göttlichste im Menschen ist. Denn bei allen von der Natur erzeugten und erhaltenen Dingen, die entweder leblos oder nicht viel besser sind, ist das höchste Gut körperlicher Art, und deshalb ist es ein treffender Ausspruch über das Schwein, dass diesem Thier die Seele nur statt des Salzes gegeben sei, damit es nicht verfaule.

KAPITEL XIV.

Es giebt aber auch Thiere, die etwas von Tugend an sich haben, so die Löwen, die Hunde, die Pferde; an ihnen bemerkt man nicht blos körperliche Thätigkeiten, wie bei den Schweinen, sondern auch einzelne geistige. In dem Menschen steckt aber die höchste aller Seelenthätigkeiten und in dieser als Höchstes die Vernunft, woraus die Tugend besteht, welche als die Vollendung der Vernunft definirt wird und die man immer von Neuem zu erklären für nöthig hält.

§ 39. Selbst bei den Gegenständen, welche die Erde hervorbringt, zeigt sich eine Erziehung und Vervollkommnung, welche der bei den lebenden Wesen gleicht. Deshalb spricht man von dem Leben und Sterben des Weinstocks und von der Kraft eines jungen und von der Hinfälligkeit eines alten Baumes. Deshalb kann man bei ihnen ebenso, wie bei den lebendigen Wesen, das eine für naturgemäss und das andere für naturwidrig halten und für ihre Vermehrung und Ernährung eine Pflegerin annehmen, die in der Kenntniss und dem Kopf des Landmannes besteht; sie beschneidet, verkürzt, richtet auf, zieht in die Höhe und unterstützt, damit jene so weit, als die Natur gestattet, sich ausbilden. Deshalb würden die Weinstöcke, wenn sie sprechen könnten, selbst anerkennen, dass sie solcher Behandlung und solchen Schutzes bedürfen. Zwar kommt jetzt das, was den Weinstock, um bei diesem stehen zu bleiben, schützt, von aussen; die Kraft in ihm selbst ist zu schwach, als dass er ohne äussere Pflege sich in gutem Zustande erhalten könnte.

§ 40. Wenn aber der Weinstock auch Sinne bekäme, so dass er nach Etwas verlangen und sich selbst bewegen könnte, was meinst Du wohl, dass er da thun würde? Würde er etwa nur für eben das sorgen, was der Winzer früher besorgt hat? Würde nicht vielmehr auch die weitere Sorge hinzutreten, seine Sinne und deren Begehren und die dazu gehörigen Werkzeuge gesund zu erhalten? Er wird also mit dem, was er früher besass, das später Hinzugetretene vorbinden und nicht blos die Zwecke fest halten, die der Weinbauer bei ihm verfolgte, sondern er wird auch seiner später hinzugekommenen Natur gemäss leben wollen Sein höchstes Gut wird jetzt zwar dem frühern ähnlich, aber nicht genau dasselbe sein; er wird nicht blos das Gut einer Pflanze, sondern auch das eines lebenden Wesens begehren. Wie aber, wenn der Weinstock nicht blos menschliche Sinne, sondern auch eine menschliche Seele erhielte? Müsste nicht da neben der Pflege des Früheren das neu Hinzugekommene ihm noch viel werther sein und müsste er nicht die besten Theile der Seele am meisten lieben und in deren voller Entwicklung das natürliche höchste Gut erkennen, weil die Seele und die Vernunft das Vorzüglichste von Allem ist? So erhebt er sich zu dem letzten aller Ziele, geführt von der Empfehlung der Natur durch viele Stufen, um zu dem Höchsten zu gelangen, was in der Vollständigkeit und Unverletztheit des Körpers und der vollkommnen Vernunft der Seele zusammen besteht.

KAPITEL XV.

§ 41. Wenn also die Natur in dieser Weise beschaffen ist, so würde, wenn man gleich bei der Geburt sich selbst keimte und die Kraft der ganzen Natur und ihrer einzelnen Theile beurtheilen könnte, man fortwährend wissen, was das höchste und äusserste Gut sei, nach dem Alle verlangen, und man würde bei keiner Sache fehlgreifen können. Allein in Wirklichkeit ist die Natur im Anfang wunderbar verhüllt und sie kann weder durchschaut, noch erkannt werden. Nur mit zunehmenden Jahren lernt man sich selbst allmählich und langsam kennen. Deshalb ist jene Empfehlung, welche die Natur uns zuerst giebt, unsicher und dunkel und die ersten Triebe lassen die Seele nur für Gesundheit und Unverletztheit sorgen. Erst wenn der Mensch beginnt zu durchschauen und zu wissen, was er ist und wie er sich von den Thieren unterscheidet, beginnt er Dem nachzugehn, zu welchem er geboren ist.

§ 42. Aehnliches sieht man schon bei den Thieren, die anfänglich sich nicht von dem Orte, wo sie geboren sind, fortbewegen; erst später erwachen bei jedem seine eigenthümlichen Triebe; die kleinen Schlangen fangen an zu kriechen, die Enteilen zu schwimmen, die Amselchen zu flattern, die jungen Ochsen mit ihren Hörnern zu stossen, die Skorpione mit dem Stachel zu stechen, und so wird eines Jeden Natur seine Führerin im Leben. Dasselbe bemerkt man bei dem menschlichen Geschlecht. Die neugebornen Kinder liegen so da, als ob sie gar keine Seele hätten; sind sie aber etwas zu Kräften gekommen, so gebrauchen sie schon ihren Verstand, verlassen sich auf ihre Sinne, richten sich in die Hohe, benutzen ihre Hände und erkennen Die, welche sie erziehen. Später ergötzen sie sich an ihren Altersgenossen, gesellen sich gern zu ihnen, spielen gemeinschaftlich, hören gern kleine Geschichten erzählen, geben von ihrem Ueberfluss Andern ab, bemerken, was im Hause vorgeht und beginnen neugierig Manches zu überdenken oder zu lernen; sie wollen die Namen der Dinge, die sie sehen, wissen; sie lassen sich in Wettstreit mit ihren Spielgenossen ein und freuen sich höchlich, wenn sie gesiegt haben, oder sind niedergeschlagen, wenn sie unterlegen sind; und Alles dies geschieht offenbar nicht ohne Ursache.

§ 43. Denn von Natur sind des Menschen Kräfte so beschaffen, dass sie zur Erreichung alles Vortrefflichen wie gemacht erscheinen, und deshalb werden schon die Kinder durch die Bilder der Tugend; deren Keime sie in sich tragen, auch ohne Unterricht gerührt. Die ersten Elemente sind es, durch deren Steigerung gleichsam das Gedicht der Tugend zu Stande gebracht wird. Wir sind von Natur so beschaffen, dass die Grundlagen der Thätigkeit, der Liebe, der Freigebigkeit und Dankbarkeit in uns liegen und dass unsre Seele für die Wissenschaft, Klugheit und Festigkeit befähigt ist und von deren Gegentheilen sich abwendet. Deshalb erblickt man mit Recht gleichsam die Funken der von mir genannten Tugenden schon in den Knaben; an ihnen muss sich die Vernunft des Philosophen entzünden, damit er ihr, gleich einem Gotte, nachfolgend das höchste Ziel der Natur erreiche. Denn schon in dem Kindesalter und in dessen schwachem Geiste kann mau, wie ich oft gesagt, die Kraft der Natur gleichsam durch den Nebel erkennen, und wenn dann im Fortschreiten die Seele erstarkt, so erkennt sie zwar die Kraft der Natur, aber so, dass sie selbst auf dem von dieser begonnenen Wege weiterschreiten kann.

KAPITEL XVI.

§ 44. Man muss deshalb in die Natur der Dinge eindringen und genau anschauen, was sie verlangt; nur auf diese Weise kann man sich selbst kennen lernen. Diese Anweisung ist so bedeutend, dass man meint, ein Mensch könne sie nicht gegeben haben; deshalb leitete man sie von dem Gotte ab, und der Pythische Apoll ist es danach, welcher gebietet, sich selbst zu erkennen. Diese Erkenntniss unsrer hat aber nur den einen Zweck, dass man die Kräfte seines Körpers und seiner Seele kennen lerne und das Leben so einrichte, dass man sich derselben erfreuen kann. Da nun die Seele von Anfang ab zur Gewinnung der erwähnten vollkommensten Natur hindrängt, so muss man anerkennen, dass mit Erreichung dieses Zieles die Natur gleichsam bei dem Aeussersten angekommen, nicht weiter kann, und dass darin das höchste Gut enthalten ist. Dasselbe muss offenbar auch als Ganzes um sein selbst willen erstrebt werden, da bereits nachgewiesen worden ist, dass auch seine einzelnen Bestandtheile um ihrer selbst willen gesucht wer den.

§ 45. Sollte aber in meiner Aufzählung der Vorzüge des Körpers die Lust vermisst werden, so behalte ich mir die Erörterung hierüber für eine andere Zeit vor; bei der hier behandelten Frage ist es gleichgültig, ob die Lust zu dem ersten Naturgemässen mit gehört oder nicht. Bildet die Lust, wie ich annehme, keinen Bestandtheil des natürlichen höchsten Guts, so habe ich sie mit Recht Übergängen; ist aber, wie Andere meinen; dies doch der Fall, so steht dies meiner Auffassung des höchsten Gutes nicht entgegen; denn wenn die Lust noch zu dem ersten Naturgemässen mit hinzukommt, so vermehren sich die Vortheile des Körpers nur um einen und die von mir geschehene Feststellung des höchsten Guts wird dadurch nicht geändert.

KAPITEL XVII.

§ 46. Bis hierher ist meine Beweisführung lediglich auf die ersten Antriebe der Natur gestützt und Alles hieraus abgeleitet worden. Jetzt ändere ich aber meine Begründung insofern, als ich das Handeln fies Menschen nicht blos aus seiner Selbstliebe ableite; vielmehr hat jeder Theil unserer Natur, sowohl im Körper wie in der Seele, seine eigene Kraft, und deshalb bewegen wir uns hierbei hauptsächlich aus eigenem Antriebe. So kann man, wenn ich mit dem Körper beginne, bemerken, dass Jedermann die Theile seines Körpers verbirgt, bei denen etwas schlecht, oder geschwächt, oder verkleinert ist; man sorgt und müht sich nach Möglichkeit, solche Fehler des Körpers gar nicht oder nur zum kleinsten Theile sichtbar werden zu lassen; ja man erträgt der Heilung wegen viele Schmerzen, nur damit die Glieder wieder ihre natürliche Gestalt erlangen, selbst wenn ihr Gebrauch dadurch mehr gehemmt als befördert werden sollte. Wenn Alle von Natur sich vollständig erhalten wollen, und zwar nur ihrer wegen und nicht um Anderer wegen, so müssen nothwendig, wenn das Ganze um seinetwillen begehrt wird, auch seine Bestandtheile um ihretwegen begehrt werden.

§ 47. Sollte nicht die Natur selbst eine Anleitung geben, wie man zu stehen und körperlich sich zu bewegen habe? wie man gehen, sitzen, den Mund bewegen, seine Mienen einzurichten habe? Sollte hier nicht Manches für den freien Mann angemessen und Anderes für ihm unpassend sein? Hält man nicht Viele für widerlich, weil sie in ihrer Bewegung und Haltung die Gesetze und die Maasse der Natur zu verachten scheinen? Und wenn dies von dem Körper entfernt wird, weshalb sollte nicht das Schöne an sich selbst für erstrebenswerth gelten? Wenn man jede Hässlichkeit und Verunstaltung des Körpers um ihrer selbst willen verabscheut, weshalb sollte man du nicht ebenso, ja noch mehr, nach der Würde im Aeussern verlangen? Flieht man alle Hässlichkeit in den körperlichen Stellungen und Bewegungen, weshalb sollte man da nicht der Schönheit nachstreben? Auch die Gesundheit, die Kräfte, die Schmerzlosigkeit begehrt man nicht blos des Nutzens, sondern um ihrer selbst willen. Die Natur verlangt die Vollendung aller ihrer Theile, und deshalb begehrt sie jenen Zustand des Körpers um sein selbst willen, welcher der Natur am meisten entspricht und der ganz gestört wird, wenn der Körper krankt oder an Schmerzen leidet oder der Kräfte ermangelt.

KAPITEL XVIII.

§ 48. Jetzt wollen wir zu den Theilen der Seele übergehen, deren Betrachtung weit herrlicher ist. Je erhabener hier die Gegenstände sind, für um so deutlichere Andeutungen der Natur müssen sie gelten. Die Liebe zur Erkenntniss und Wissenschaft ist uns in so hohem Maasse eingepflanzt, dass offenbar die menschliche Natur dazu hingerissen wird, ohne dass irgend ein Vortheil sie dazu bestimmt. Man sieht ja, dass schon die Knaben sich nicht einmal durch Schläge von der Betrachtung und Untersuchung der Dinge abschrecken lassen und wie sie, fortgejagt, wieder zurückkommen; wie sie sich freuen, dass sie etwas wissen, wie sie danach verlangen, Andern etwas zu erzählen; wie die öffentlichen Aufzüge, die Schauspiele und andere ähnliche Darstellungen sie so fesseln, dass sie Hunger und Durst ertragen. Ja, sieht man nicht, dass Männer, welche an den freien Wissenschaften und Künsten sich ergötzen, weder ihre Gesundheit noch ihr Vermögen dabei schonen und in die Wissenschaften und ihre Erlangung so vertieft sind, dass sie darum Alles ertragen und die schwersten Sorgen und Mühen durch die Lust ausgleichen, welche ihnen die Erweiterung ihrer Kenntnisse gewährt.

§ 49. Ich möchte glauben, dass Homer dergleichen im Sinne gehabt hat, wo er von den Gesängen der Sirenen erzählt. Sie pflegten die Vorüberfahrenden nicht durch ihre süssen Stimmen oder durch eine neue und wechselnde Weise des Gesanges an sich zu ziehen, sondern sie sprachen von ihrem reichen Wissen, damit die Menschen in Folge ihrer Wissbegierde an deren Felsen haften blieben. Denn in dieser Weise laden sie den Odysseus zu sich ein; (ich habe die Stelle, wie manche andere des Homer übersetzt):

O Zierde von Argos, wende, Odysseus, Dein Schiff zu uns,
Damit Du mit Deinen Ohren unsere Gesänge vernehmest.
Noch ist Keiner im dunklen Schiff hier vorübergesegelt,
Der nicht, gefesselt von der Stimmen Süsse, hier gehalten hätte;
Und der, wenn sein begehrendes Herz an den Musen viel sich ergötzt,
Nicht reicher an Kenntniss zur väterlichen Küste gekehrt.
Wir kennen den schweren Kampf und die Niederlage,

Welche Griechenland den Troern unter göttlichem Schutze bereitet;
Alle Spuren der Dinge auf weiter Erde sind uns bekannt.

Homer fühlte, dass seine Dichtung nicht Billigung finden würde, wenn ein so grosser Mann durch blosses Singen sich hätte fesseln lassen; deshalb verheissen sie ihm die Erkenntniss, und es kann nicht auffallen, dass diese dem Wissbegierigen höher stand, als sein Vaterland. Alles ohne Unterschied wissen wollen, ist Neugierde; aber durch die Betrachtung der grossen Dinge zum Verlangen nach der Wissenschaft angeregt zu werden, ist grossen Männern eigen.

KAPITEL XIX.

§ 50. Welcher Wissenseifer muss nicht den Archimedes beseelt haben, der über die aufmerksame Verzeichnung seiner Figuren im Sande nicht merkte, dass seine Vaterstadt erobert worden war. Wie hat das grosse Genie des Aristoxenus sich ganz in dir Musik vertieft! Mit welchem Eifer hat Aristophanes sein Leben in den Wissenschaften zugebracht! Was soll ich von Pythagoras, von Plato und Demokrit sagen, die aus Wissbegierde die entferntesten Länder durchwandert haben! Wer dies nicht einsieht, hat nie mit Liebe sich dem Wissenswerthen hingegeben. Wenn man hier meint, dergleichen Beschäftigungen seien nur der geistigen Lust wegen betrieben worden, so bemerkt mau nicht, dass sie gerade deshalb um ihrer selbst willen aufgesucht werden, weil der Geist sich in ihnen, auch wenn kein Nutzen vorliegt, ergötzt und sich an dem Wissen, selbst wenn es beschwerlich wird, erfreut.

§ 51. Doch wozu in so klaren Dingen noch Weiteres beibringen. Wir mögen uns immer selbst fragen, wie sehr der Lauf der Gestirne, die Betrachtung der Himmelskörper und die Erkenntniss Alles dessen, was die Natur in Dunkelheit gehüllt hat, uns bewegt, und wie sehr uns die Geschichte ergötzt, bei der man bis zu den ersten Anfängen vordringt, Uebersehenes nachholt und Angefangenes weiter verfolgt. Ich weiss recht wohl, dass die Geschichte nicht blos Lust, sondern auch Nutzen gewährt; aber liest man denn nicht auch erdichtete Geschichten mit Vergnügen, bei denen sich gar kein Nutzen absehen lässt?

§ 52. Und will man nicht bei Männern, die Grosses verrichtet haben, ihre Namen kennen, ihre Eltern, ihr Vaterland und Anderes, was gar nicht nothwendig ist? Und ergötzen sich nicht die ärmsten Leute, ohne Aussicht, selbst etwas unternehmen zu können, ja selbst Handarbeiter an der Geschichte? Gerade Männer, die bereits vom Alter gebeugt und von allen Geschäften bereits ausgeschlossen sind, zeigen sich am meisten bereit, von geschichtlichen Thaten zu hören und zu lesen. Man muss deshalb anerkennen, dass in den Gegenständen selbst, die man erfährt und lernt, der Reiz liegt, der uns zu ihrer Erlernung und Erkenntniss anlockt.

§ 53. Auch schildern die alten Philosophen das künftige Leben der Weisen auf den Inseln der Seligen in der Art, dass sie frei von allen Sorgen und ohne dass sie um ihren Lebensunterhalt sich zu mühen brauchen, ihre ganze Zeit zur Erforschung und Erkenntniss der Natur verwenden. Diese Beschäftigung zeigt sich indess nicht blos als ein Genuss im glücklichen Leben, sondern auch als eine Erleichterung des Druckes in schweren Zeiten. Deshalb vermochten Viele, die in die Gewalt von Feinden oder Tyrannen gerathen waren, oder in der Verbannung oder Gefangenschaft sich befanden, ihren Schmerz durch wissenschaftliche Forschungen zu mildern.

§ 54. So begab sich Demetrius aus Phalerus, der Erste in seinem Staate, als er mit Unrecht aus seinem Vaterlande vertrieben worden war, zum König Ptolemäus nach Alexandrien. Dort verfasste er, da er in der Philosophie, zu welcher wir Dich ermahnen, sich auszeichnete und bei Theophrast gehört hatte, viele vortreffliche Schriften wahrend dieser traurigen Musse; nicht um daraus einen Vortheil zu ziehen, dessen er etwa bedurft hätte, sondern weil diese Pflege des Geistes ihm gleichsam die Nahrung der Menschheit war. Auch habe ich es oft gehört, wie Ch. Anfidius, der gewesene Prätor, ein gelehrter, aber erblindeter Mann, sagte, er sehne sich nur nach dem Lichte und nicht nach den Vortheilen, die es ihm bringen könnte. Auch würde man den Schlaf für eine unnatürliche Einrichtung halten, weil er alle Sinneswahrnehmung und Thätigkeit aufhebt, wenn er nicht dem Körper Ruhe gewährte und gleichsam ein Stärkungsmittel für die Arbeit wäre. Verlangte daher die Natur keine Erholung oder könnte ihr diese auf andere Art gewahrt werden, so wurde mau gern den Schlaf entbehren, denn schon jetzt durchwacht man da die Nächte beinah gegen die Natur, wo es darauf ankommt, etwas auszuführen oder zu lernen.

KAPITEL XX.

§ 55. Indess zeigt die Natur noch deutlicher, klarer und in unzweifelhafter Weise, dass der Geist nicht blos bei dem Menschen, sondern bei jedem lebenden Wesen immer nach einer Thätigkeit verlangt und unter keiner Bedingung eine ewige Ruhe ertragen mag. Man kann das leicht an den Kindern in ihrer frühsten Zeit bemerken. Ich fürchte beinah, dass ich dieses Verhältniss zu oft benutze; indess haben alle Philosophen, namentlich bei uns, sich zu den Wiegen der Kinder gewendet, weil sie meinten, dass man am Kindesalter die Absichten der Natur am leichtesten erkennen könne. Und so sieht mau, dass nicht einmal die stammelnden Kinder sich ruhig verhalten können; sind sie aber herangewachsen, so ergötzen sie sich an kleinen, selbst mühsamen Spielen und lassen sich auch durch Schläge nicht davon abbringen. Dieser Thätigkeitstrieb steigt mit den Jahren, so dass wir, selbst wenn uns die süssesten Träume versprochen würden, doch den Schlaf des Endymion nicht haben möchten, und wenn er einträte, ihn als den Tod selbst ansehen würden.

§ 56. Sogar die trägsten Menschen, die in der höchsten Faulheit leben, bewegen sich doch immer körperlich und geistig, und wenn nichts Dringendes sie hindert, verlangen sie entweder nach dem Brettspiel oder nach einem andern Spiel, oder suchen nach Unterhaltung. Da ihnen die edlern Genüsse aus den Wissenschaften abgehn, so suchen sie Spielereien und das Gespräch mit Bekannten auf. Selbst die Thiere, die man zu seinem Vergnügen in Käfigen hält, bleiben, obgleich sie reichlicher als in ihrem freien Zustande genährt werden, nur ungern darin und verlangen nach jenen heftigen und wilden Bewegungen, welche dir Natur ihnen eingepflanzt hat.

§ 57. So zeigt sich, dass alle Menschen von guter Natur und Erziehung nicht einmal leben mögen, wenn man ihnen die Beschäftigung entzieht, selbst wenn dabei jede Lust ihnen offen stände. Entweder wollen sie ihre besondern Geschäfte treiben oder, sind sie mehr befähigt, so wenden sie sich den Staatsgeschäften ZU und verlangen nach Ehren und Aemtern, oder sie widmen sich ganz den Wissenschaften, obgleich bei solcher Lebensweise nicht die Lust es ist, die sie suchen, sondern Unruhe, Sorgen und Nachtwachen von ihnen ertragen werden müssen. Nur in dem besten Theile des Menschen, der als der göttliche in uns gelten muss, in der Schärfe ihres Geistes und Verstandes finden solche Männer Genuss und verlangen weder nach Lust, noch fliehen sie die Arbeit. Sie vertiefen sich bald in die Bewunderung der von den Alten bereits entdeckten Dinge, bald in die Erforschung neuer. Unerschütterlich in diesen Beschäftigungen, vergessen sie alles Andere; nichts ist ihnen zu gering und zu verächtlich, und die Macht, welche solche Beschäftigung auf sie ausübt, ist so gross, dass wir sehen, wie selbst Männer, die das höchste Gut anders aufgefasst und in den Nutzen oder in die Lust verlegt haben, doch ihr Leben in Erforschung der Dinge und Erklärung deren Natur verbringen.

KAPITEL XXI.

§ 58. Somit erhellt, dass der Mensch zur Thätigkeit geschaffen ist. Von dieser giebt es aber mehrere Arten, wobei die geringeren von den bedeutenderen verdunkelt werden. Zu den wichtigsten gehören nach meiner Meinung und nach jenen Philosophen, deren Lehre ich jetzt vortrage, zunächst die Betrachtung und Erkenntniss der himmlischen Dinge und derer, welche die Natur uns verhüllt hat, aber welche man durch die Vernunft entdecken kann; dann die Staatsgeschäfte und die Wissenschaft davon; dann das kluge, gemässigte, tapfere und gerechte Verhalten sammt den übrigen Tugenden und ein ihnen gemässes Handeln, was Alles zusammen mit dem einen Wort des Sittlichen befasst werden kann. Zu deren Erkenntniss und Uebung werden wir, wenn wir erst erstarkt sind, unter Führung der Natur, von dieser selbst angeleitet; denn der Anfang aller Dinge ist klein, aber allmählich nehmen sie mit ihrer Entwickelung zu und zwar nicht ohne Grund; denn bei dem ersten Entstehen ist Alles noch zart und weich, und man kann deshalb das Beste weder bemerken noch aussuchen. Das Licht der Tugend und eines glückseligen Lebens, die beiden höchsten Ziele des Menschen, tritt erst später hervor und noch viel später wird ihre Natur erkannt. Schon Plato thut den herrlichen Ausspruch: »Glücklich ist, wer, wenn auch erst im Alter, dahin gelangt, die Weisheit und die Wahrheit zu erreichen.« – Nachdem ich hiermit über die ersten natürlichen Vortheile ausführlich mich erklärt habe, gehe ich zu den bedeutenderen hieraus sich ergebenden Folgen über.

§ 59. Die Natur hat also den menschlichen Körper so geschaffen und gebildet, dass sie Einiges schon bei seiner Geburt vollendet und Anderes mit seinem vorrückenden Alter gebildet hat und dabei von äusserer Hülfe und Unterstützung wenig Gebrauch gemacht hat. Die Seele hat sie zwar in allen übrigen Beziehungen ähnlich wie den Körper vollendet; sie gab ihr die passenden Sinne zur Wahrnehmung der Dinge, so dass sie keiner oder nur einer geringen Hülfe zu ihrer Ausbildung bedurfte; aber bei dem Besten und Vorzüglichsten hat die Natur den Menschen im Stich gelassen. Sie hat ihm zwar einen Geist gegeben, der jede Tugend erwerben kann, und in denselben ohne Unterricht die Keime zu den höchsten Begriffen gelegt, ja sie hat auch eine Belehrung desselben begonnen und ihn zu den in ihm liegenden Elementen der Tugenden angeleitet; aber mit der Tugend selbst hat sie nur den Anfang gemacht, nichts weiter.

§ 60. Deshalb kommt es uns zu und damit meine ich die Wissenschaft und Uebung, aus jenen Anfängen, die wir empfangen haben, die Folgen abzuleiten, bis das erstrebte Ziel erreicht ist. Dies Ziel ist das höchste und mehr um sein selbst willen zu erstreben, als die Sinne und jene genannten Vorzüge des Körpers; denn die ausgezeichnete Vollendung des Geistes steht gegen diese so viel höher, dass man den Abstand kaum sich vorstellen kann. Deshalb bezieht sich alle Ehre, aller Ruhm, alles Streben auf die Tugend und ihre Uebung, und alle demgemässe Gedanken und Handlungen werden unter dem einen Namen des Sittlichen befasst. Wir werden bald sehen, wie die Begriffe von alle dem beschaffen sind, welche Worte dafür gebraucht werden und worin ihr Wesen und ihre Natur besteht.

KAPITEL XXII.

§ 61. Hier will ich nur zeigen, wie dieses Sittliche neben der Liebe eines Jeden zu sich selbst auch um sein selbst willen zu erstreben ist. Schon die Knaben zeigen dies, an denen man die menschliche Natur gleichsam im Spiegel sehen kann. Welcher Wetteifer herrscht unter ihnen; welche Kämpfe führen sie mit einander! Wie strahlen die Sieger dabei vor Freude und wie schämen sich die Besiegten! Wie suchen sie nicht die Schuld von sich abzuwälzen! Wie verlangen sie nicht nach Lob; welche Mühe geben sie sich nicht, um unter ihren Genossen hervorzuragen; wie sehr gedenken sie es Denen, die ihnen Gutes erwiesen haben; welches Verlangen, sich dankbar zu erweisen! Gerade in den besten Naturen zeigt sich dies Alles am meisten; in ihnen wird das Sittliche, was wir nun kennen, von der Natur gleichsam entworfen und angelegt.

§ 62. So ist es bei den Knaben, während in dem reiferen Alter dies Alles schon deutlicher ausgeprägt ist. Niemand ist so entartet, dass er nicht von der Schlechtigkeit sich verletzt fühlte und die Sittlichkeit billigte. Wem sind nicht die schwelgerischen und verdorbenen Jünglinge verhasst? und wer liebt dagegen nicht bei der Jugend die Scham, die Beharrlichkeit, auch wenn kein Nutzen daraus folgt? Wer verabscheut nicht den Pullus Numitorius, jenen Verräther von Fregellä, trotzdem dass er unserm Lande genützt hat? Wer rühmt nicht den Kodrus für die Errettung seiner Vaterstadt, und wer preist nicht die Töchter des Erechtheus? Wem ist nicht der Name des Tubulus verhasst und wer liebt nicht selbst den todten Aristides? Man bedenke, wie sehr man sich gerührt fühlt, wenn man von einer frommen oder von einer für einen Feind verrichteten, oder von einer grossherzigen That hört oder liest!

§ 63. Ich brauche aber nicht blos von uns zu sprechen, denen das Verlangen nach Lob und Anstand angeboren, überkommen und anerzogen worden ist; man hört ja, wie selbst die Menge und die Ungebildeten im Theater immer Beifall klatschen, so oft sie die Worte vernehmen:

»Ich bin Orest!«

und der Andere sagt:

»Nein, ich vielmehr bin es, der Orest!«

und wenn endlich Beide nach gegebener Aufklärung dem bestürzten und verwirrten Könige zurufen:

»Lass uns also Beide tödten, das bitten wir!«

so werden diese Worte mit der höchsten Bewunderung vernommen. So billigt und lobt Jedermann solche Gemüthsart, die doch noch keinen Nutzen ver langt, sondern die Treue auch da bewahrt, wo ihr not Schaden droht.

§ 64. Mit solchen Vorgängen sind nicht blos die Dichtungen, sondern auch die Geschichte der Völker, namentlich des unsrigen, erfüllt. Denn wir haben zum Empfang der Idäischen Heiligthümer den besten Mann ausgewählt; wir haben den Königen Vormünder bestellt; unsere Feldherren haben ihr Leben dem Vaterlande zum Opfer gebracht; unsere Consuln haben jenen König, der als unser gefährlichster Feind schon den Stadtmauern sich näherte, vor dem Giftmischer gewarnt; in unserm Freistaate sühnte eine Frau durch freiwilligen Tod ihre gewaltsam erlittene Entehrung und hier tödtete ein Vater seine eigene Tochter, um sie vor der Entehrung zu schützen. Wer erkennt nicht, dass bei diesen und unzähligen anderen Thaten Die, welche sie verrichtet, nur von dem Glänze der sittlichen Würde geleitet worden sind und an ihren Nutzen dabei nicht gedacht haben, und dass, wenn wir sie preisen, wir dies nur aus sittlichem Gefühle thun?

KAPITEL XXIII.

Aus dieser gedrängten Darstellung, bei welcher ich nicht alles Hierhergehörige angeführt habe, da die Sache unzweifelhaft ist, erhellt fürwahr, dass alle Tugenden und das in ihnen enthaltene und aus ihnen hervorgehende Sittliche um ihrer selbst willen zu erstreben sind.

§ 65. Innerhalb dieses Sittlichen tritt nichts so leuchtend hervor und erstreckt sich so weit, wie die Verbindungen der Menschen untereinander; jene Gesellschaften derselben, wo sie sich das Nützliche einander mittheilen, und jene Liebe, die in dem menschlichen Geschlechte sich findet. Sie beginnt mit dem ersten Anfang des Lebens, wo schon die Eltern die Neugebornen lieben und das ganze Haus durch die Ehe und Abstammung verbunden wird. Dann schreitet sie allmählich über das Haus hinaus, zunächst zu den Verwandten, dann zu den Verschwägerten, dann zu den Freunden; weiter zu den Nachbarn, zu den Bürgern und den Genossen und Freunden des Staats; endlich zu dem menschlichen Geschlecht im Ganzen. Diese Gesinnung giebt Jedem das Seine, und indem sie diese Verbindungen der Menschen zu Gesellschaften grossartig und gleichmässig beschützt, heisst sie die Gerechtigkeit, zu der dann auch die Frömmigkeit, die Güte, die Freigebigkeit, das Wohlwollen, die Höflichkeit und andere ähnliche Tugenden gehören; sie sind der Gerechtigkeit ebenso einwohnend, wie auch den andern Tugenden gemeinsam.

§ 66. Denn die menschliche Natur ist so beschaffen, dass ihr die bürgerliche und staatliche Gesinnung, welche die Griechen politikon nennen, gleichsam angeboren ist, und deshalb wird jede tugendhafte Handlung dieser Gemeinsamkeit, Liebe und menschlichen Gesellschaft, wie ich sie dargelegt habe, nicht entgegentreten, und so wie die Gerechtigkeit selbst durch Hebung sich in die übrigen Tugenden verbreitet, so wird sie auch wiederum diese in sich aufnehmen. Nur ein muthiger und weiser Mann kann die Gerechtigkeit bewahren. In dieser Verbindung und Uebereinstimmung aller Tugenden besteht die Sittlichkeit; das Sittliche ist die Tugend selbst oder das tugendhafte Handeln. Wenn das Leben eines Menschen damit stimmt und den Tugenden entspricht, so kann es als das rechte und sittliche und feste, mit der Natur übereinstimmende angesehen werden.

§ 67. Indess halten die Philosophen bei dieser Verbindung und Verschmelzung der Tugenden doch auch gewisse Unterschiede derselben fest. Alle Tugenden sind zwar so miteinander verbunden und verknüpft, dass jede einzelne an allen anderen Theil hat und keine von den andern getrennt werden kann; trotzdem hat jede Tugend ihre eigene Verrichtung. So zeigt sich die Tapferkeit in den mühevollen Unternehmungen und Gefahren; die Mässigkeit in dem Vorbeigehen an der Lust; die Klugheit in der Auswahl unter den Gütern und Uebeln und die Gerechtigkeit dadurch, dass sie Jedem das Seine gewährt. Indem so in jeder Tugend eine über das Haus hinausgehende Rücksicht enthalten ist, welche nach Andern verlangt und sie befasst, kommt es, dass die Freunde, die Brüder, die Verwandten, die Verschwägerten, die Bürger und alle Menschen überhaupt, weil man will, dass alle Menschen nur eine Gemeinschaft bilden, zu dem an sich selbst Begehrenswerthen gehören. Aber in diesen Dingen ist doch nichts enthalten, was zu dem Endziele und höchsten Gute gerechnet werden kann.

§ 68. So giebt es daher zwei Arten von Dingen, die um ihrer selbst willen begehrenswerth sind. Die eine Art befasst Alles, woraus jenes höchste Gut besteht, und betrifft sowohl die Zustände der Seele wie des Körpers; die andere Art befasst das Aeussere, was weder zur Seele noch zu dem Körper gehört, wie die Freunde, die Eltern, die Kinder, die Verwandten, das Vaterland; Alles dies ist um sein selbst willen uns theuer, aber es gehört nicht zu jener ersten Art; denn wenn alles dieses Aeussere, weil es begehrenswerth ist, zu dem höchsten Gute gehörte, so würde dasselbe Niemand jemals erreichen können.

KAPITEL XXIV.

§ 69. Du wirst daher fragen, wie in Wahrheit Alles auf das höchste Gut bezogen werden könne, wenn die Freunde, die Verwandten und alles andere Aeusserliche nicht zu dem höchsten Gute gehöre? Indess geschieht dies dadurch, dass dieses Aeusserliche durch jene Pflichten beschützt wird, welche aus den einzelnen ihnen entsprechenden Tugenden hervorgehen. Denn die Pflege der Freunde und der Eltern ist Dem, der seine Pflicht erfüllt, eben dadurch nützlich, weil solche Pflichterfüllung zu den rechten Handlungen gehört, welche aus den Tugenden hervorgehen. Diese Tugenden üben die Weisen und benutzen die Natur dabei als Führerin; die weniger vollkommnen, aber mit hervorragendem Geiste versehenen Menschen lassen sich dagegen oft von der Ehre bestimmen, welche die äussere Gestalt der Sittlichkeit hat und ihr ähnelt. Könnten sie aber die durchaus vollkommene und abgeschlossene Sittlichkeit, welche allein das Erhabenste und Lobenswertheste ist, ganz durchschauen, so würden sie von der höchsten Freude sich erfüllt fühlen, da sie schon an deren so verdunkelter Vorstellung sich ergötzen.

§ 70. Kann wohl ein Mensch, der den Lüsten ergeben ist und entflammt von der Hitze der Begierde auch das, was er am heftigsten verlangt, erreicht hat, so durchaus glücklich erachtet werden, wie es der ältere Scipio sein musste, als er den Hannibal besiegt hatte; oder der jüngere Scipio, als er Karthago zerstört hatte? Wen hat wohl die jährliche Festfahrt die Tiber hinab so mit Freude erfüllt, wie sie L. Paullus bei der Einfahrt in diesen Strom empfand, als er den König Perseus gefangen mit sich führte?

§ 71. Deshalb, mein Lucius, pflege in Deinem Geiste die Erhabenheit und Vortrefflichkeit der Tugenden und Du wirst nicht mehr zweifeln, dass Menschen, welche die Tugenden besitzen, in ihrem grossen und festen Geiste immer glücklich sind, und dass alle Schwankungen des Glücks und aller Wechsel der Dinge und Zeiten von ihnen für gering und schwach erachtet werden, wenn diese der Tugend sich entgegenstellen. Die von mir aufgezählten Güter des Lebens vollenden zwar das glückliche Leben, aber nur so, dass das glückliche Leben auch ohne sie bestehen kann. Jene Zuthaten von Gütern sind so gering und klein, dass sie gleich den Sternen beim Sonnenschein im Glänze der Tugend nicht sichtbar bleiben.

§ 72. Aber so wie es richtig ist, dass diese körperlichen Vortheile nur von geringer Bedeutung für das glückliche Leben sind, so wäre es doch eine Gewaltsamkeit, wenn man ihnen alle Bedeutung dafür absprechen wollte. Wer dies behauptet, scheint mir die natürlichen Grundlagen, von denen er ausgegangen ist, selbst zu vergessen. Man muss ihnen daher allerdings eine Bedeutung zugestehen, nur muss man wissen, von welcher Grösse. Es ziemt also einem Philosophen, welcher nicht sowohl das Blendende, als vielmehr das Wahre sucht, das nicht für Nichts zu achten, was jene berühmten Männer selbst als naturgemäss anerkennen. Nur hat der Philosoph die Kraft der Tugend und so zu sagen das Ansehen der Sittlichkeit so hoch zu stellen, dass alles Uebrige zwar nicht für Nichts, aber doch nur für so gering zu achten ist, dass es beinahe für Nichts gelten kann. Dies ist die Sprache Dessen, der zwar nicht alles Andere neben der Tugend verachtet, aber doch die Tugend mit dem ihr gebührenden Lobe erhebt, und damit ist die Darstellung des höchsten Guts von allen Seiten vollendet und abgeschlossen. Die übrigen Philosophen haben daraus nur einzelne Stücke sich herausgenommen und damit den Schein einer eigenen Ansicht sich zu verschaffen gesucht.

KAPITEL XXV.

§ 73. So hat schon Aristoteles und Theophrast oft die Erkenntniss der Dinge um ihrer selbst willen ausserordentlich gelobt und Herillus war davon so ergriffen, dass er behauptete, die Erkenntniss allein sei das höchste Gut und weiter nichts sei um sein selbst willen begehrenswerth. Ebenso haben die Alten sich viel darüber ausgesprochen, dass die menschlichen Dinge zu verachten und gering zu schätzen seien; und so hielt Aristo nur das Eine fest und bestritt, dass neben der Tugend und dem Laster noch irgend etwas begehrens- oder verabscheuungswürdig sei. So haben die Unsrigen die Schmerzlosigkeit zu den naturgemässen Dingen gerechnet und in Folge dessen hat Hieronymus sie für das höchste Gut erklärt. Später hielt Callipho zwar an der Lust und Diodor an der Schmerzlosigkeit fest, aber Beide konnten das Sittliche nicht entbehren, was schon von uns am Höchsten gestellt worden ist.

§ 74. Ja selbst die reinen Anhänger der Lust versuchen mancherlei Wendungen, führen fortwährend die Tugend im Munde und sagen, dass die Lust nur zuerst begehrt werde, aber dass durch die Gewohnheit gleichsam eine andere Natur sich bilde, auf deren Antrieb man dann auch Vieles thue, ohne die Lust dabei als Ziel zu nehmen. So bleiben nur noch die Stoiker, welche aber nicht blos ein oder das andere Stück, sondern unsere ganze Philosophie sich angeeignet haben. Sowie nun sonst die Diebe die Zeichen an den Sachen, die sie gestohlen haben, ändern, so haben auch die Stoiker, um unsere Lehren für ihre eigenen auszugeben, deren Namen, als die Zeichen der Dinge, geändert. Es bleibt daher nur unsere Lehre übrig, und sie ist würdig Derer, welche die Künste und Wissenschaften treiben; ist würdig der Gelehrten, würdig der berühmten Männer, würdig der Ersten im Staate und würdig der Könige.

§ 75. Hier hielt Piso ein wenig inne und sagte dann: Meint Ihr, dass ich genügend mein Recht benutzt und vor Euren Ohren mich geübt habe? – Ich erwiderte: Nein, Piso, Du hast Dich heute, wie schon öfters anderwärts, so vertraut mit diesen Lehren gezeigt, dass, wenn uns öfters die Gelegenheit, Dich zu hören, geboten würde, für die Griechen nicht viel zu ergänzen übrig bleiben möchte. Ich habe Deinen Vortrag um so mehr gebilligt, weil ich mich entsinne, dass der Neapolitaner Staseas, Dein Lehrer und ein tüchtiger Peripatetiker, diese Lehren ganz anders vorzutragen pflegte, indem er Denen beistimmte, welche auf das Glück und Unglück und auf die Güter und Uebel des Körpers einen grossen Werth legen. – Das ist so, wie Du sagst, erwiderte Piso; allein was ich gesprochen habe, wird von unserm Freund Antiochus viel besser und kräftiger vorgetragen, als Staseas es that. Indess möchte ich jetzt weniger von Dir hören, was an meinem Vortrage zu billigen ist, als von unserm Cicero hier, den ich Dir abtrünnig und zu meinem Schüler machen möchte.

KAPITEL XXVI.

§ 76. Darauf sagte Lucius: Dein Vortrag hat meinen ganzen Beifall und dies wird wohl auch bei meinem Vetter der Fall sein. – Piso sagte da zu mir: Was willst Du weiter? verzeihst Du dem Jüngling? oder willst Du lieber, dass er das lerne, wobei er, auch wenn er es ganz inne hat, doch nichts weiss? – Darauf sagte ich: Ich lasse ihm seinen Willen, aber meinst Du nicht, dass auch ich das billigen könnte, was Du gesagt hast? – Aber, sagte Piso, wie kann Jemand seine Billigung über etwas aussprechen, was er nicht erfasst, nicht begriffen, nicht erkannt hat? – Wir gehen, sagte ich, hier nicht so sehr auseinander, denn ich halte nur deshalb die Erkenntniss für unmöglich, weil die erkennende Kraft von den Stoikern so definirt wird, dass man nur das Wahre erkennen könne, was niemals falsch sein könne. Deshalb weiche ich wohl von den Stoikern, aber nicht von den Peripatetikern ab. Doch wollen wir dies bei Seite lassen, da es sich hier ameine höchst streitige und dabei langwierige Frage handelt.

§ 77. Alleinetwas voreilig scheint mir Dein Ausspruch, dass die Weisen immer glücklich sein sollen. Du eiltest hier mit Deiner Rede im Fluge vorüber. Wenn dies nicht bewiesen werden kann, so möchte ich glauben, dass Theophrast recht hat, wenn er sagt, dass ein glückliches Leben sich nicht mit dem vertrage, was er Schicksal, Schmerz und körperliche Plagen nennt. Es wäre ein starker Widerspruch, wenn Jemand, der von vielen Uebeln gebeugt ist, zugleich glücklich sein sollte, und ich wüsste nicht, wie sich dies vereinigen liesse. – Piso sagte darauf: Also findest Du entweder in der Tugend nicht so viel Kraft, dass sie allein zureicht, das Leben glücklich zu machen? Oder, wenn Du dies billigst, hältst Du es da für unmöglich, dass die der Tugend Ergebenen, selbst wenn sie mit einigen Uebeln behaftet sind, dennoch glücklich sein können? – Ich bestreite nicht, erwiderte ich, dass die grösste Kraft in der Tugend enthalten ist, und über diese Grösse wollen wir ein andermal verhandeln; hier fragt es sich nur, ob sie dies zu bewirken vermag, wenn ausser der Tugend noch etwas Anderes zu den Gütern gerechnet wird.

§ 78. Allein, antwortete Piso, wenn Du den Stoikern zugiebst, dass das Dasein der Tugend allein das Leben glücklich macht, so musst Du es auch den Peripatetikern zugeben; denn jene wagen nur nicht, desgleichen Dinge Uebel zu nennen, aber geben zu, dass sie widerwärtig, lästig, unangenehm und naturwidrig seien, während wir sie Uebel nennen, aber nur geringe und kleine. Wenn daher Der glücklich sein kann, welcher sich in Widerwärtigkeiten und Unannehmlichkeiten befindet, so kann es auch Der, der sich nur in kleinen Uebeln befindet. – Darauf sagte ich: Mein Piso! wenn irgend Jemand es giebt, der bei einer Frage scharfsinnig herausfindet, worauf es ankommt, so bist in Wahrheit Du es. Deshalb bitte ich noch um Deine Aufmerksamkeit; vielleicht ist es nur meine Schuld, dass Du meine Frage Hoch nicht verstanden hast. – Hier hast Du mich, sagte Piso; ich werde hören, was Du auf meine frühere Frage antworten wirst.

KAPITEL XXVII.

§ 79. Darauf sagte ich: Meine Antwort ist die, dass ich jetzt nicht wissen will, was die Tugend vermag, sondern ob das als richtig gelten kann, was sich widerspricht. – In welcher Weise wäre dies der Fall? fragte Piso. – Weil, antwortete ich, Zeno grossartig, gleich einem Orakelspruch, den Satz aufgestellt hat: »Die Tugend allein genügt zum glücklichen Leben.« Wenn man fragt: Weshalb? so antwortet er: »Weil nur das Sittliche allein ein Gut ist.« Ich frage jetzt nicht nach der Wahrheit dieser Sätze, allein ich behaupte, dass das, was Zeno sagt, vortrefflich in sich übereinstimmt.

§ 80. Auch Epikur hat vielleicht gesagt, dass der Weise immer glücklich sei; denn er geräth manchmal in die Hitze und lässt den von den höchsten Schmerzen gepeinigten Weisen ausrufen: »Wie angenehm! Wie wenig kümmere ich mich darum!« Ich will mit dem Mann nicht streiten, wie er in die Natur so viele Güter verlegen kann, aber ich behaupte, dass er nicht einsieht, was er sagen sollte, da er doch den Schmerz für das höchste Uebel erklärt hat. Dasselbe mache ich jetzt auch gegen Dich geltend; denn Du vermengst alles Gute oder Uebel wie Die, welche niemals einen Philosophen auch nur im Bilde gesehen haben; also die Gesundheit, die Kräfte, die Körperbildung und Gestalt und die Unversehrtheit bis zu den Nägelchen gelten Dir als Güter, und die Hässlichkeit, die Krankheit, die Schwäche als Uebel.

§ 81. Wenn Du nun auch über die äussern Dinge Dich nur vorsichtig erklärt hast, so sind jene Dinge doch Güter des Körpers, und Du wirst deshalb das, was sie bewirkt, auch zu den Gütern zählen müssen, also auch die Freunde, die Kinder, die Anverwandten, den Reichthum, die Ehre und die Macht. Ich will dagegen nichts einwenden; wenn es aber auch hier Uebel giebt, in die der Weise gerathen kann, so kann das Weisesein zum glücklichen Leben nicht hinreichen. – Allerdings, sagte er, nicht zu dem allerglücklichsten Leben, aber wohl zu dem glücklichen. – Ich habe, sagte ich, wohl bemerkt, dass Du kurz vorher Dich so ausgedrückt hast und ich weiss, dass auch unser Antiochus sich so auszusprechen pflegt. Aber ist es wohl zulässig, Jemanden für glücklich, aber nicht für hinreichend glücklich zu erklären? Wenn etwas hinreichend ist, so ist jedes Mehr schon zu viel; Niemand kann aber zu glücklich sein und Niemand glücklicher als der Glückliche.

§ 82. Also, erwiderte Piso; hältst Du den Q. Metellus, der es erlebte, dass drei seiner Söhne Consuln wurden und einer davon auch Censor und einen Triumph feierte, dass sein vierter Sohn Prätor wurde, und der bei seinem Tode sie alle gesund und ausserdem drei Töchter verheirathet zurückliess, während er selbst Consul, Censor und Augur gewesen war und einen Triumph gefeiert hatte, ich sage also, hältst Du diesen, angenommen, dass er ein

Weiser gewesen, nicht für glücklicher, als den Regulus, ebenfalls angenommen, dass dieser ein Weiser gewesen, der in der Gewalt seiner Feinde durch Hunger und Nachtwachen zu Tode gemartert wurde?

KAPITEL XXVIII.

§ 83. Was fragst Du mich danach, sagte ich, Du musst diese Frage an die Stoiker richten. – Nun, sagte Piso, was meinst Du wohl, dass sie antworten würden? – Dass Metellus nicht glücklicher gewesen als Regulus. – Also müssen wir bei diesem Punkte beginnen. – Allein wir kommen, sagte ich, trotzdem von unserm Ziele ab; denn ich frage hier nicht nach der Wahrheit der einzelnen Sätze, sondern nach ihrer Folgerichtigkeit. Würden die Stoiker anerkennen, das der Eine glücklicher gewesen als der Andere, so würdest Du ihr ganzes Gebäude zusammenbrechen sehen. Denn wenn in der Tugend und Sittlichkeit allein das höchste Gut enthalten ist, und wenn nach deren Ansicht weder die Tugend noch das Sittliche zunehmen kann, und wenn nur das für ein Gut gelten soll, dessen Besitz nothwendig glücklich macht, und wenn das nicht vermehrt werden kann, in dem allein das Glücklichsein enthalten ist, wie kann da der Eine glücklicher sein als der Andere? Siehst Du nicht, wie dies zusammen stimmt? Fürwahr, die Folgerichtigkeit ihrer Sätze ist bewundernswerth, das muss ich offen bekennen; die Schlusssätze entsprechen den Vordersätzen, die mittlern stimmen mit beiden und alle mit allen; sie wissen, was folgt und was sich widerspricht. Es ist bei ihnen, wie bei der Geometrie: giebt man den ersten Satz zu, so muss man alle zugeben. Erkennst Du an, dass nur das Sittliche ein Gut ist, so musst Du anerkennen, dass in der Tugend auch das glückliche Leben enthalten ist, und umgekehrt; erkennst Du dies an, so musst Du auch jenen Satz zugeben. Bei Euch ist es nicht ebenso.

§ 84. »Es giebt drei Alten von Gütern«, so rollt bei Euch die Rede bergab; sie geht auf das Ende los, aber bleibt in dem Holpern stecken, denn Ihr möchtet gern aussprechen, dass dem Weisen zum glücklichen Leben nichts abgehe. Fürwahr, ein edler Ausspruch, des Sokrates und Plato würdig. – Ich wage es auch, dies zu behaupten, sagte Piso. – Dies ist nicht möglich, wenn Du nicht jene Vordersätze änderst. Ist die Armuth ein Uebel, so kann kein Bettler glücklich sein, wenn er auch ein Weiser ist. Aber Zeno wagte es, nicht blos ihn glücklich, sondern auch reich zu nennen. Der Schmerz ist ein Uebel, also kann der an das Kreuz Geschlagene nicht glücklich sein. Kinder sind ein Gut, Kinderlosigkeit ist ein Uebel; das Vaterland ist ein Gut, die Verbannung ein Unglück; die Gesundheit ist ein Gut, der Kranke ist elend; der unverletzte Körper ist ein Gut, die Gebrechlichkeit ein Uebel; das scharfe Auge ist ein Gut, die Blindheit ein Uebel. Wenn man auch Einzelnes durch Trost zu lindern vermag, so wird man doch nicht Alles zusammen ertragen können. Man nehme an, ein Mensch sei blind, gebrechlich, schwer krank, verbannt, kinderlos, arm, auf die Folter gespannt, wie wirst Du diesen nennen, Zeno? – Einen Glücklichen, sagt er. – Aber auch einen Allerglücklichsten? – Gewiss, wird er sagen; ich habe ja gelehrt, dass es hier keine Grade giebt, so wenig, wie in der Tilgend, in der ja schon das Glück selbst enthalten ist.

§ 85. Dir scheint dies unglaublich, weil er der Allerglücklichste sein soll. Aber wie, ist denn Dein Ausspruch glaublicher? Wenn Du das Volk zwischen uns zum Richter bestellst, so wirst Du nie beweisen, dass ein Mensch in solchem Zustande glücklich sei; sollen aber die Einsichtigen entscheiden, so werden sie vielleicht zweifeln, ob in der Tugend so viel Kraft enthalten sei, dass auch die in dem Folterstier des Phalaris Eingeschlossenen glücklich sein können; aber das werden sie nicht bezweifeln, das die Stoiker folgerecht sprechen, während Ihr Widersprechendes behauptet. – Also, sagte Piso, gefällt Dir des Theophrast Schrift über das glückliche Leben? – Wir kommen damit von unserm Gegenstande ab; aber um es kurz zu machen, sagte ich, so gefällt sie mir allerdings, wenn man jene Zustände als Uebel anerkennt.

§ 86. Hältst Du selbst diese Dinge denn für kein Uebel, fragte Piso? – Du stellst eine Frage, auf die ich erst antworten kann, wenn Du selbst Dich entschieden hast, wohin Du Dich stellen willst. – Wie meinst Du das? frug Piso. – Weil, wenn jene Dinge Uebel sind, der darin Befindliche nicht glücklich sein kann, und wenn sie keine Uebel sind, so fällt die ganze Lehre der Peripatetiker. – Darauf sagte Piso lächelnd: Ich sehe, was Du vorhast. Du fürchtest, ich möchte Dir Deinen Schüler abwendig machen. – Du magst ihn immer, sagte ich, mit Dir nehmen, wenn er folgen mag; denn er wird der meinige bleiben, wenn er der Deinige wird.

KAPITEL XXIX.

Höre also, mein Lucius, sagte Piso, denn zu Dir richte ich jetzt meine Rede. Aller Werth der Philosophie, sagt Theophrast, besteht in der Gewährung eines glücklichen Lebens; denn von dem Verlangen danach sind wir Alle ergriffen.

§ 87. Hierüber ist Dein Vetter mit mir einverstanden; es kommt deshalb darauf an, zu ermitteln, ob die Lehre der Philosophen uns dies gewähren kann; denn versprechen thun sie es. Wenn sie nicht diesen Erfolg hätte, weshalb wäre da Plato durch Aegypten gewandert, um von den fremdländischen Priestern sich über die Zahlen und Himmelskörper belehren zu lassen? Weshalb wäre er später nach Tarent zu Archytas gegangen? Weshalb zu den übrigen Pythagoreern, dem Echekrates, Timäus, Akrion in Lokri, wo er, nachdem er die Lehre des Sokrates anschaulich dargelegt hatte, die Lehre der Pythagoreer damit verbinden und das hinzulernen wollte, was Sokrates verschmäht hatte. Weshalb hätte sogar Pythagoras Aegypten durchwandert und die persischen Magier aufgesucht? Weshalb hätte er so viele barbarische Länder zu Fuss durchreist und so viele Meere durchschifft? Weshalb hätte auch Demokrit dies gethan? welcher, mag es wahr sein oder nicht, sich sogar des Augenlichts beraubt haben soll, um seinen Geist nicht von seinen Untersuchungen abzuziehen, jedenfalls aber deshalb sein Vermögen vernachlässigte, seine Felder nicht bestellte und dabei nur nach dem glücklichen Leben forschte? Wenngleich er dasselbe in der Erkenntniss zu finden meinte, so wollte er doch durch diese Erforschung der Natur es erreichen, guten Muths zu sein. Denn er nennt das höchste Gut euthymian und oft auch athambian, d.h. eine von Furcht freie Seele.

§ 88. Dies klingt zwar erhaben, aber ist nicht erschöpfend; denn er hat nur Weniges über die Tugend gelehrt und auch das nicht deutlich genug; vielmehr ist dies erst später, und zwar zuerst von Sokrates in dieser Stadt geschehen, und dann ist es an diesem Orte hier fortgeführt worden und man hat nicht gezweifelt, dass auf die Tugend alle Hoffnung zu einem guten und damit auch glücklichen Leben gesetzt werden müsse. Zeno nahm dies von den Unsrigen auf und zwar so, wie man bei den Klagen die Formel zu fassen pflegt, »er that dasselbe, nur auf andere Weise«. Du hast dies eben an ihm gebilligt und allenfalls hat er den Widerspruch vermieden, indem er den Dingen andere Namen gab, während wir demselben nicht entgehen. Zeno leugnet, dass des Metellus Leben glücklicher als das des Regulus gewesen, indess sei es doch vorzüglicher gewesen; es sei nicht mehr zu begehren, aber mehr anzunehmen; und wenn man die Wahl habe, sei das Leben des Metellus zu wählen und das des Regulus abzulehnen. Ich nenne das, was er vorzüglicher und mehr zu wählen nennt, das Glücklichere, ohne im Geringsten diesem Leben mehr als die Stoiker zuzusprechen.

§ 89. Der ganze Unterschied ist nur, dass ich die gewohnten Dinge mit den gewohnten Worten bezeichne, während Jene neue Worte wählen, um dasselbe zu sagen. So wie im Senate immer Einer ist, der einen Dolmetscher braucht, so kann man auch Jene ohne Dolmetscher nicht anhören. Ich nenne alles Naturgemässe ein Gut und das Entgegengesetzte ein Uebel; und nicht ich allein, sondern auch Du, Chrysipp, thust es auf dem Markte und zu Hause; nur in dem Hörsaale thust Du es nicht. Aber wozu? Meinst Du, die Philosophen müssten anders sprechen, wie die übrigen Menschen? Ueber den Werth der Dinge mögen die Gelehrten und Ungelehrten verschieden denken, aber wenn die Gelehrten über den Werth der Dinge einig geworden sind, so sollten sie, auch wenn sie Menschen sein wollen, in der gebräuchlichen Weise sich ausdrücken. Doch mögen sie nach ihrem Belieben Worte schmieden, wenn nur die Dinge bleiben.

KAPITEL XXX.

§ 90. Ich komme nun zu dem Vorwurf, dass wir uns widersprechen, damit ich nicht immer höre, ich schweife von dem Gegenstande ab. Du setzest den Widerspruch in die Worte, ich glaubte, er läge in der Sache. Wenn es vollständig begriffen ist, wobei die besten Stoiker uns zur Seite stehen, dass die Kraft der Tugend so gross ist, dass Alles daneben nicht einmal sichtbar werde; wenn ich Alles, was Jene wenigstens für Vortheile erklären, und was zu nehmen, zu wählen und vorgezogen sein soll; Dinge, die sie so definiren, dass sie sehr hoch zu schätzen seien; wenn ich also diese Dinge, welche die Stoiker mit so viel Namen belegen, die theils neu und ausgesonnen sind, wie jenes »Vorgezogene« und »Abgewiesene«, theils gleichbedeutend sind; denn welcher Unterschied ist zwischen Begehren und Wählen? Mir scheint wenigstens der Ausdruck, dass man wählt und eine Auswahl statthat, noch der bessere zu sein; wenn ich also Alles dies Güter nenne, so kommt es nur darauf an, für wie gross ich sie halte; und wenn ich sie begehrenswerth nenne, wie sehr sie es sein sollen. Wenn ich aber sie nicht für begehrenswerther erkläre, als Du, indem Du sie für mehr zu wählen erklärst und ich das, was ich Güter nenne, nicht höher im Werthe stelle, als Der, der sie »Vorgezogene« nennt, so muss dies Alles verdunkelt und unerkennbar gemacht werden und in den Strahlen der Tugend wie in denen der Sonne verschwinden.

§ 91. Aber, sagt man, ein Leben, was ein Uebel enthält, kann nicht glücklich sein. Also kann auch ein Kornfeld mit seinen dichten und gefüllten Aehren nicht gesegnet sein, wenn einige wilde Haferstauden sich darin finden, und ein Handel kann nicht gewinnbringend genannt werden, wenn neben den grössten Gewinnen ein kleiner Schaden mit untergelaufen ist. Oder gilt dies zwar überall, nur nicht beim Leben? Wird nicht nach seinem grössten Theile das Ganze beurtheilt? und kann man zweifeln, dass die Tugend in den menschlichen Angelegenheiten so sehr die grösste Stelle einnimmt, dass sie das Uebrige verdunkelt? Deshalb wage ich es, auch das übrige Naturgemässe Güter zu nennen; ich mag es nicht um seinen alten Namen bringen und will keinen neuen ersinnen, aber die Pracht der Tugend werde ich gleichsam in die andere Schale der Wage legen.

§ 92. Glaube mir, diese Schale würde Erde und Meer herabdrücken. Jede Sache wird nach dem benannt, was sie am meisten enthält und sich am weitesten erstreckt. Gesetzt, es lebe Jemand vergnügt, ist da, weil er einmal traurig gewesen, das vergnügte Leben verloren? Ist dies doch bei dem M. Crassus nicht geschehen; obgleich er, wie Lucilius sagt, nur einmal in seinem Leben gelacht haben soll, so ist er doch, wie derselbe berichtet, deshalb nicht minder agelastos genannt worden. Den Polykrates aus Samos nannte man glücklich; Alles war ihm nach Willen gegangen, nur der Ring, an dem er sich erfreute, war in das Meer gefallen; also wäre dieser wegen dieses einen Unfalls ein Unglücklicher und dann wieder ein Glücklicher gewesen, als derselbe Ring in den Eingeweiden eines Fisches wiedergefunden wurde? Dieser Mann war also, wenn er kein Weiser war, was sicherlich nicht der Fall war, da er ein Tyrann war, niemals glücklich; und war er ein Weiser, so war er auch dann nicht unglücklich, als er von Orötes, dem Feldherrn des Darius, an das Kreuz geschlagen wurde. Aber er war doch von schweren Uebeln betroffen! – Wer leugnet dies? aber diese Uebel wurden durch die Grösse der Tugend erdrückt.

KAPITEL XXXI.

§ 93. Willst Du den Peripatetikern nicht einmal gestatten, dass sie sagen, das Leben aller guten, d.h. der weisen und mit allen Tugenden geschmückten Menschen habe in all seinen Theilen immer mehr des Guten als des Ueblen? – Wer sagt dies? – Doch wohl die Stoiker. – Keineswegs, sondern gerade Die, welche Alles nach der Lust und dem Schmerz bemessen; verkünden sie nicht, dass der Weise immer mehr von dem habe, was er wolle, als von dem, was er nicht wolle? – Wenn also schon diese so viel auf die Tugend geben, welche offen bekennen, dass sie um der

Tugend willen, wenn sie keine Lust gewährte, keine Hand rühren werden, was sollen wir da thun, die den kleinsten Vorzug der Seele allen Gütern des Körpers so voranstellen, dass letztere ganz aus dem Gesicht verschwinden? Wer von uns hat es gewagt, von dem Weisen zu behaupten, dass er die ganze Tugend für immer bei Seite weisen würde, wenn es möglich wäre, dadurch von allen Schmerzen sich zu befreien? Wer von uns, die sich nicht scheuen, das, was die Stoiker Beschwernisse nennen, Uebel zu nennen, hat wohl gesagt, dass es besser sei, etwas Schlechtes mit Lust zu vollbringen, als etwas Sittliches mit Schmerzen?

§ 94. Uns scheint, dass der Herakleotische Dionysius wegen seiner Augenschmerzen in schmählicher Weise von den Stoikern abgefallen ist. Nicht als ob er von Zeno gelernt hätte, dass diese Schmerzen ihn nicht schmerzen könnten; aber wohl hatte er gehört und nur nicht gelernt, dass der Schmerz kein Uebel sei, weil er nichts Unsittliches sei, und dass ein Mann ihn ertragen müsse. Wenn er ein Peripatetiker gewesen, so würde er denselben treu geblieben sein, welche den Schmerz für ein Uebel erklären, aber ebenso wie die Stoiker lehren, dass sein rauher Druck muthig ertragen werden müsse. Auch Dein Arcesilaus gehört zu uns, wenn er auch im Streiten hartnäckig war; denn er war ein Schüler des Polemo. Als er an heftigen Fussgichtschmerzen litt und von Karneades, einem Freund Epikur's, besucht wurde, rief er diesem, als er betrübt wieder fortging, zu: Bleibe, ich bitte Dich; Nichts dringt von dort hierher, und dabei zeigte er auf die Füsse und die Brust. Trotz dem hätte er aber lieber keine Schmerzen gehabt.

KAPITEL XXXII.

§ 95. Das ist also unsere Lehre. Sie scheint Dir widersprechend; denn wenn auch nach ihr wegen der himmlischen und gleichsam göttlichen Vortrefflichkeit der Tugend Elend und Noth da nicht sein kann, wo die Tugend besteht und Grosses und höchst Löbliches durch sie vollführt wird, so kann doch Mühe und Beschwerlichkeit dabei eintreten, und ich trage daher kein Bedenken, alle Weisen für glücklich zu erklären, aber doch so, dass der eine glücklicher als der andere sein kann. – Gleichwohl wirst Du, mein Piso, sagte ich, diesen Satz noch stärker begründen müssen, und sollte Dir dies gelingen, so sollst Du nicht blos meinen Vetter Cicero, sondern auch mich selbst mir abtrünnig machen.

§ 96. Hierauf sagte Quintus: Ich für meine Person halte den Satz schon für genügend dargethan und ich freue mich, dass diejenige Philosophie, deren Hausrath ich schon höher schätze, als alle Besitzungen der andern, (so reich schien sie mir, dass ich Alles von ihr erlangen konnte, was ich bei unsern Forschungen nur verlangen mochte); ich freue mich also, dass diese Philosophie auch scharfsinniger als die andere sich ausweist, was ihr bisher bestritten wurde. – Doch nicht scharfsinniger als die unsrige, entgegnete scherzend Pomponius; allein Deine Auseinandersetzung ist mir in Wahrheit sehr willkommen gewesen. Was ich lateinisch auszudrücken für unmöglich hielt, hast Du dennoch in treffenden Worten und eben so klar wie die Griechen dargelegt; doch es ist wohl Zeit, aufzubrechen, wenn's Euch beliebt, und zwar geradeswegs zu mir. – Da der Gegenstand zur Genüge besprochen worden war, so brachen wir bei diesen Worten Alle nach der Stadt auf, um zu Pomponius zu gehen.

Ende.

Printed by Amazon Italia Logistica S.r.l.
Torrazza Piemonte (TO), Italy

19447128R00043